面向21世纪课程教材
"十二五"普通高等教育本科国家级规划教材学习辅导书

高等学校工商管理类专业核心课程教材学习辅导书

# MARKETING

# 市场营销学（第六版）
## 学习指南与练习

主编　王　旭
主审　吴健安

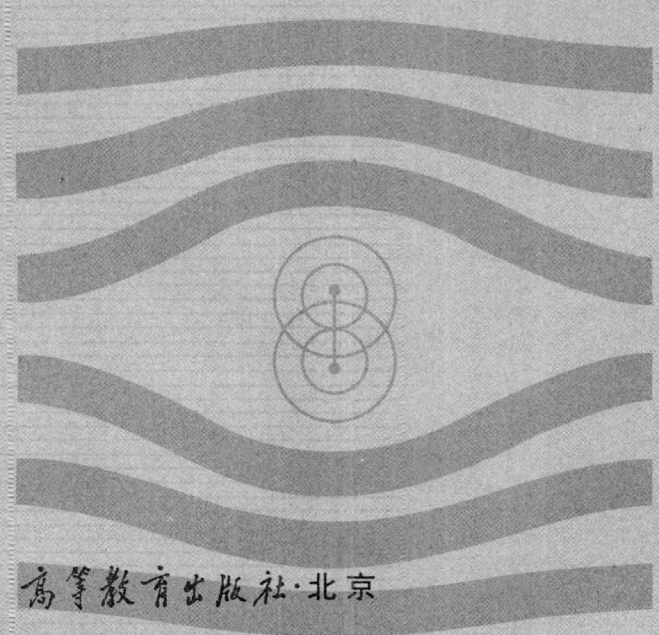

高等教育出版社·北京

内容简介

本书是"十二五"普通高等教育本科国家级规划教材《市场营销学》（第六版，吴健安、聂元昆主编）的配套用书。本书以教育部高教司确定的工商管理类核心课程——市场营销学教学基本要求为依据，在前五版的基础上比照第六版主教材的内容做了必要的修改和补充，每章均包括学习目的与要求、学习知识要点和练习题及答案。

图书在版编目（CIP）数据

市场营销学（第六版）学习指南与练习 / 王旭主编. -- 北京：高等教育出版社，2018.6（2022.5重印）
ISBN 978-7-04-049880-6

Ⅰ. ①市… Ⅱ. ①王… Ⅲ. ①市场营销学-高等学校-教学参考资料 Ⅳ. ①F713.50

中国版本图书馆CIP数据核字(2018)第112273号

SHICHANG YINGXIAOXUE XUEXI ZHINAN YU LIANXI

| 策划编辑 | 韦寅蕾 童 宁 | 责任编辑 | 韦寅蕾 | 封面设计 | 赵 阳 | 版式设计 | 马 云 |
| 责任校对 | 陈 杨 | 责任印制 | 存 怡 | | | | |

| 出版发行 | 高等教育出版社 | 网 址 | http://www.hep.edu.cn |
| 社 址 | 北京市西城区德外大街4号 | | http://www.hep.com.cn |
| 邮政编码 | 100120 | 网上订购 | http://www.hepmall.com.cn |
| 印 刷 | 北京市艺辉印刷有限公司 | | http://www.hepmall.com |
| 开 本 | 787mm×1092mm 1/16 | | http://www.hepmall.cn |
| 印 张 | 16.75 | | |
| 字 数 | 400千字 | 版 次 | 2018年6月第1版 |
| 购书热线 | 010-58581118 | 印 次 | 2022年5月第9次印刷 |
| 咨询电话 | 400-810-0598 | 定 价 | 34.80元 |

本书如有缺页、倒页、脱页等质量问题，请到所购图书销售部门联系调换
版权所有 侵权必究
物 料 号 49880-00

# 编写人员名单

（以编者单位和执笔章先后为序）

云南财经大学：

  吴健安（各章学习目的与要求、学习知识要点）
  王 旭（各章学习目的与要求、学习知识要点及第七章、第十八章）
  顾江洪（第一章、第二章）
  朱 立（第三章）
  聂莉芹（第四章）
  钏 帅（第五章）
  聂元昆（第六章、第十六章）
  唐嘉庚（第八章）
  李正雄（第九章）
  兰 天（第十章）
  张 波（第十一章）
  平克芳（第十二章、第十三章）
  范新河（第十四章）
  罗 霞（第十七章）

河南大学：

  罗 巍（第十五章）

# 前　言

本书是"十二五"普通高等教育本科国家级规划教材《市场营销学》(第六版)的教学指导用书。依据市场营销学教学基本要求,以吴健安、聂元昆教授共同主编的《市场营销学》(第六版)为基础,撰写了各章的学习目的与要求、学习知识要点和练习题及答案。练习题的设计覆盖了全书各章节的全部内容,题型包括单项选择题、多项选择题、判断题、填空题、名词解释、简答题、计算题、论述题及案例简析,各类练习题总计1 507道,按章和题型的结构分布情况如下表。

**练习题分布一览表**

| 章　序 | 单项选择 | 多项选择 | 判断 | 填空 | 名词解释 | 简答 | 计算 | 论述 | 案例简析 | 小计 |
|---|---|---|---|---|---|---|---|---|---|---|
| 第一章 | 20 | 10 | 20 | 20 | 5 | 4 |  | 2 | 1 | 82 |
| 第二章 | 20 | 10 | 20 | 20 | 6 | 6 |  | 2 | 1 | 85 |
| 第三章 | 20 | 10 | 20 | 20 | 5 | 4 |  | 2 | 1 | 82 |
| 第四章 | 20 | 10 | 20 | 20 | 5 | 4 |  | 2 | 1 | 82 |
| 第五章 | 20 | 10 | 20 | 20 | 5 | 4 |  | 2 | 1 | 82 |
| 第六章 | 20 | 10 | 20 | 20 | 5 | 4 |  | 2 | 1 | 82 |
| 第七章 | 18 | 10 | 20 | 18 | 5 | 5 | 9 |  |  | 85 |
| 第八章 | 20 | 10 | 20 | 20 | 7 | 6 |  | 2 | 1 | 86 |
| 第九章 | 20 | 10 | 20 | 20 | 5 | 6 |  | 2 | 1 | 84 |
| 第十章 | 20 | 10 | 20 | 20 | 7 | 6 |  | 2 | 1 | 86 |
| 第十一章 | 19 | 10 | 20 | 20 | 7 | 6 |  | 2 | 1 | 85 |
| 第十二章 | 20 | 10 | 20 | 20 | 5 | 4 | 10 | 1 | 1 | 91 |
| 第十三章 | 20 | 10 | 20 | 20 | 5 | 4 |  | 2 | 1 | 82 |
| 第十四章 | 19 | 10 | 20 | 19 | 5 | 4 |  | 2 | 1 | 80 |

续表

| 章　序 | 单项选择 | 多项选择 | 判断 | 填空 | 名词解释 | 简答 | 计算 | 论述 | 案例简析 | 小计 |
|---|---|---|---|---|---|---|---|---|---|---|
| 第十五章 | 20 | 10 | 20 | 20 | 5 | 4 | | 2 | 1 | 82 |
| 第十六章 | 20 | 10 | 20 | 20 | 5 | 4 | | 2 | 1 | 82 |
| 第十七章 | 20 | 19 | 22 | 18 | 4 | 4 | | 2 | 1 | 90 |
| 第十八章 | 17 | 15 | 20 | 15 | 5 | 4 | | 2 | 1 | 79 |
| 合　计 | 353 | 194 | 362 | 350 | 96 | 83 | 19 | 33 | 17 | 1 507 |

　　本书既可作为学生学习市场营销学的指导书，也可作为教师教授市场营销学课程备课和命题的参考书。练习题的设计，旨在为读者提供自测的机会，检验学习的效果。希望读者在明确本课程教学的基本要求后，认真学习和钻研教材，明确目的，把握重点，并通过大量的练习和训练，能较快地掌握市场营销学的基本知识、基本理论和基本方法。

　　本书以教育部确定的市场营销学教学基本要求为依据，以吴健安、聂元昆教授联合主编的《市场营销学》（第六版）内容为基础，参阅前五版的内容编写而成。本书的学习目的与要求、学习知识要点两部分，由主教材《市场营销学》的主编吴健安和王旭共同编写；练习题及答案由从教二十多年以上的教师执笔。练习题及答案部分的具体编写分工是：云南财经大学顾江洪第一、二章，朱立第三章，聂莉芹第四章，钟帅第五章，聂元昆第六、十六章，王旭第七、十八章，唐嘉庚第八章，李正雄第九章，兰天第十章，张波第十一章，李克芳第十二、十三章，范新河第十四章，罗霞第十七章；河南大学罗巍第十五章。全书由王旭、吴健安统稿。

　　虽然本书参编者都是市场营销学课程的主讲教师，具有比较丰富的教学实践经验，但由于水平所限及统稿时间仓促，不当之处在所难免，恳请专家、读者批评指正。

王旭　吴健安<br>
2017 年 10 月

# 目 录

第一章　市场营销与市场营销学 …… 1
　　一、学习目的与要求 …………… 1
　　二、学习知识要点 ……………… 1
　　三、练习题及答案 ……………… 5

第二章　市场营销管理哲学及其
　　　　贯彻 ………………………… 17
　　一、学习目的与要求 …………… 17
　　二、学习知识要点 ……………… 17
　　三、练习题及答案 ……………… 21

第三章　企业战略与营销管理 …… 33
　　一、学习目的与要求 …………… 33
　　二、学习知识要点 ……………… 33
　　三、练习题及答案 ……………… 36

第四章　市场营销环境 ……………… 45
　　一、学习目的与要求 …………… 45
　　二、学习知识要点 ……………… 45
　　三、练习题及答案 ……………… 48

第五章　分析消费者市场 …………… 59
　　一、学习目的与要求 …………… 59
　　二、学习知识要点 ……………… 59
　　三、练习题及答案 ……………… 63

第六章　分析组织市场 ……………… 73
　　一、学习目的与要求 …………… 73
　　二、学习知识要点 ……………… 73
　　三、练习题及答案 ……………… 76

第七章　市场营销调研与预测 …… 87
　　一、学习目的与要求 …………… 87
　　二、学习知识要点 ……………… 87
　　三、练习题及答案 ……………… 90

第八章　目标市场营销战略 ……… 103
　　一、学习目的与要求 …………… 103
　　二、学习知识要点 ……………… 103
　　三、练习题及答案 ……………… 106

## 第九章　市场地位与竞争战略 …… 117

一、学习目的与要求 …… 117
二、学习知识要点 …… 117
三、练习题及答案 …… 119

## 第十章　产品策略 …… 129

一、学习目的与要求 …… 129
二、学习知识要点 …… 129
三、练习题及答案 …… 133

## 第十一章　品牌策略 …… 143

一、学习目的与要求 …… 143
二、学习知识要点 …… 143
三、练习题及答案 …… 146

## 第十二章　定价策略 …… 155

一、学习目的与要求 …… 155
二、学习知识要点 …… 155
三、练习题及答案 …… 159

## 第十三章　分销策略 …… 175

一、学习目的与要求 …… 175
二、学习知识要点 …… 175
三、练习题及答案 …… 178

## 第十四章　促销策略 …… 189

一、学习目的与要求 …… 189
二、学习知识要点 …… 189
三、练习题及答案 …… 192

## 第十五章　营销计划、组织与控制 …… 201

一、学习目的与要求 …… 201
二、学习知识要点 …… 201
三、练习题及答案 …… 204

## 第十六章　国际市场营销 …… 215

一、学习目的与要求 …… 215
二、学习知识要点 …… 215
三、练习题及答案 …… 218

## 第十七章　服务市场营销 …… 229

一、学习目的与要求 …… 229
二、学习知识要点 …… 229
三、练习题及答案 …… 232

## 第十八章　市场营销的新领域与新概念 …… 243

一、学习目的与要求 …… 243
二、学习知识要点 …… 243
三、练习题及答案 …… 247

# 第一章
# 市场营销与市场营销学

## 一、学习目的与要求

通过本章的学习，理解与市场营销有关的概念，了解市场营销学产生的历史背景、阶段特征以及市场营销学在中国的传播应用等基本知识，明确现代市场营销学的基本框架和主要内容，掌握研究市场营销学的方法，为学习本课程奠定坚实的基础。

## 二、学习知识要点

### （一）市场和市场营销

1. 市场及其相关概念

市场营销在一般意义上可理解为与市场有关的人类活动。在日常生活中，人们习惯将市场看作买卖的场所，这是一个从时间和空间来理解市场的概念；经济学家从揭示经济实质角度提出市场概念，认为市场是一个商品经济范畴，是商品内在矛盾的表现，反映的是供求关系和商品交换关系；管理学家侧重从具体的交换活动及其运行规律去认识市场，认为市场是供需双方在共同认可的条件下所进行的商品或劳务的交换活动。我们认为，市场是商品经济中生产者与消费者之间为实现产品或服务的价值，所进行的满足需求的交换关系、交换条件和交换过程的统称。包含以下要点：

（1）市场是建立在社会分工和商品生产基础上的交换关系。

（2）现实市场的存在要有若干基本条件，包括：消费者（用户）需要或欲望的存在，并拥有其可支配的交换资源；存在由生产者提供的能够满足消费者（用户）需求的产品或服务；要有促成交换双方达成交易的各种条件。

（3）市场的发展是一个由消费者（买方）决定，而由生产者（卖方）推动的动态过程。

站在营销者角度，人们常常把卖方称为行业，而将买方称为市场。

2. 市场营销的含义

营销的概念在不同时期有不同的表述。美国市场营销协会（AMA）在1960年的定义是：市场营销是引导货物和劳务从生产者流转到达消费者或用户所进行的一切企业活动。而到1985年，该定义则变成为"市场营销是个人和组织对理念（或主意、计策）、货物和劳务的构想、定价、促销和分销的计划与执行过程，以创造达到个人和组织的目标的交换。2007年AMA公布市场营销的新定义是：市场营销是创造、传播、传递和交换对顾客、客户、合作者和整个社会有价值的市场供应物的一种活动、制度和过程。

本书采用著名营销学家菲利普·科特勒教授的定义：所谓市场营销，就是个人和集体通过创造、提供和同别人自由交换有价值的产品和服务的方式获得自己所需产品或服务的社会过程。根据上述定义，可以将市场营销概念从管理角度具体归纳为下列要点：

（1）市场营销的基本目标是"获取顾客、维持顾客和增加顾客"；

（2）"交换"是市场营销的核心；

（3）交换过程能否高绩效地顺利进行，取决于营销者创造的产品和价值满足顾客需求的程度，以及对交换过程管理的水平。

3. 市场营销的核心概念

市场营销的核心概念包括：需要、欲望和需求；市场细分、目标市场和定位；产品和服务；效用、费用和满足；交换、交易和关系；市场营销者。

4. 市场营销与企业职能

迄今为止，市场营销的主要应用领域还是在企业。在市场经济体系中，企业存在的价值在于它能不断提供合适的产品和服务，有效地满足他人（顾客）需要。因此，管理大师彼得·德鲁克指出：顾客是企业得以生存的基础，企业的目的是创造顾客，任何组织若没有营销或营销只是其业务的一部分，则不能称之为企业。市场营销和创新，这是企业的两个功能。这是因为：

（1）企业作为交换体系中的一个成员，必须以对方（顾客）的存在为前提，没有顾客，就没有企业。

（2）顾客决定企业的本质。只有顾客愿意花钱购买产品和服务，才能使企业资源变成财富。

（3）企业最显著、最独特的功能是市场营销。

## （二）市场营销学的产生和发展

1. 市场营销学的形成

市场营销学的形成阶段在1900—1930年。它初创于美国，后来流传到欧洲、日本和其他国家，并在实践中不断完善和发展。

20世纪之前，市场营销还没有成为一门独立学科。19世纪末20世纪初，世界主要资本主义国家先后完成了工业革命，垄断组织加快了资本的积聚和集中，使生产规模迅速扩大。在这一时期，以泰罗为代表的以提高劳动生产率为主要目标的"科学管理"理论、方法应运而生，一些大型企业实施科学管理的结果是产品迅速增加，同时科学技术的发展，也使企业内部计划与组织变得更为严整，从而有可能运用科学的调查研究方法，预测市场变化趋势，制定有效的生产计划和销售计划，控制和调节市场销售量。在这种客观需要与可能的条件下，市场营销学作为一门独立的经营管理学科诞生了。

1902—1905年，美国的密歇根、加州、伊利诺伊和俄亥俄等大学相继开设了市场营销课程。1910年，执教于威斯康星大学的巴特勒教授正式出版了《市场营销方法》一书，首先使用市场营销（Marketing）作为学科名称。而后，弗莱德·克拉克于1918年编写了《市场营销原理》的讲义。这一时期的市场营销学，其内容局限于流通领域，真正的市场营销观念尚未形成。

2. 市场营销学的发展

1929—1933年的经济大危机，震撼了整个资本主义国家。生产严重过剩，产品销售困难，已直接威胁到许多企业生存。这时，主要西方国家的市场呈现出供过于求，企业界广泛关心的首要问题已经不是扩大生产和降低成本，而是如何把产品销售出去。为了争夺市场，解决产品销售问题，企业家开始重视市场调查，提出了"创造需求"的口号，致力于扩大销路，并在实践中积累了丰富的资料和经验。与此同时，市场营销学科研究大规模展开。一些著名大学的教授将市场营销研究深入到各个领域，调查研究大量实际资料，形成了许多新的原理。到第二次世界大战结束，市场营销学得到长足发展，并在企业经营实践中被广泛应用。但在这一阶段，营销研究主要集中在销售推广方面，应用范围基本上仍局限于流通领域。

3. 市场营销学的"革命"

第二次世界大战后，市场营销学从概念到内容逐渐发生深刻的变化。战后的和平条件和科技进步，促进了生产力的高度发展。许多市场营销学者经过潜心研究，提出了一系列新的观念。如"潜在需求"概念，把通过交换实现消费者需求而进行的一切活动，都纳入了市场营销学的研究范围，这要求企业将传统的"生产—市场"关系颠倒过来，即将市场由生产过程的终点，置于生产过程的起点。这也就从根本上解决了企业必须根据市场需求来组织生产及其他企业活动，确立以消费者为中心而不是以生产者为中心的观念问题。这一新概念导致市场营销学基本指导思想的变化，在西方称之为市场营销学的一次"革命"。

第二次世界大战后的60多年来，市场营销论著如云，不断创新。营销学逐步建立起以"满足需求""顾客满意"为核心内容的框架和体系，不仅在工商企业，在事业单位和行政机构也得到了广泛运用。

4. 市场营销学在中国的传播和发展

20世纪三四十年代，市场营销学在中国曾有一轮传播。最早的教材是丁馨伯编译的《市场学原理》，1933年在复旦大学铅印，1934年该书又由世界书局出版。当时一些大学的商学院开设了市场学课程，教师主要是欧美留学归来的学者。但由于长期战乱及半封建半殖民地政治经济条件的限制，市场学的相关研究和应用并没有很好地展开。从20世纪50年代到70年代末，由于西方的外部封锁和国内实行高度集中的计划经济体制，市场和商品经济在理论上遭到否定，在实践中没有基础，市场营销学的研究和应用在中国内地基本中断。

党的十一届三中全会后，中国确定实施以经济建设为中心，对外开放，对内改革的方针政策。经济学界努力为商品生产恢复名誉，改革开放的实践则不断冲击着计划经济体制，逐步明晰了以市场为导向，建立社会主义市场经济体制的改革目标，为中国重新引进和研究市场营销学创造了条件。

1978—1983年，是市场营销学再次被引进中国的启蒙阶段。北京、上海和广州等地的学者率先从国外引进市场营销学，并为这一学科的宣传、研究、应用和人才培养做了大量工作。通过论著、教材翻译，到国外访问、考察、学习，邀请境外专家学者来华讲学等方式，系统引进了当代市场营销理论和方法。高等院校相继开设了市场营销课程，组织编写了第一批市场营销学教材。

1984—1994年，是市场营销在中国迅速传播时期。为适应国内深化改革、经济快速成长和市场竞争加剧的环境，企业界营销管理意识开始形成。不少企业开始接受市场营销理念，全社会对市场营销管理人才出现了旺盛的需求。

1984年1月，中国高等财经院校、综合大学市场学教学研究会成立，1987年更名为中国高等院校市场学研究会。研究会汇集了全国市场营销学者，每年定期交流研讨，对市场营销学的传播、深化和创新运用做出了积极贡献。1991年3月，中国市场学会在北京成立，学会成员包括高等院校、科研机构的学者，国家经济管理部门官员和企业经理人员。此后，中国高等院校市场学研究会、中国市场学会作为中国营销的主要学术团体，开展了一系列活动，促进了学术界和企业界、理论与实践的结合，并为企业提供营销管理咨询服务和培训服务、建立对外交流渠道做了大量卓有成效的工作。

1995年以后，是市场营销理论研究与应用深入拓展时期。1995年在北京召开的"第五届市场营销与社会发展国际会议"，标志着市场营销在中国的传播、研究与应用进入了一个新的阶段。中国营销学界一方面全方位加强国际学术交流，举办了一系列国际、国内市场营销学术会议；另一方面，抓住中国高层领导日益关注、重视市场营销的机遇，展开了以中国企业实现"两个转变"（从计划经济向市场经济转变，从粗放经营向集约化经营转变）为主题的营销创新研究，以及以"跨世纪的中国市场营销""中国市场的特点与企业营销战略""新经济与中国营销创新"等为专题的营销学术研究。

进入21世纪，全国几千所高校和职业技术学校普遍设立了市场营销专业，培养从中专、专科、本科到研究生层次的数以百万计的营销人才。至2010年，中国内地累计出版的市场营销学教材不下1 000种，各类学校的营销专业任课教师逾万人。

## （三）市场营销学的相关理论及基本内容

### 1. 市场营销学的相关理论基础

作为一门应用性的经营管理学科，市场营销学在其发展过程中，不断吸纳了经济学、管理学、社会学、行为学等多门学科的相关理论，形成了自己的理论体系。

市场营销学的理论基础是生产目的论和价值实现论；市场营销学将交换作为自己的核心概念，围绕有效实现交换和潜在交换阐述其理论架构；市场营销学理论与方法体系是在实践中不断充实和完善的，迄今为止主要营销理论与方法有：营销职能、产品或服务价值、营销管理哲学、市场调研方法、环境分析方法、购买行为理论、STP战略、营销组合策略和营销组织与控制等。

2. 宏观与微观市场营销学

市场营销学的构建从微观（企业）开始，逐步形成了微观与宏观两个分支。宏观市场营销学从社会总体交换层面研究营销问题，它以社会整体利益为目标，强调从整体经济、社会道德与法律的角度把握营销活动，以及由社会（政府、消费者组织等）控制和影响营销过程，求得社会生产与社会需要之间的平衡，保证社会整体经济的持续、健康发展和保护消费者利益。

微观市场营销学从个体（个人或组织）交换层面研究营销问题。个人和组织的营销活动是围绕产品或价值的交换，实现其目标而进行的决策与管理过程。

3. 微观市场营销学的逻辑结构

当代市场营销研究的主流仍然是微观市场营销学。包括：概述、营销调研分析、营销战略、营销策略、营销组织与控制、营销应用与创新六个部分。

### （四）研究市场营销学的意义和方法

1. 研究市场营销学的意义
① 迎接新经济时代的营销挑战；② 促进经济增长；③ 培育企业成长。

2. 市场营销学的研究方法
① 传统研究法，包括产品研究法、机构研究法和职能研究法；② 历史研究法；③ 管理研究法；④ 系统研究法。

## 三、练习题及答案

### （一）单项选择题（在下列每小题中，选择一个最适合的答案。）

1. 站在营销者角度，人们常常把卖方称为行业，而将_____称为市场。
   A. 政府　　　　　　　　　　B. 买方
   C. 个人　　　　　　　　　　D. 企业
2. 市场的发展本质上是一个由_____决定并由生产者推动的过程。
   A. 中间商　　　　　　　　　B. 零售商
   C. 政府　　　　　　　　　　D. 买方
3. _____是指从他人处取得所需之物，而以自己的某种东西作为回报的行为。

  A. 生产            B. 交易
  C. 交换            D. 促销

4. 产品实际上只是获得服务的载体，这种载体可以是有形物品，也可以是不可触摸的、无形的_____。
  A. 技术            B. 品牌
  C. 服务            D. 形象

5. 当买卖双方都表现积极时，我们就把双方都称为市场营销者，并将这种情况称为_____。
  A. 相互市场营销         B. 关系营销
  C. 重复营销           D. 互利市场营销

6. 在交换双方中，如果一方比另一方更主动、更积极地寻求交换，我们就将后者称之为_____。
  A. 潜在顾客           B. 现实顾客
  C. 市场营销者          D. 市场交易者

7. 企业作为交换体系中的一个成员，必须以_____的存在为前提。
  A. 企业            B. 市场
  C. 顾客            D. 营销

8. 1910 年，执教于威斯康星大学的_____教授正式出版《市场营销方法》一书，首先使用市场营销（Marketing）作为学科名称。
  A. 爱德华·琼斯          B. 阿克·肖
  C. 詹姆斯·海杰蒂         D. 拉尔夫·斯达·巴特勒

9. 在 20 世纪 30 年代以前，市场营销的研究领域还主要局限于_____，真正的市场营销观念尚未形成。
  A. 生产领域           B. 流通领域
  C. 交换领域           D. 消费领域

10. 市场营销学第一次"革命"的标志是提出了_____的观念。
  A. 以消费者为中心         B. 以生产者为中心
  C. 市场营销组合          D. 网络营销

11. 1960 年，著名学者杰罗姆·麦克锡提出了_____。
  A. 大市场营销          B. 4P 分类
  C. 关系营销           D. 营销战

12. 20 世纪 90 年代，提出了 4C 营销理论的学者是_____。
  A. 罗伯特·劳特伯恩         B. 史利丹·田纳本
  C. 葛斯·哈伯           D. 肯·毕提

13. 我国现存最早的市场营销学教材，是由丁馨伯教授编译、世界书局 1934 年出版的_____。
  A.《市场学原理》          B.《市场营销方法》
  C.《市场营销原理》         D.《市场营销》

14. _____，是市场营销理论研究与应用在中国传播发展的深入拓展时期。

A. 1930—1935 年 B. 1978—1983 年
C. 1984—1994 年 D. 1995 年以后

15. 1984—1994 年是市场营销在中国迅速传播时期。为适应国内深化改革、经济快速成长和市场竞争加剧的环境，企业界_____意识开始形成。
    A. 生产管理 B. 运营管理
    C. 营销管理 D. 服务管理

16. 从管理决策的角度研究市场营销问题时，其研究框架是将企业营销决策分为目标市场和_____两大部分。
    A. 宏观环境 B. 微观环境
    C. 企业不可控因素 D. 营销组合

17. 营销理论的基础是_____和生产目的论。
    A. 价值来源论 B. 价值实现论
    C. 交换来源论 D. 消费者主权论

18. 在现实经济中，由于有多种劳动分工，特定商品生产者之间又存在着各类_____，使市场形成了相互连接的复杂体系。
    A. 交换活动 B. 商业活动
    C. 经济活动 D. 营销活动

19. _____是市场营销的基石。
    A. 商品和服务 B. 人类需要
    C. 广告促销 D. 分销渠道

20. 相比交易营销，为使企业获得更多的收益，就需要实施_____。
    A. 企业营销 B. 关系营销
    C. 重复营销 D. 市场营销

【参考答案】
1. B   2. D   3. C   4. C   5. A
6. A   7. C   8. D   9. B   10. A
11. B  12. A  13. A  14. D  15. C
16. D  17. B  18. A  19. B  20. B

**（二）多项选择题**（下列各小题中正确的答案不少于两个，请准确选出全部正确答案。）

1. 经济学家认为，市场是_____。
   A. 一个商品经济的范畴 B. 社会分工和商品生产的产物
   C. 商品内在矛盾的体现 D. 供求关系
   E. 通过交换反映出来的人与人之间的关系

2. 2007 年 AMA 公布市场营销的新定义，市场营销是_____对顾客、客户、合作者和整个社会有价值的市场供应物的一种活动、制度和过程。

A. 创造 B. 满足
C. 传播 D. 传递
E. 交换

3. 从管理角度看，市场营销的基本目标是_____顾客。
A. 满足 B. 获取
C. 创造 D. 维持
E. 增加

4. 按照管理大师彼得·德鲁克的说法，组织的目的是_____。
A. 生产 B. 组织
C. 市场营销 D. 创造顾客
E. 满足顾客

5. 第二次世界大战后，20世纪50年代提出的市场营销新概念主要有_____。
A. 市场营销组合 B. 产品生命周期
C. 品牌形象 D. 市场细分
E. 市场营销观念

6. 20世纪90年代，营销学术界提出了_____等许多营销理论新概念。
A. 网络营销 B. 4R营销
C. 关系营销 D. 差异化营销
E. 绿色营销

7. 20世纪三四十年代中国最早期的市场营销学教材是_____。
A.《市场学原理》 B.《市场学》
C.《市场学辞典》 D.《现代市场营销大全》
E.《市场营销问题与方法》

8. 学习和研究市场营销学的意义主要表现在_____等几个方面。
A. 迎接新经济时代的营销挑战 B. 促进经济增长
C. 推销自我 D. 获取最大利润
E. 促进企业成长

9. 市场营销学的传统研究方法不包括_____。
A. 历史研究法 B. 管理研究法
C. 机构研究法 D. 系统研究法
E. 职能研究法

10. 按照美国学者基恩·凯洛斯的观点，市场营销可定义为_____几种类型。
A. 企业生产成本理论 B. 为消费者服务的理论
C. 对社会现象的一种认识 D. 市场竞争理论
E. 通过销售渠道把生产企业同市场联系起来的过程

【参考答案】
1. ABCDE  2. ACDE  3. BDE  4. DE  5. ABCDE
6. ABDE  7. AB  8. ABE  9. ABD  10. BCE

**（三）判断题**（判断下列各题是否正确。正确的在题干后的括号内打"√"，错误的打"×"。）

1. 市场的发展本质上是一个由买方决定和推动的过程。（  ）
2. 人们常常把买方称为行业。（  ）
3. 市场营销者只能是卖方，不可能是买方。（  ）
4. 消费者之所以购买商品，根本目的在于获得并拥有产品本身。（  ）
5. 产品生命周期理论产生于20世纪50年代。（  ）
6. 交易营销阶段的营销管理以交易为中心，以销售活动为主，追求销售额增长，关注发展新顾客。（  ）
7. 在市场经济体系中，企业存在的价值在于它能不断提供合适的产品和服务，有效地满足企业管理者的需要。（  ）
8. 企业生产出好的商品，才能使企业的资源变成财富。因此，商品决定企业的本质。（  ）
9. 交换是交易的基本组成单位，是交换双方之间的价值交换。（  ）
10. 企业最显著、最独特的功能是市场营销。（  ）
11. 企业最显著、最独特的功能是销售。（  ）
12. 在社会分工和商品生产条件下，交换是连接生产和消费的桥梁，同时也是生产不可或缺的条件。（  ）
13. 市场营销理论产生发展的一个重要背景就是卖方市场的形成。（  ）
14. 市场营销学是一门应用科学，它有自己的核心理论、概念和系统的方法论体系。（  ）
15. 市场营销学的形成阶段在1900年到1930年。它创于欧洲，后来流传到美国、日本和其他国家。（  ）
16. 市场营销者可以创造需要，也可以影响欲望。（  ）
17. 微观市场营销学从整体交换层面研究营销问题。（  ）
18. 当代市场营销研究的主流仍然是宏观市场营销学。（  ）
19. 市场营销学为企业成长提供了一整套竞争策略，因而是一门研究竞争战略与策略的理论学科。（  ）
20. 市场营销是商品经济中生产者与消费者之间的价值交换关系、条件和过程。（  ）

【参考答案】

| | | | | |
|---|---|---|---|---|
| 1. × | 2. × | 3. × | 4. × | 5. √ |
| 6. √ | 7. × | 8. × | 9. × | 10. √ |
| 11. × | 12. √ | 13. × | 14. √ | 15. × |
| 16. × | 17. × | 18. × | 19. × | 20. × |

## （四）填空题（请在各小题的画线处填入适当的词句。）

1. 市场营销的基本业务就是为了实现_____，不断地"创造、传递和传播"卓越的顾客价值和管理顾客关系。
2. 著名营销学家菲利普·科特勒教授认为，市场营销可以区分其_____和社会定义。
3. 与顾客建立长期合作关系是_____的核心内容。
4. 1929—1933年经济大危机后，为了争夺市场，解决产品销售的问题，企业家开始重视市场调查，提出了_____的口号。
5. 市场营销者需要通过识别人口、心理和行为差异来区分不同的_____，然后选择进入具有最大机会的目标市场。
6. _____在20世纪80年代提出大市场营销。
7. _____是消费者对产品满足其需要的整体能力的评价。
8. _____是营销者与有价值的顾客、分销商、零售商、供应商以及广告代理、科研机构等建立、保持并加强长期的合作关系，通过互利交换及共同履行诺言，使各方实现各自目的的营销方式。
9. 管理大师德鲁克指出，顾客是企业得以生存的基础，企业的目的是_____。
10. _____即对分销系统的各个环节，如生产者、代理商、批发商、零售商等进行研究的方法。
11. 市场是卖方促使买方实现其现实和_____需求的任何活动。
12. _____是企业生产和发展的基础，作为社会分工单位的企业，必须按社会的某种需要创造价值，并通过一定的过程实现其价值。
13. 宏观市场营销学从社会总体交换层面研究营销问题，它以_____为目标。
14. 市场营销学的构建从_____开始，逐步形成了微观与宏观两个分支。
15. 宏观营销强调从整体经济、社会道德与法律的角度把握营销活动，以及由_____控制和影响营销过程。
16. 市场营销以满足_____为中心，强调不断开拓新的市场，为生产者、经营者提供不断向新的价值生产领域拓展和产品价值实现的手段，从而有效地促进经济成长。
17. 市场营销学的管理研究法是从_____角度研究市场营销问题。
18. 围绕有效实现交换和_____，市场营销学得以形成并在实践中不断充实其理论与方法体系。
19. 市场营销学为企业成长提供了_____，将企业成长视为与变化的环境保持长期适应关系的过程。
20. 市场营销的核心概念是_____，基本目标是通过创造、传播和交付顾客价值，满足买方需求和欲望，达到顾客满意。

【参考答案】

1. 交换　　　　2. 管理定义　　　3. 关系营销
4. 创造需求　　5. 细分市场　　　6. 菲利普·科特勒
7. 效用　　　　8. 关系营销　　　9. 创造顾客
10. 机构研究法　11. 潜在　　　　12. 价值交换
13. 社会整体利益　14. 微观　　　15. 社会
16. 消费者需求　17. 管理决策　　18. 潜在交换
19. 战略管理原则　20. 交换

## （五）名词解释

1. 市场
2. 市场营销者
3. 交易
4. 欲望
5. 市场营销

【参考答案】

1. 市场是商品经济中生产者与消费者之间为实现产品或服务价值，所进行的满足需求的交换关系、交换条件和交换过程的统称。

2. 市场营销者，是指希望从别人那里取得资源并愿意以某种有价值的东西作为交换的人。

3. 交易是交换的基本组成单位，是交换双方之间的价值交换。交换是一种过程，在这个过程中，如果双方达成一项协议，我们就称之为发生了交易。

4. 欲望是指个人受不同文化及社会环境影响表现出来的对需要的特定追求。

5. 市场营销是创造、传播、传递和交换对顾客、客户、合作者和整个社会有价值的市场供应物的一种活动、制度和过程。

## （六）简答题

1. 现实市场存在的基本条件有哪些？
2. 简述营销管理发展演进的四种范式。
3. 简述市场营销学对促进企业成长的贡献有哪几方面？
4. 简述市场营销学的主要研究方法。

【参考答案要点】

1. 现实市场的存在的基本条件包括：（1）存在消费者（用户）一方，他们有某种需要或欲望，并拥有可供交换的资源；（2）存在生产者（供给者）另一方，他们能提供满足消费者（用户）需求的产品或服务；（3）有促成交换双方达成交易的各种条件，如诚信、法律保障、交易双方可接受的价格、时间、空间、信息和服务方式等。

2. 营销管理伴随时间发展演进的四种范式主要是：

（1）交易营销。这种范式的营销管理以交易为中心，围绕销售开展营销活动，追求销售额增长，关注发展新顾客。

（2）关系营销。这种范式的营销管理以顾客关系为中心，追求留住顾客、多次成交和持续的生意关系，关注顾客满意度。

（3）价值营销。这种范式的营销管理以品牌价值为中心，追求高顾客资产和品牌资产，注重深入挖掘顾客价值。

（4）价值网营销。这种范式的营销管理以价值网络为中心，关注利用外部资源的引入和网络效应来增强营销管理的效能和效率，用互联网驱动和合作共赢驱动开展营销。

3. 市场营销学对企业成长的贡献主要表现在以下几方面：

（1）市场营销学以满足需要为宗旨，引导企业树立正确的营销观念，面向市场组织生产过程和流通过程，从根本上解决企业成长方向的问题。

（2）市场营销学为企业成长提供了战略管理原则，将企业成长视之为与变化的环境保持长期适应关系的过程。

（3）市场营销学为企业成长提供了一整套竞争策略，指引企业创造竞争优势。

（4）市场营销学为企业成长提供了系统的策略方案，指导企业达到成长目标。

（5）市场营销学也为企业成长提供了组织管理和营销计划执行与控制的方法。

4. 市场营销学的研究方法很多，主要有：

（1）传统研究法，具体分为产品研究法、机构研究法和职能研究法三种。

（2）历史研究法，即从发展变化过程来分析阐述市场营销问题的研究方法。

（3）管理研究法，即从管理决策角度研究市场营销问题，是第二次世界大战后西方营销学者和企业界采用较多的一种研究方法。

（4）系统研究法，这是一种将现代系统理论与方法运用于市场营销学研究的方法。

## （七）论述题

1. 试述市场营销学的形成与发展过程。
2. 试述市场营销原理对促进经济成长的重要意义。

【参考答案要点】

1. 市场营销学的产生和发展过程大致经历了以下三个阶段：

（1）市场营销学的初步形成阶段。市场营销学创建于美国，它的形成阶段为1900—1930年。一方面，随着19世纪末期美国工业革命的完成，生产规模迅速扩大，产品供给进一步增加，商品供求矛盾日趋尖锐；另一方面，随着美国西部开发运动和铁路的不断延伸，美国国内市场日趋扩大，市场竞争更加激烈。供求矛盾的扩大和激烈的市场竞争，迫使企业日益重视广告宣传和分配活动。与此同时，科学技术的发展，也使企业内部计划与组织变得更为严整，从而有可能运用现代化的调查研究方法，预测市场变化趋势，制定有效的生产计划和销售计划，控制和调节市场销售量。在这种客观需要与可能条件下，市场营销学作为一门独立的经营管理学科诞生了。在此之前，美国学者已经发表和出版了一些论著，分别论述产品分销、推销、广告和实体分配等专题。但只是到了20世纪初，一些学者如阿克·肖、爱德华·琼斯等，才开始将上述问题综合起来，以形成一门完整的学科。1902—1905年，密歇根、加州、伊利诺伊和俄亥俄等大学相继开设了市场营销课程。1910年，执教于威斯康星大学的巴特勒教授正式出版《市场营销方法》一书，首先使用市场营销（Marketing）作为学科名称。而后，弗莱德·克拉克于1918年编写了《市场营销原理》讲义，L.S.邓肯也于1920年出版了《市场营销问题与方法》。可以认为，市场营销学课程的设置和教材的出版，标志着市场营销作为一门经营管理学科正式形成。

（2）市场营销学的发展阶段。1929—1933年经济大危机，震撼了整个资本主义世界。在这种条件下，企业的首要问题已经不是扩大生产和降低成本，而是如何把产品销售出去。为了争夺市场，解决产品实现问题，企业家开始重视市场调查，提出了"创造需求"的口号。与此同时，市场营销学研究大规模展开。一些著名大学的教授通过调查研究，形成了许多新的原理。1937年，美国市场营销学和广告学教师协会与美国市场营销学会合并组成现在的美国市场营销学会（AMA），从事市场营销研究和营销人才的培训工作，出版市场营销专著和市场营销调研专刊，对市场营销学的发展起了重要作用。

（3）市场营销学的"革命"阶段。第二次世界大战以后，和平条件和科技进步促进了生产力的高度发展，并使社会产品数量剧增，花色品种日新月异，销售矛盾更为尖锐。与此同时，西方国家政府先后推行所谓高工资、高福利、高消费以及缩短工作时间的政策，刺激了人们的购买力，并对社会供给提出了更高的要求。为此，许多市场营销学者经过潜心研究，提出了一系列新的观点。最具代表性的是将传统"生产—市场"关系颠倒过来，即将市场由生产过程的终点，置于生产过程的起点，这从根本上解决了企业必须根据市场需求来组织生产及其他活动。这一新概念导致市场营销学基本指导思想的变化，在西方称之为市场营销学的一次"革命"。在此之后，市场营销论著如云，不断创新。逐步建立起以"满足需求""顾客满意"为核心内容的框架和体系，不仅在工商企业，而且在事业单位和行政机构得到广泛运用。市场营销学术界每隔几年就有一批有创见的新思想出现，这些新见解推进了市场营销学从策略到战略、从顾客到社会、从外部到内部、从一国到全球，得到全面系统的发展和深化。

2. 市场营销原理对促进经济成长的重要意义主要体现在以下五方面：

第一，市场营销以满足消费者需求为中心，强调不断开拓新的市场，为生产者、经营者提供不断向新的价值生产领域拓展和产品价值实现的手段，从而有效地促进经济总量增长。

第二，市场营销通过营销战略与策略的创新，指导新产品开发经营，降低市场风险，充分发挥科技作为第一生产力在经济成长中的作用。

第三，市场营销为扩大内需、进军国际市场和解决经济成长中的供求矛盾、资金、技术等方面，提供了发展路径和市场空间。

第四，市场营销及其分支的发展为社会提供了大量的就业机会，促进了第三产业的成长和发展。

第五，市场营销强调经营与环境的系统协调，倡导保护环境、绿色营销，对经济的可持续发展起重要作用。

## （八）案例简析

褚橙迅速走红的背后

被誉为"昔日烟王"的传奇企业家褚时健，经历了人生的辉煌与沉沦之后，76岁时又回到哀牢山，种起了极为普通的橙子。凭借着全新的运作模式、优良的品质和褚时健的影响力，褚橙开始引爆全国市场。

2012年，褚橙与本来生活网开始合作，授权在本来生活网北京电商平台销售褚橙。2012年10月27日，一家媒体的官方微博发表了一篇《褚橙进京》的报道，写了85岁褚时健汗衫上的泥点、嫁接电商、新农业模式……这条微博24小时内被转发7 000多条，跟进者包括众多行业和企业界的大佬。王石引用巴顿将军的话评价："衡量一个人的成功标志，不是看他登到顶峰的高度，而是看他跌到低谷的反弹力。"王石的评价又诱发4 000多次转发。著名作家章诒和在2012年11月6日发表的一条微博中说：85岁的褚时健带褚橙进京出售。他受争议，更受称许。褚时健这辈子值了！

2013年，褚老给本来生活网更大的授权和更重的任务，核心目标是引发"80后"成为传播和消费的主题。为此，本来生活网首先找了10位经历过各种挫折但在各自领域有杰出成就的平民英雄，拍了一段视频广告——讲述他们各自遭遇的挫折和解决方法。广告播出当天浏览量达到18.5亿，而通过这10个人背后各自的粉丝，使得该段视频在"80后"人群中得以广泛传播；其次，本来生活网还找到很多"80后"群体中的意见领袖，如韩寒、蒋方舟等来传播褚橙的理念。例如，韩寒为此接受了媒体的采访并特意给褚老写了一句话："我欣赏所有跌倒后能爬起来的人，尤其是那些被人身后推倒而非自己跌倒的人。"蒋方舟则结合自己新书的推广，采取买一箱褚橙送一本书的方式，在出版社和个人微博上进行推送，引发了微博上众多"大V"人物与褚橙的互动和转发。正是通过上述意见领袖和网络"大V"人物的微博，使得褚橙一时成为各自圈子中讨论的热门话题。除此之外，本来生活网还做了一些营销活动，也引发了大量的关注。比如，跟太美集团做的二代企业家的论坛活动，主题就叫传承；跟联想合作，做了一个产品组合叫"褚橙柳桃"，然后潘石屹觉得能够跟在褚老和柳传志背后很荣幸，所以本来生活网又做了"潘苹果"。

与此同时，本来生活网把原创以及微博上征集的一些非常年轻化的语言印到包装上，使得褚橙的包装不仅极具个性和特别的意义，而且也引起了人们的许多讨论（话题），很多用户可以根据自己的喜好或者根据自己的审美来选择不同的包装。比如说，"谢谢你让我站着把钱挣了"，有一些企业的负责人买回来送给欠他钱的合作伙伴；再比如，结合王菲、李亚鹏离婚热点事件设计的"我很好，你也保重"的包装，有很多女孩子买了之后送给前任男友。

资料来源：

[1] 贾华杰. 褚橙进京.（2012-10-27）[2017-09-29]. 经济观察网.

[2] 肖明超. 褚橙迅速走红的背后：哪些营销策略值得学习. (2013-12-23)[2017-09-29]. 新浪博客.

【简要评析】

农产品因受地理条件的限制，同一地域的农产品实际上很少有差别。但是，褚橙（其原来注册商标为"云冠"，2014年正式注册为商标"褚橙"）能在较短时间内不仅与同一地域的其他同类产品区隔开来，而且风靡昆明、引爆全国，成为人们津津乐道的传奇。褚橙迅速走红的背后，本来生活网的营销推广模式功不可没。虽然说褚橙的营销推广是一个天时地利人和的结果而使之不可复制，但其带来的营销启示，却特别值得我们研究学习。

第一，一个产品或者品牌要迅速流行，必须有深厚的可以激发人们共鸣的精神和故事。褚橙能够被引爆的核心点是褚时健的故事，在当今的中国，没有任何一个老一代的企业家的经历能够与褚老相比，而正是因为褚老的这种历经磨难和创业的精神，才让创业家和名人能够主动引爆。

第二，要影响特定市场的目标人群，企业需要找到目标人群中的意见领袖，让他们来讲述品牌或者产品的故事，以此来取得群体和粉丝的认同。意见领袖是撬动褚橙获得"80后"口碑扩散的引擎，尤其像韩寒和蒋方舟这样的"80后"代表人物，这也是精众影响大众的营销模式。

第三，对于地域内无差别的农产品来说，如何创造出好的、能够被消费者区隔并产生偏好，甚至连名人都希望去主动传播的内容很重要。在产品缺乏差异性的基础上，需要考虑是不是有与品牌相关的个性化的内容和话题的创造。在褚橙的案例中，个性化的包装本身就是一种内容的营销方式。

# 第二章
# 市场营销管理哲学及其贯彻

## 一、学习目的与要求

通过本章的学习，了解市场营销管理哲学在实践中的发展和演变，正确认识新旧营销观念的区别，明确现代市场营销观念的基本特征，掌握达成顾客满意、顾客忠诚并最终实现顾客价值的主要营销思维、技术手段与组织构建。

## 二、学习知识要点

本章讨论市场营销管理哲学在实践中的演变、现代市场营销观念的基本特征以及企业全面贯彻现代市场营销哲学需要解决的主要问题。市场营销管理哲学作为企业营销活动的基本指导思想，对企业经营成败具有决定性意义。建立能全面贯彻现代市场营销管理哲学、真正面向市场的企业，是摆在管理者面前的一项重要任务。

### （一）市场营销管理哲学及其演进

1. 市场营销管理及其管理哲学

（1）市场营销管理。市场营销管理是指企业选择目标市场，通过创造、传播和交付优质的顾客价值，建立和发展与目标市场之间的互利交换关系而进行的分析、计划、执行与控制过程。基本任务就是通过营销调研、计划、执行与控制来管理目标市场的需求水平、时机和构成，以达到企业目标。市场营销管理的本质是需求管理。营销者通常应针对负需求、无需求、潜伏需求、下降需求、不规则需求、充分需求、过度需求、不健康需求等不同情况，相应调整营销管理任务。

（2）市场营销管理哲学。市场营销管理哲学是指企业对其营销活动及管理的基本指导思想，是企业的一种观念、态度或思维方式。市场营销管理哲学的核心是正确处理企业、顾客和社会三者之间的利益关系。随着社会经济的发展，营销管理哲学发生了深刻变化。这种变化的基本轨迹是由企业利益导向逐渐转变为顾客利益导向，再发展到社会利益导向。企业市场营销管理哲学经历了生产观念、产品观念、推销观念、市场营销观念和全方位营销观念五个阶段。前三个观念一般称为旧观念，是以企业为中心的观念；后两个观念是新观念，可分别称为顾客（市场）导向观念和全方位营销导向观念。

2. 以企业为中心的观念

以企业为中心的营销管理观念，就是以企业利益为根本取向和最高目标来处理营销问题的观念。它包括：

（1）生产观念。生产观念盛行于 19 世纪末 20 世纪初。生产观念认为，消费者总是接受任何他能买到的价格低廉的产品，企业应当致力于提高生产效率，实现低成本和大众分销。奉行生产观念的企业的典型口号是"我们生产什么，就卖什么"，本质上是一种重生产、轻市场的观念。

（2）产品观念。产品观念认为，消费者最喜欢高质量、高性能和具有某些特色的产品。企业管理的核心是致力于生产优质产品，并不断精益求精。公司假设购买者欣赏精心制作的产品，相信他们能鉴别产品的质量和功能，并愿意出较高价格购买质量上乘的产品。经营者迷恋自己生产的产品，而不太关注市场是否欢迎，容易患"营销近视症"。与生产观念一样，产品观念也是典型的"以产定销"观念。

（3）推销观念。推销观念盛行于 20 世纪三四十年代。推销观念认为，消费者通常不会大量购买本企业的产品，因而营销管理的中心是积极销售和大力推广。执行推销观念的企业的口号是："我们卖什么，就让人们买什么。"在推销观念指导下，企业致力于产品的推广和广告活动，以求说服甚至强制消费者购买。与前两种观念一样，推销观念也是建立在以企业为中心，"以产定销"。

3. 以消费者为中心的观念

以消费者为中心的观念，又称市场营销观念。这种观念认为，企业的一切计划与策略应以消费者为中心，正确确定目标市场的需要与欲望，比竞争者更有效地满足顾客需求。

市场营销观念形成于 20 世纪 50 年代。供过于求的市场格局迫使企业改变以卖方为中心的思维方式，转向以顾客为中心，更好地满足目标顾客的需要。执行市场营销观念的企业，称为市场导向企业。其座右铭是："顾客需要什么，我们就生产供应什么。"市场营销观念相信，得到顾客的关注和顾客价值才是企业获利之道，因此必须将旧观念下企业"由内向外"的思维逻辑转向"由外向内"，要求企业贯彻"顾客至上"的原则，将营销管理重心放在首先发现和了解"外部"的目标顾客需要，然后再协调企业活动并千方百计去满足它，使顾客满意，从而实现企业目标。市场营销观念信奉"消费者主权论"，即企业的一切活动都围绕满足消费者需要来进行。

市场营销观念的四个支柱是：目标市场、整体营销、顾客满意和盈利率。

4. 以利益相关者和社会整体利益为中心的观念

20 世纪 70 年代起，随着经济全球化、相关群体利益多元化进程的加快，加之环境破坏、资源短缺、人口爆炸、通货膨胀等社会问题日益突出，要求企业顾及消费者和利益相关者的长远利益。在西方市场营销学界提出了一系列新的观念，其共同点是认为企业生产经营不仅要考虑消费者需要，而且要考虑消费者、利益相关者和整个社会的长远利益。这类观念可统称为全方位营销观念或社会营销观念。

全方位营销观念是对市场营销观念的深化与发展。强调以实现消费者满意、企业内外经营者和社会公众的长期福利作为企业的根本目的与责任，市场营销决策应同时考虑消费者的需求与愿望、消费者和社会的长远利益、企业及其营销伙伴的营销效益。

### （二）以全方位营销促进顾客满意与顾客忠诚

#### 1. 顾客满意

通过创造、传播和交付优质顾客价值，满足需求，达到顾客满意，最终实现包括利润在内的企业目标，是现代市场营销的基本精神。实践表明，现代市场营销管理哲学的真正贯彻和全面实施，并不是轻而易举的。自20世纪90年代以来，许多学者和经理围绕现代营销观念的真正贯彻问题，将注意力逐渐集中到两个方面：一是通过质量、服务和价值传递实现顾客满意；二是通过市场导向的战略奠定竞争基础，来吸引、保持顾客和培育客户关系。

所谓顾客满意，是指顾客将产品和服务满足其需要的感知效果与其期望进行比较所形成的感觉状态。顾客是否满意，取决于其购买后实际感受到的绩效与期望的差异：若绩效小于期望，顾客会不满意；若绩效与期望相当，顾客会满意；若绩效大于期望，顾客会十分满意。

在激烈竞争的市场上，保持老顾客、培养顾客忠诚具有重大意义。要有效地保持老顾客，就要使其高度满意，培养顾客对品牌的吸引力。企业必须十分重视创建、保持和提升顾客的满意程度，努力争取更多高度满意的顾客，建立起高度的顾客忠诚。

#### 2. 顾客感知价值

所谓顾客感知价值，指企业传递给顾客且能让顾客感受得到的实际价值。它一般表现为顾客购买总价值与顾客购买总成本之间的差额。这里的顾客购买总价值是指顾客购买某一产品与服务所期望获得的一系列利益，包括产品价值、服务价值、人员价值和形象价值；顾客购买总成本是指顾客为购买某一产品所耗费的时间成本、精力成本以及所支付的货币成本的总和。

顾客在购买产品时，总是希望有较高的顾客购买总价值和较低的顾客购买总成本，以便获得更多的顾客感知价值，使自己的需要得到最大限度的满足。企业为在竞争中战胜对手、吸引更多的潜在顾客，就必须向顾客提供比竞争对手具有更高顾客感知价值的产品，获得更高的顾客满意度。为此，企业应从两个方面入手：一是改进产品和服务，塑造企业形象，提高人员素质，提高顾客购买总价值；二是改善服务与促销网络系统，减少顾客购买产品的时间、精神与体力的耗费，降低顾客购买总成本。

在运用顾客感知价值时要注意：感知价值大小受顾客购买总价值与顾客购买总成本两方面因素的影响；不同的顾客群对产品价值的期望和购买成本的重视程度是不同的；提供

多少顾客感知价值以能够实现企业经营目标为原则。

### 3. 顾客忠诚

高度满意是达到顾客忠诚的重要条件。不过,在不同行业和不同的竞争环境下,顾客满意和顾客忠诚之间的关系会有所差异。

### 4. 全面质量管理

更高的产品和服务质量会带来更高的顾客满意、顾客忠诚,同时也能支撑较高的价格并因销量增加带来更低的成本。所以,质量改进方案通常会提高企业盈利水平。

美国质量管理协会认为,质量是一项产品或服务有能力满足明确的或隐含的需求的各种属性和特征的总和。这是一个顾客导向的质量定义。全面质量管理要求一个组织对所有生产过程、产品和服务进行一种广泛有组织的管理,以便不断地改进质量,用"市场驱动质量",而不是"工程驱动质量"。

### 5. 价值链

要创造更多的顾客感知价值,必须系统协调其创造、传播和交付价值的企业价值链以及由供应商、分销商和最终顾客组成的供销价值链,达到顾客与企业利益最大化。

所谓企业价值链,是指企业创造价值互不相同,但又互相关联的经济活动的集合。其中每一项经营管理活动都是"价值链条"上的一个环节。企业基本增值活动,即"生产经营环节",包括材料供应、生产加工、成品储运、市场销售、售后服务;企业辅助性增值活动,包括基础结构与组织建设、人力资源管理、科学技术开发和采购管理。一般地说,上游环节经济活动的中心是创造产品价值,与产品技术特性紧密相关;下游环节的中心是创造顾客价值,成败优劣主要取决于顾客服务。

将企业价值链向外延伸,就会形成一个由供应商、分销商和最终顾客组成的价值链,称为供销价值链。要创造顾客高度满意,需要供销价值链成员的共同努力。

在一个企业价值链的诸多"价值活动"中,并不是每一个环节都创造价值。企业所创造的价值,实际上往往集中于企业价值链上某些特定的价值活动。这些真正创造价值的经营活动,就是企业价值链的战略环节。

## (三)市场导向战略组织创新

### 1. 市场导向战略规划

全面贯彻现代市场营销观念,要求企业不仅致力于创造近期的顾客满意,而且要积极适应市场环境的变迁,致力于创造长期的整体顾客满意,实施有效的市场导向战略规划与管理。市场导向战略规划的主要内容包括:

(1)正确选择和调整企业投资经营方向,并将企业的投资业务作为一个组合来管理。

(2)根据市场增长率、企业定位及其组合,测算每项具体业务单位的未来利润潜力。

(3)从长期发展的战略高度制定规划。大企业的战略规划通常包括企业层次、部门层次、业务层次和产品层次。

## 2. 市场导向组织创新

里特尔咨询公司提出了一个高绩效业务模型，将企业资源与组织配置作为企业的基础。为实现面可市场的创新型组织，必须：① 确定利益方及其要求；② 加强对关键业务的过程管理；③ 合理配置资源；④ 组织推陈出新。

## 3. 创建学习型企业

企业要建立新的组织机制，懂得如何倾听市场的条件信号，从所听到的内容及其经验中学习，在所学知识的基础上提高自身能力，以创造性的产品和服务满足顾客，领先于人。企业对倾听、学习和领先这三项挑战性工作做得如何，将决定其业务经营的成败。

## 三、练习题及答案

### （一）单项选择题（在下列每小题中，选择一个最合适的答案。）

1. 市场对某些产品或服务的需求在不同季节，甚至一天的不同时段呈现出很大波动的状况称之为_____。
   A. 潜伏需求                B. 过度需求
   C. 不规则需求              D. 充分需求

2. 针对负需求的市场情况，市场营销的任务是_____。
   A. 反市场营销              B. 同步市场营销
   C. 改变市场营销            D. 刺激市场营销

3. 消费者最喜欢高质量、高性能和具有某些特色的产品。因此，企业管理的核心是致力于生产优质产品，并不断精益求精，我们称之为_____。
   A. 产品观念                B. 销售观念
   C. 全方位营销观念          D. 生产观念

4. 以消费者为中心的观念，又称为_____。
   A. 生产观念                B. 产品观念
   C. 市场营销观念            D. 社会市场营销观念

5. 生产观念盛行于20世纪的_____。
   A. 早期                    B. 三四十年代
   C. 五一年代                D. 七十年代

6. 20世纪70年代，西方市场营销学界提出了一系列新的观念，如人类观念、理智消费观念、生态准则观念和绩效营销观念等，这些观念一般可统称为_____。
   A. 生产观念                B. 产品观念
   C. 市场营销观念            D. 社会营销观念

7. "我们卖什么，就让人们买什么"折射的营销观念是_____。
   A. 生产观念                B. 推销观念

C. 产品观念 　　　　　　　　　　D. 市场营销观念

8. 在产品高度同质的条件下，_____是决定顾客购买总价值大小的关键和主要因素。
   A. 服务价值 　　　　　　　　　　B. 产品价值
   C. 人员价值 　　　　　　　　　　D. 形象价值

9. _____是构成顾客购买总成本大小的主要和基本因素。
   A. 时间成本 　　　　　　　　　　B. 体力成本
   C. 精神成本 　　　　　　　　　　D. 货币成本

10. 全面贯彻市场营销管理哲学，关键是要与顾客及其他利益方建立持久关系，亦即做好_____。
    A. 市场策划 　　　　　　　　　　B. 公共关系
    C. 关系营销 　　　　　　　　　　D. 市场调研

11. 由产品的功能、特性、品质、品种与式样等所产生的价值是指_____。
    A. 交换价值 　　　　　　　　　　B. 产品价值
    C. 服务价值 　　　　　　　　　　D. 顾客感知价值

12. 某产品达到其特定功能的质量，我们称之为_____。
    A. 适用性质量 　　　　　　　　　B. 适合性质量
    C. 市场驱动质量 　　　　　　　　D. 工程驱动质量

13. 通过满足顾客需求达到_____，最终实现包括利润在内的企业目标，是现代市场营销的基本精神。
    A. 顾客价值 　　　　　　　　　　B. 顾客满意
    C. 顾客偏好 　　　　　　　　　　D. 顾客购买

14. 从企业价值链及其构成看，上游环节经济活动的中心是_____。
    A. 创造顾客价值 　　　　　　　　B. 创造产品价值
    C. 人力资源管理 　　　　　　　　D. 技术开发

15. "命令—控制式"组织的致命弱点是_____。
    A. 高度集权 　　　　　　　　　　B. 效率低下
    C. 营销观念落后 　　　　　　　　D. 阻碍市场知识的积累与传播

16. 企业决策网络最终使_____得以不断增加，并以此加强了部门之间的联系与合作，保证了企业能更好地实施市场导向的营销观念。
    A. 决策效率 　　　　　　　　　　B. 组织知识
    C. 企业利润 　　　　　　　　　　D. 市场份额

17. 保持企业的垄断优势，关键在于保持其价值链_____的垄断优势。
    A. 战略环节 　　　　　　　　　　B. 上游环节
    C. 采购环节 　　　　　　　　　　D. 营销环节

18. _____是达致顾客忠诚的重要条件。
    A. 产品质量 　　　　　　　　　　B. 以人为本
    C. 高度满意 　　　　　　　　　　D. 诚信待人

19. _____的核心——在组织的目标和能力与不断变化的市场机会之间建立和维持战略适配的过程。

A. 目标规划 B. 战略规划
C. 组织规划 D. 企业规划

20. 市场营销管理的实质是_____。
A. 刺激需求 B. 需求管理
C. 生产管理 D. 销售管理

【参考答案】

| | | | | |
|---|---|---|---|---|
| 1. C | 2. C | 3. A | 4. C | 5. A |
| 6. D | 7. B | 8. A | 9. D | 10. C |
| 11. B | 12. A | 13. B | 14. B | 15. D |
| 15. B | 17. A | 18. C | 19. B | 20. B |

## （二）多项选择题（下列各小题中正确的答案不少于两个，请准确选出全部正确答案。）

1. 市场营销管理哲学的核心是正确处理_____之间的利益关系。
A. 企业 B. 供应商
C. 顾客 D. 中间商
E. 社会

2. 企业市场营销管理哲学中属于现代市场营销观念的是_____。
A. 生产观念 B. 市场营销观念
C. 销售观念 D. 产品观念
E. 全方位营销观念

3. 第二次世界大战结束后，竞争迫使企业转向以顾客为中心，重视顾客的"感觉和反应"，认为实现企业目标的关键是比竞争者更有效地为选定的目标市场_____顾客价值。
A. 创造 B. 满足
C. 交付 D. 实现
E. 传播

4. 自20世纪90年代以来，许多学者和经理围绕现代营销观念的真正贯彻问题，将注意力逐渐集中到两个方面：一是通过_____实现顾客满意；二是通过市场导向战略奠定竞争基础来吸引、保持顾客和培育客户关系。
A. 质量 B. 营销
C. 价值传递 D. 服务
E. 满足需求

5. 顾客购买总成本由_____等构成。
A. 货币成本 B. 精神成本
C. 体力成本 D. 社会成本
E. 时间成本

6. 企业对_____这些挑战性工作做得如何，将决定其业务经营的成功或失败程度。

A. 洞察 B. 倾听
C. 调研 D. 学习
E. 领先

7. 一般地说，只有与企业相关的利益各方都获得利益的前提下，才有可能实现企业绩效及其利润目标，利益方主要指_____。

A. 顾客 B. 员工
C. 股东 D. 供应商
E. 经销商

8. 在价值链中的企业辅助性增值活动，包括_____等环节。

A. 基础结构 B. 组织建设
C. 人力资源管理 D. 科学技术开发
E. 采购管理

9. 将企业价值链向外延伸，就会形成一个由_____组成的价值链，我们将之称为供销价值链。

A. 供应商 B. 售后服务
C. 最终顾客 D. 分销商
E. 技术开发

10. 为提高顾客满意程度，就需要使顾客获得更大的感知价值。为此，企业必须采取_____等有效的手段。

A. 提高顾客购买的总价值 B. 降低顾客购买的总成本
C. 明星代言 D. 广告提升形象
E. 加强促销宣传

【参考答案】
1. ACE  2. BE  3. ACE  4. ACD  5. ABCE
6. BDE  7. ABCDE  8. ABCDE  9. ACD  10. AB

（三）判断题（判断下列各题是否正确。正确的在题干后的括号内打"√"，错误的打"×"。）

1. 针对像香烟、黄色书刊等不健康需求，营销管理的任务是"改变营销"。（　　）
2. 在传统营销中，企业往往更注重新顾客的开发管理，以争夺更高的市场占有率。
（　　）
3. 追求顾客感知价值最大化的结果往往会导致企业成本增加，利润减少。因此，任何企业都不会主动采用顾客感知价值最大化的策略。（　　）
4. 与生产观念一样，产品观念也属于"以产定销"范畴。（　　）
5. 市场营销观念和社会市场营销观念的最大区别在于后者强调了社会、利益相关者和消费者的长远利益。（　　）
6. 市场营销观念的中心是满足消费者的需求，进而实现企业的利润目标。（　　）

7. 顾客在购买产品时，总是希望有较高的顾客购买总价值和较低的顾客购买总成本，以便获得更多的顾客感知价值。（　）
8. 企业在实际营销过程中吸引新顾客和维系老顾客所花费的成本并没有多大的区别。（　）
9. 树立并全面贯彻适应现代市场环境要求的新观念，包括销售观念和全方位营销观念，建立真正面向市场的企业，是企业成功经营的关键。（　）
10. 过分依赖市场调研部门来实现倾听，并不能保证企业做出成功决策。（　）
11. 在顾客购买总价值与其他成本一定的情况下，时间成本占用越多，顾客感知价值越大。（　）
12. 顾客感知价值的大小受产品价值与顾客购买总成本两方面及其构成因素的影响。（　）
13. 在今天的价值交换体系中，企业绩效及其利润目标只有在能使其他利益方获得利益的条件下，才有可能实现。（　）
14. 顾客满意度取决于其购买后实际感受到的绩效与期望绩效之间的差异。（　）
15. 按照价值链理论，高档时装行业的战略环节是服装的设计能力。（　）
16. 企业的顾客满意度越高，越有可能留住顾客和得到顾客的忠诚。（　）
17. 组织知识是每一个组织成员在解决具体问题时，与集体相关的知识中得到一致认可、共同拥有的那部分知识。（　）
18. 全方位营销主要包括关系营销和绩效营销两个部分。（　）
19. 市场营销观念根据"消费者主权论"，将过去"一切从企业出发"的旧观念，转变为"一切从顾客出发"的新观念。（　）
20. 不同顾客群体对产品价值的期望和购买成本的重视程度是一样的。（　）

【参考答案】

| 1. × | 2. √ | 3. × | 4. √ | 5. √ |
| 6. √ | 7. √ | 8. × | 9. × | 10. √ |
| 11. × | 12. × | 13. √ | 14. √ | 15. √ |
| 16. √ | 17. √ | 18. × | 19. √ | 20. × |

(四) 填空题（请在各小题的画线处填入适当的词句。）

1. 营销者通常需要针对各种不同的需求状况，调整相应的＿＿＿＿＿＿。
2. 现有产品或劳务尚未满足的隐而不现的需求状况，称为＿＿＿＿＿＿。
3. 在过度需求的情况下，营销管理的任务是实施＿＿＿＿＿＿。
4. 以企业为中心的市场营销管理观念，就是以＿＿＿＿＿＿为根本取向和最高目标来处理营销问题的观念。
5. ＿＿＿＿＿＿要求通过设计营销活动并整合营销项目，使为顾客创造、传播和传递价值的能力最大化。
6. 产品观念由于过分重视产品而忽视顾客需求，因而最终将导致＿＿＿＿＿＿。

7. 随着市场环境的变化，越来越多的企业已将营销管理的焦点转移到有价值的_____上，以图建立长期互惠关系。

8. 研究表明，高绩效公司往往十分重视和培育那些能构成业务核心的资源和能力，以此形成自己的_____。

9. _____是指顾客购买某一产品与服务所期望获得的一系列利益。

10. 倾听多种声音的目的是协调不同群体之间的_____关系。

11. _____的形成，取决于顾客以往的购买经验、朋友和同事的影响，以及营销者和竞争者的信息与承诺。

12. 美国质量管理协会认为，_____是一项产品或服务有能力满足明确的或隐含的需求的各种属性和特征的总和。

13. 企业学习系统不仅要重视解决将个人学习和建立的知识转化为_____问题，而且还要解决彼此独立的职能部门的组织知识共享问题。

14. _____是企业感知外部世界的常用手段。

15. 在企业的营销过程中，利用倾听和学习的结果，通过决策过程而比竞争对手做得更好时，称之为_____。

16. 各方利益关系的协调本质上仍然是以_____为核心的。

17. 企业价值链下游环节的中心是_____。

18. 企业价值链的基本增值活动，即_____，包括材料供应、生产加工、成品储运、市场销售、售后服务五个环节。

19. _____是指伴随产品实体的出售，企业向顾客提供的各种附加服务所产生的价值。

20. 在企业创造价值过程中，互不相同但又互相关联的经济活动的集合，一般称为_____。

【参考答案】

1. 营销管理任务　　　　2. 潜伏需求　　　　3. 低营销
4. 企业利益　　　　　　5. 整合营销　　　　6. 营销近视症
7. 老顾客　　　　　　　8. 核心竞争力　　　9. 顾客购买总价值
10. 利益　　　　　　　 11. 顾客期望　　　 12. 质量
13. 组织知识　　　　　 14. 市场调研　　　 15. 领先
16. 顾客满意　　　　　 17. 创造顾客价值　 18. 生产经营环节
19. 服务价值　　　　　 20. 企业价值链

（五）名词解释

1. 全方位营销
2. 顾客感知价值
3. 顾客满意
4. 企业价值链

5. 领先
6. 市场营销管理

【参考答案】

1. 全方位营销观念就是企业生产经营中，不仅考虑消费者需要，而且考虑消费者、利益相关者和整个社会的长远利益的营销哲学。
2. 顾客感知价值是指企业传递给顾客且能让顾客感受得到的实际价值，表现为顾客购买总价值与顾客购买总成本之间的差额。
3. 顾客满意是指顾客将产品和服务满足其需要的感知效果与其期望进行比较所形成的感觉状态。
4. 企业价值链，是指企业创造价值互不相同但又互相关联的经济活动的集合。
5. 领先是指通过决策过程而比竞争对手做得更好。
6. 市场营销管理是指企业选择目标市场，通过创造、传播和交付优质的顾客价值，建立和发展与目标市场之间的互利交换关系而进行的分析、计划、执行与控制过程。

## （六）简答题

1. 简述销售观念和市场营销观念的主要区别。
2. 简述企业价值链核心业务流程管理的内容。
3. 企业组织与体制创新的原则主要包括哪几个方面？
4. 简要分析运用顾客感知价值概念应注意的问题。
5. 简要说明市场导向战略规划的主要内容。
6. 简要说明企业过分依赖市场调研的障碍。

【参考答案要点】

1. 销售观念就是企业的一切经营活动都以推销企业现有产品为中心的经营管理哲学，而市场营销观念则是指以市场消费需求作为企业经营活动中心的经营管理哲学。二者的区别主要表现在：

（1）立论基础不同。销售观念的基础是生产者主权论，而市场营销观念的基础则是消费者主权论。

（2）开展业务的顺序不同。销售观念采用从内向外开展业务的顺序，从企业出发，以企业现有产品为中心，通过使用各种推销手段和技巧，以实现扩大消费者需求来获取利润的目标；市场营销观念则采用从外向内开展业务的顺序，从市场出发，以顾客需求为中心，通过协调所有影响顾客需求的活动并使顾客满意的方法及手段来创造利润。

2. 企业价值链核心业务流程管理主要包括四个方面的内容：

（1）新产品实现流程，包括识别、研究、开发和成功推出新产品等各种活动。

（2）存货管理流程，包括开发和管理合理储存的所有活动。

（3）订单—付款流程，包括接受订单、核准销售、按时送货以及收取货款所涉及的全部活动。

（4）顾客服务流程，包括使顾客能顺利地找到公司适当的人或部门，并得到快捷满意的服务、答复以及解决问题的所有活动。

3. 为应对环境的急剧变迁和竞争日趋激烈的挑战，企业必须遵循以下原则对自身组织与管理制度进行革新：① 满足相关利益方的要求；② 改进关键业务过程；③ 合理配置资源。

4. 分析运用顾客感知价值概念应注意以下三方面的问题：① 顾客感知价值的大小受顾客购买总价值与顾客购买总成本两方面及其构成因素的影响。② 不同的顾客群对产品价值的期望和购买成本的重视程度是不同的。③ 顾客感知价值的大小，应以能够实现企业的经营目标为主要原则。

5. 市场导向战略规划的主要内容包括：① 正确选择和调整企业投资经营方向，并将企业的投资业务作为一个组合来管理。② 根据市场增长率、企业定位及其组合，测算每次具体业务的未来利润潜力。③ 从长期发展的战略高度制定规划。

6. 市场调研一直是企业常用的感知手段，但企业过分依赖市场调研部门，并不一定能达到有效的倾听，进而也就无法保证成功决策。传统上通过小样本寻求对总体的推断，方法上存在偏误，而调研机构及其人员对信息的加工处理难免带有自身的倾向，这都会成为企业有效倾听的障碍。

## （七）论述题

1. 试述西方企业一百多年来市场营销管理哲学（观念）的演变及其历史背景。
2. 试述企业价值链及其对企业营销的指导意义。

【参考答案要点】

1. 市场营销管理哲学是指企业对其营销活动进行管理的基本指导思想，是一种观念、态度或思维方式。核心是如何处理企业、顾客和社会三者之间的利益关系。一般地说，西方企业一百多年来市场营销管理哲学（观念）的演变历程大体经历了以下三个阶段。

（1）以企业为中心的观念。即以企业利益为根本取向和最高目标来处理营销问题的观念。具体包括生产观念、产品观念和推销观念。生产观念就是企业的一切经营活动都以生产为中心的经营管理哲学，产生于十九世纪末二十世纪初。由于当时市场规模扩大、物资短缺，市场需求旺盛，产品供不应求。企业只要提高产量、降低成本，便可获得丰厚利润。因此，企业的中心问题是扩大生产价廉物美的产品，而不必过多关注市场需求差异。生产观念认为，消费者总是喜爱可以随处买到和价格低廉的产品，企业应当集中精力提高生产效率和扩大分销范围，增加产量，降低成本。典型口号是："我们生产什么，就卖什么。"

产品观念就是企业的一切经营活动都以提高产品质量和生产精美产品为中心的经营管理哲学，与生产观念出现的时期相近。产品观念认为，消费者喜欢高质量、多功能和具有某些特色的产品并愿意出较高价格购买质量上乘的产品。因此，企业管理的中心是致力于生产优质产品，并不断精益求精。其典型表现是"好酒不怕巷子深"。

推销观念就是企业的一切经营活动都以推销企业现有产品为中心的经营管理哲学，盛行于20世纪三四十年代。这一时期，由于科技进步，科学管理和大规模生产的推广，商品产量迅速增加，市场商品供过于求。如何把现有产品销售出去，已成为企业面临的主要问题。推销观念认为，消费者通常有一种购买惰性或抗衡心理，若听其自然，消费者就不会大量购买本企业的产品。因此，企业必须采用各种推销技巧和手段来说服甚至强制消费者购买。其典型表现是"我们卖什么，就让人们买什么"。

（2）以消费者为中心的观念，即市场营销观念。该观念形成于20世纪50年代。第二次世界大战后，随着第三次科技革命的兴起，产品技术不断创新，新产品竞相上市，市场竞争进一步激化。同时，西方各国政府相继推行高福利、高工资、高消费政策，社会经济环境出现快速变化。消费者有较多的可支配收入和闲暇时间，对生活质量的要求提高，消费需要变得更加多样化，购买选择更为精明，要求也更为苛刻。如何使企业产品符合消费者的需求，已成为企业必须解决的首要问题。该种观念认为，企业的一切计划与策略应以消费者为中心，正确确定目标市场的需要与欲望，比竞争者更有效地满足目标市场需要，根据市场需求来组织企业的一切营销活动。其座右铭是："顾客需要什么，我们就生产供应什么。"

（3）以社会长远利益为中心的观念，即社会营销观念。20世纪70年代以来，随着全球环境破坏、资源短缺、人口爆炸、通货膨胀和忽视社会服务等问题日益严重，要求企业顾及消费者整体与长远利益。在西方市场营销学界提出了一系列新的观念，统称为社会营销观念。该种观念认为，企业的营销决策既要考虑消费者的眼前利益，又要考虑长远利益，同时还要考虑社会利益和企业利益的同步增长，并通过比竞争者更有效地使顾客满意来完成企业的目标。与市场营销观念的区别在于，它要求企业在利润、消费者需求的满足和社会利益三者之间平衡。

2. 所谓企业价值链，是指企业创造价值的互不相同，但又互相关联的经济活动的集合。其中每一项经营管理活动都是"价值链条"上的一个环节。企业价值链包括以材料供应、生产加工、成品储运、市场销售、售后服务五个环节为核心的"生产经营环节"和以基础结构与组织建设、人力资源管理、科学技术开发和采购管理四个方面为核心的企业辅助性增值活动。

企业价值链理论对企业营销实践的指导意义主要有两个方面：

第一，企业价值链的各个环节相互关联、相互影响。一个环节经营管理的好坏，会影响其他环节的成本和效益。一般地说，上游环节经济活动的中心是创造产品价值，与产品技术特性紧密相关；下游环节的中心是创造顾客价值，成败优劣主要取决于顾客服务。在营销过程中，企业必须依据顾客价值和竞争要求，检查每项价值创造活动的成本和经营状况，寻求改进措施，通过加强对新产品实现、存货管理、订单—付款和顾客服务这四大核心业务流程的管理，做好不同部门之间的系统协调工作，克服企业各个部门利益最大化倾向。

第二，在一个企业价值链的诸多"价值活动"中，并不是每一个环节都创造价值。企业所创造的价值，实际上往往集中于企业价值链上某些特定的环节——即企业价值链的战略环节。这就意味着，要保持企业的竞争优势，关键在于保持其价值链战略环节的优势，而无需将之普及到所有的价值活动。因此，精明的企业家总是将战略环节紧紧控制在企业内部，而将一些非战略性活动通过合作外包出去。

## （八）案例简析

谷　　歌

1998 年，斯坦福大学两名博士生拉里·佩奇（Larry Page）和谢尔盖·布林（Sergey Brin）创立了一个搜索引擎公司 Google（谷歌）。这个名字是英文"Googol"（意为 10 的 100 次方，喻天文数字）的变形，代表公司可以为用户提供巨大的线上数据。谷歌公司的使命是"整合全球的信息并为全世界人所用"。公司最初的重点是开发一个完美的搜索引擎，使它链接到数百万个其他网站上来确定哪个网站提供了最具价值的信息。公司凭借其搜索引擎战略业务聚焦和持续不断的创新成为搜索引擎市场的世界领导者。

谷歌免费创造和分发其产品，却吸引了大量寻求目标广告版面的线上广告客户。谷歌大约 96% 的收入来自线上广告，这意味着创造新的广告空间对公司成长很重要。谷歌在它的搜索页面上通过被称为"AdWords"关键字广告项目售卖广告版面。无数的公司通过购买"搜索广告"使用这些 AdWords——基于文本的搜索框会在相关搜索结果中出现，只有当用户点击这些结果时广告商才付费。谷歌还运行了一个广告项目叫"AdSense"，允许任何网站抓取与谷歌广告相关的内容到谷歌网站上，使网站发布商在访问者点击这些广告时获取收益。

除了为广告客户提供主要的线上空间，谷歌还提供让企业广告更具针对性和理解营销有效性的工具来增加价值。例如，搜索分析系统 Google Analytics 是免费向广告客户开放的，它提供了一份详细报告，记录用户如何发现网站、浏览或点击什么样的广告内容，他们在网站上有哪些行为、生成了多少流量。

随着数据引导下的网络营销方案实时改进能力的增强，谷歌就能支持不断监测、优化广告资源和预算的营销风格。谷歌将其称为"营销资产管理"，暗示广告应该以资产方式根据市场状况分组管理。

自创立以来，谷歌已经将业务延伸到搜索功能以外的其他有利于消费者和企业的产品、应用和工具上。每个产品背后的目标都是帮助用户找到需要的信息，并帮助他们比以前更好、更快和更简单地把事情做好。现在，谷歌多样的产品和服务有如下几类：网络（网页搜索、个人主页 iGoogle、浏览器 Google Chrome）；移动服务（手机、手机搜索、手机地图）；媒体（图片整理工具 Picasa、应用市场 Google Play、Youtube.com）；地理服务（谷歌地球 Earth、谷歌地图 Maps）；家用与商用服务（办公套件 Docs、邮箱 Gmail、日程管理工具 Calendar）；社交服务（谷歌社区 Google+、博客服务 Blogger）；专业搜索（专利搜索 Patents、金融搜索 Finance、学术论文搜索 Scholar）以及创新。

随着世界变得更加"移动化"，谷歌在移动互联网上下了很大的赌注。2008 年，谷歌发布了一款与苹果 iOS 正面交锋的操作系统——安卓。两者之间的最大不同是安卓系统免费、开源并有数百万美元的投资支持。这意味着谷歌需要它的合作者长期帮助其建立和设计安卓系统。这种投资在 2010 年有了回报，安卓成为市场上第一的移动手机操作系统。

随着谷歌延伸到移动科技领域，它迅速成为移动广告市场的领导者，取得了 75% 的搜索广告市场份额和约 50% 的移动广告份额。2012 年，谷歌收购摩托罗拉并发布 Nexus7，一款与 iPad 和 Kindle 竞争的时尚平板电脑，标志着谷歌进入了移动设备品类。展望未来，谷歌希望能提供移动终端解决方案——配有移动服务的谷歌移动设备以让消费者一直使用谷歌。

谷歌的终极目标是使尽可能多的人群到达互联网，无论是通过电脑还是手机。互联网上用户越多，谷歌能够卖出的广告就越多。谷歌的新产品不仅完成了这个目标，还使得互联网成为一个更加具有个性化体验的场所。

谷歌作为一家公司和一个品牌，在其短暂的发展历史中取得了巨大的成功。从一开始，谷歌就努力在企业界成为一个"好人"：宽松的工作环境、良好的职业道德和一个著名的信条"不作恶"。目前，谷歌在美国市场的核心搜索中占据 67% 的市场份额，远远超过 17% 的微软和 15% 的雅虎。在全球市场，谷歌凭借 85% 的市场份额（微软 3%；雅虎 8%）处在更加主导性的地位。谷歌 2013 年的收入达到 590 亿美元，并以 1 070 亿美元的品牌价值成为世界第二大强势品牌。此外，谷歌 2014 年以 4 000 亿美元的市值险胜沃尔玛、微软等公司，成为世界第二大最具价值的公司。

资料来源：[美] 菲利普·科特勒，凯文·莱恩·凯勒. 营销管理（第 15 版）. 何佳讯，等，译. 上海：格致出版社、上海人民出版社，2016：30.

【简要评析】

（1）随着互联网技术的发展，信息传播的速度和广度急剧膨胀，但与之俱来的问题和"副作用"是：汹涌而来的信息使人无所适从。如何从浩如烟海的信息海洋中迅速而准确地获取自己最需要的信息，变得非常困难。正是基于"信息爆炸"时代如何方便地查找到各类最有价值的信息这一消费需求的"痛点"，拉里·佩奇和谢尔盖·布林于 1998 年创立谷歌公司。确实，无论是公司早期唯一提供的免费搜索引擎服务，还是将搜索引擎技术应用于公司的网络、移动服务、媒体、地理服务、社交服务和专业搜索，并在此基础上为企业提供付费的 AdWords——关键字广告项目售卖版面，其根本宗旨都是帮助用户找到最有价值的信息并帮助他们比以前更好、更快和更简单地把事情做好。

（2）正是这种对市场需求痛点的精准解读和把握——市场导向的营销理念及产品服务，使得谷歌公司从一开始就让消费者明确、清晰地识别并记住谷歌品牌的利益点与个性，这是驱动消费者认同、喜欢乃至爱上谷歌品牌的主要力量，实际上也正是谷歌品牌的核心价值之所在。

# 第三章
# 企业战略与营销管理

## 一、学习目的与要求

通过本章的学习,了解企业战略规划的意义、一般过程和关键步骤,厘清总体战略、经营战略与职能战略之间的关系,懂得分析竞争环境和选择竞争战略的思路与方法,能够根据总体战略、经营战略的要求规划和组织营销管理。

## 二、学习知识要点

### (一)企业战略与规划

1. 企业战略的特征

战略泛指统领性、全局性、左右胜败的谋略、方案和对策,主要描述企业打算如何实现其目标和使命,一般具有全局性、长远性、抗争性和纲领性等基本特征。

2. 企业战略的层次结构

典型的企业战略分为总体战略、经营战略和职能战略三个层次。总体战略又称公司层战略,是企业最高层次的战略,主要回答企业的活动领域、经营范围和资源配置;经营战略又称业务单位战略、竞争战略或经营层战略,是各战略业务单位或有关事业部、子公司开展竞争的战略;职能战略又称职能层战略,是企业或战略业务单位各职能部门的战略,涉及营销、生产、财务、人力资源和研发等。

3. 战略规划的一般过程

企业首先通过分析外部环境寻找机会和规避威胁,结合自身的优势和劣势确定目标,选择能够实现目标的战略并制定实现战略的计划,接着建立能有效执行战略的组织结构和制度体系，最后对战略实施的结果进行评价，确认是否达到预期效果，以明确下一步的战略方向。

### （二）总体战略

规划总体战略包括以下四个主要步骤：

1. 认识和界定企业使命

使命反映企业的目的、特征、性质以及未来方向。明确使命就是回答企业为谁创造价值以及创造什么样的价值等问题。通常从愿景、业务领域和经营政策三方面思考和归纳企业的使命，一般会形成文字，即企业使命说明书。

2. 区分战略业务单位

战略业务单位是企业必须为其专门制定经营战略的最小业务管理单位。合理区分战略业务单位，可使企业使命具体化。划分的主要依据是企业各项业务之间有无"共同的经营主线"，实践中要做到需求导向和切实可行。

3. 明确投资组合战略

各个战略业务单位的市场地位和发展前景往往并不一样，需要合理配置有限的资源，以形成总体竞争优势。因而，需要对各业务单位进行评估、分类，确认它们的战略价值和成长潜力。由美国波士顿咨询公司提出的"市场成长率/市场占有率"矩阵是一种应用较广的方法。市场成长率是指战略业务单位所在市场或行业，一定时期内销售增长的百分比；市场占有率是企业销量在该市场总销量中所占份额，相对市场占有率则是企业的市场占有率和最大竞争对手的市场占有率之比率。

波士顿矩阵把企业的业务单位界定为四种类型："问号""明星""奶牛"和"瘦狗"。通过业务单位处境的分析，确定战略业务单位发展的方向。规划总体战略既要看现状，又要分析前景。

4. 选择业务成长战略

成长战略一般有三种：① 密集式成长，从产品和市场两大方面寻求新的发展机会，包括市场渗透、市场开发和产品开发；② 一体化成长，通过整合供应链、从事与目前业务相关的新业务谋求发展，包括后向一体化、前向一体化和水平一体化；③ 多角化成长，即跨产品、跨行业扩张，包括同心多角化、水平多角化和综合多角化。

### （三）经营战略

1. 分析竞争环境

迈克尔·波特认为，有五种竞争力量影响和决定着行业、市场的吸引力：① 行业内部的竞争；② 新进入者的威胁；③ 替代品的威胁；④ 购买者的讨价还价能力；⑤ 供应商的讨价还价能力。

2. 选择竞争战略

根据迈克尔·波特的观点，通常有三种可供选择的战略：成本领先战略、差异化战略和集中战略。

### （四）营销过程与管理

营销管理必须服从于经营战略。营销部门首先要分析、解读经营战略，作为营销决策和管理的依据。

1. 决定目标市场和定位

遵循以下四个步骤：

（1）市场调研。通过调查分析，了解人们的需要、欲望和变化趋势，明确自身优势及核心竞争力所在，权衡利弊，初选生产经营的方向。

（2）市场细分。对营销机会显现出的需求进行分类，对各个细分市场的价值进行客观、科学的评估。

（3）市场选择，即明确自己愿意进入和需要占领的市场，决定服务对象。

（4）市场定位，即在目标市场为企业、产品或品牌树立一定的特色。

2. 发展营销组合

"营销组合"是一系列能影响需求的企业可控制因素，包括产品、价格、地点（分销或渠道）和促销等，是开展营销活动的工具。营销组合具有可控性、动态性、复合性和整体性的特征，必须从目标市场的需求状态、定位和营销环境出发，统一、配套和协调使用。

3. 制定计划和实施、控制营销活动

营销计划是营销行动的依据。依据营销活动内容，一般可分为：品牌营销计划，即关于单个品牌的营销计划；产品类别营销计划，关于一类产品、产品线的营销计划；新产品计划，在现有产品线增加新产品项目、进行开发和推广活动的营销计划；细分市场计划，面向特定细分市场、顾客群的营销计划；区域市场计划，面向不同国家、地区、城市等的营销计划；客户计划，针对特定顾客的营销计划。制定营销计划之后，需要组织力量加以落实，并对营销活动的进程和结果进行控制，以保证达成预定的营销目标。依据时间跨度，可分为战略性计划与年度营销计划。

## 三、练习题及答案

**(一) 单项选择题**（在下列每小题中，选择一个最适合的答案。）

1. 战略是企业_____的行动方案。
   A. 局部性  B. 全局性
   C. 区域性  D. 全球性
2. 企业战略通常分为_____层次。
   A. 两个  B. 三个
   C. 四个  D. 五个
3. 营销战略是企业的_____。
   A. 总体战略  B. 经营层战略
   C. 职能层战略  D. 公司层战略
4. 区分战略业务单位的主要依据是多项业务之间是否存在共同的_____。
   A. 经营主线  B. 经营目标
   C. 经营方针  D. 经济利益
5. 企业最高层级的战略属于_____。
   A. 品牌战略  B. 竞争层战略
   C. 职能层战略  D. 公司层战略
6. 共同的经营主线是指目前的产品、市场与未来的产品、市场之间的一种_____联系。
   A. 内在  B. 外部
   C. 偶然  D. 局部
7. 问号类业务单位是具有较高市场成长率和_____的经营单位或业务。
   A. 较高相对市场占有率  B. 较低经营利润率
   C. 没有相对市场占有率  D. 较低相对市场占有率
8. 某个业务经过发展，拥有了较高的相对市场占有率，但市场成长率却下降到较低的水平，这项业务的状况属于_____。
   A. 问号类  B. 奶牛类
   C. 明星类  D. 瘦狗类
9. 明星类单位的市场成长率降到_____以下，但有较高的相对市场占有率，便成为奶牛类单位。
   A. 50%  B. 30%
   C. 10%  D. 5%
10. 市场成长率和相对市场占有率都较低的经营单位是_____。
    A. 问号类  B. 明星类

C. 奶牛类 D. 瘦狗类

11. 针对瘦狗类的战略业务单位，企业应采取_____策略。
    A. 加大投入 B. 维持
    C. 舍弃 D. 发展

12. 在"多因素投资组合"分析矩阵中，对处于_____地带的战略业务单元，企业要采取增加资源投入和发展、扩大业务的战略。
    A. 绿色 B. 黄色
    C. 灰色 D. 红色

13. 企业或战略业务单位集中于某个特定购买者群体的战略是_____。
    A. 成本领先战略 B. 差异化战略
    C. 无差异化战略 D. 集中战略

14. 战略环境因素变化的结果，对企业及其活动形成有利的条件是_____。
    A. 环境威胁 B. 市场机会
    C. 市场利润 D. 成本降低

15. 经营战略计划的制定和实施，要以特定的_____为依据。
    A. 目标 B. 利润
    C. 成本 D. 计划

16. 在同一市场上，采用同一战略的企业之间，事实上形成了一个_____。
    A. 战略 B. 战术部落
    C. 战略联盟 D. 战略群落

17. 促使现有顾客增加购买次数、购买数量，争取竞争者的顾客"倒戈"，这是_____策略。
    A. 市场开发 B. 市场渗透
    C. 产品开发 D. 一体化

18. 成本领先战略的重点在于_____。
    A. 成本监控 B. 企业并购
    C. 技术创新 D. 广告宣传

19. 收购、兼并上游供应商，拥有或控制供应系统，这是一种_____策略。
    A. 前向一体化 B. 后向一体化
    C. 水平一体化 D. 同心多角化

20. 企业通过产品、服务、人员或形象形成特色的战略是_____。
    A. 集中战略 B. 品牌战略
    C. 差异化战略 D. 成本领先战略

【参考答案】
1. B    2. B    3. C    4. A    5. D
6. A    7. D    8. B    9. C    10. D
11. C   12. A   13. D   14. B   15. A
16. D   17. B   18. A   19. B   20. C

**（二）多项选择题**（下列各小题中正确的答案不少于两个，请准确选出全部正确答案。）

1. 企业战略一般分为_____三个层次。
   A. 职能战略  B. 财务战略
   C. 总体战略  D. 经营战略
   E. 品牌战略

2. 总体战略的规划过程，包括的主要步骤有_____。
   A. 认识和界定企业使命  B. 区分战略业务单位
   C. 做出 SWOT 分析  D. 明确投资组合战略
   E. 选择业务成长战略

3. 美国波士顿公司的市场成长率／市场占有率矩阵将企业经营单位划分为_____几种类型。
   A. 明星类  B. 成长类
   C. 奶牛类  D. 问号类
   E. 瘦狗类

4. 多因素投资组合矩阵依据市场吸引力的大小和竞争能力的强弱将企业战略经营单位分为_____。
   A. 绿色地带  B. 灰色地带
   C. 黄色地带  D. 蓝色地带
   E. 红色地带

5. 职能战略包括_____。
   A. 生产战略  B. 研发战略
   C. 市场营销战略  D. 人力资源战略
   E. 财务战略

6. 企业一体化成长战略包括_____。
   A. 后向一体化  B. 向上一体化
   C. 水平一体化  D. 向下一体化
   E. 前向一体化

7. 企业的多角化成长战略包括_____。
   A. 垂直多角化  B. 水平多角化
   C. 平行多角化  D. 同心多角化
   E. 综合多角化

8. 市场营销组合因素是_____。
   A. 产品  B. 政治权力
   C. 定价  D. 分销
   E. 促销

9. 美国哈佛大学教授迈克尔·波特提出的竞争战略包括_____。

A. 成本领先战略　　　　　　　B. 差异化战略
　　C. 品牌战略　　　　　　　　　D. 一体化战略
　　E. 市场聚焦战略
10. 影响行业吸引力的力量_____。
　　A. 行业内部的竞争　　　　　　B. 替代品的威胁
　　C. 新进入者的威胁　　　　　　D. 购买者的讨价还价能力
　　E. 供应商的讨价还价能力

【参考答案】
1. ACD　　2. ABDE　　3. ACDE　　4. ACE　　5. ABCDE
6. ACE　　7. BDE　　8. ACDE　　9. ABE　　10. ABCDE

**(三) 判断题**（判断下列各题是否正确。正确的在题干后的括号内打"√"，错误的打"×"。）

1. 一个企业最高层次的战略，又称为经营战略。（　）
2. 战略规划是企业面对市场竞争，为长期生存和发展进行的谋划和部署。（　）
3. 企业战略管理的一般过程应是一个循环往复的过程。（　）
4. 企业使命综合反映一个企业的目的、特征、性质及未来的方向。（　）
5. 前向一体化是指收购、兼并企业上游的厂商。（　）
6. 使用水平一体化战略，是指企业争取对相关企业的所有权或控制权，或实行各种形式的联合经营。（　）
7. "问号"指市场成长率较高、相对市场占有率较低的业务单位或业务。（　）
8. 企业利润水平与市场占有率同向增长。（　）
9. 市场成长率越高，经营单位的资金需要数量越少。（　）
10. 多因素投资组合矩阵分析中，处于红色地带的企业一般采用增加资源投入和发展、扩大业务。（　）
11. 多角化成长是指企业可在现有业务范围内，寻求新的发展机会。（　）
12. 成本领先是企业价格竞争的基础。（　）
13. 产品、价格、分销和促销等营销组合是市场营销过程中的不可控因素。（　）
14. 对一个具体的企业及业务单位，从时间、费用和必要性看，完全有可能也有必要对所有的环境因素进行分析。（　）
15. 市场营销组合是固定不变的静态组合。（　）
16. 愿景是企业未来的一种期望和描述。（　）
17. 企业使命是全局性的，也是长远的，不能具有弹性。（　）
18. 区分战略业务单位的主要依据，是看各项业务之间有无"共同的经营主线"。（　）
19. 波士顿矩阵是从市场吸引力和竞争能力两个方面评估每个战略业务单位的现状和前景。（　）

20. 在营销组合的四个因素中，不容易在短期改变的是产品和促销。（    ）

【参考答案】
1. ×　　2. √　　3. √　　4. √　　5. ×
6. √　　7. √　　8. √　　9. ×　　10. ×
11. ×　　12. √　　13. ×　　14. ×　　15. ×
16. √　　17. ×　　18. √　　19. ×　　20. ×

## （四）填空题（请在各小题的画线处填入适当的词句。）

1. 总体战略是企业的最高层次的战略，又称为_____。
2. 企业不同战略业务单位（SBU）的战略属于_____。
3. _____是企业或战略业务单位各职能领域的战略。
4. _____类的战略业务单位，属于市场成长率较高、相对市场占有率较低的业务单位或业务。
5. 企业在生产过程中，物流从顺方向移动称为_____一体化。
6. 市场成长率和相对市场占有率均高的战略业务单位属于_____类。
7. 用多因素投资组合矩阵分析时，企业对每个战略业务单位都从市场吸引力和_____两个方面进行评估。
8. 有五种竞争力量影响和决定行业和市场的吸引力，通常称为"五力"模型，这是由_____提出的。
9. _____反映企业的目的、特征和性质。
10. 处于_____地带的企业采取增加资金投入和发展扩大的战略。
11. 市场成长率和相对市场占有率都偏低的业务，属于_____业务。
12. 把企业目标确定在某个特定的、相对狭小的领域内，争取成本领先或差异化，从而建立相对优势，通常适合于中小企业，这是_____战略。
13. 战略环境有关因素变化的结果，对企业及其活动产生不利的影响叫_____。
14. _____是企业之所以存在的理由和价值，主要回答一个企业为谁创造价值以及创造什么样的价值等问题。
15. 构成市场营销组合的四大类因素或手段，各自又包含了多个次一级或更次一级的因素，这是营销组合的_____特征。
16. 来自于市场上人们尚未满足或没有得到很好满足的需要和欲望，即是企业的_____。
17. 企业目标不能只是概念化的描述，还要以_____表达。
18. 4P 分类的提出者是_____。
19. 企业通过在产品及设计、工艺、品牌、特征、款式和服务等方面来获取竞争优势的战略，称为_____。
20. 团购行为是增强_____的讨价还价能力。

【参考答案】
1. 公司层战略　　2. 业务单位战略　　3. 职能战略
4. 问号　　　　　5. 前向　　　　　　6. 明星
7. 竞争能力　　　8. 迈克尔·波特　　9. 使命
10. 绿色　　　　 11. 瘦狗　　　　　12. 集中
13. 环境威胁　　 14. 使命　　　　　15. 复合性
16. 机会　　　　 17. 数量　　　　　18. 麦肯锡
19. 差异化战略　 20. 购买者

## （五）名词解释

1. 愿景
2. 成本领先战略
3. 市场占有率
4. 后向一体化
5. 市场营销组合

【参考答案】
1. 愿景是关于企业未来的一种期望和描述，说明一个企业想要做成的"样子"。
2. 成本领先战略致力于企业内部加强成本控制，通过简化产品、改进设计、节约材料、降低人工费用和生产创新、自动化等，在研发、生产、销售、服务和广告等领域，使企业的总成本降到行业最低，从而获得高于行业平均水平的利润。
3. 市场占有率是一个企业或其战略业务单位，在该市场总销量中所占的份额。
4. 后向一体化指利用自己产品、品牌的优势，把原来外购的原材料或零件等改为自行生产。
5. 市场营销组合是企业为了进占目标市场，满足顾客需求，加以整合、协调使用的可控制因素。

## （六）简答题

1. 企业一体化成长战略分为哪几类？
2. 简述"市场成长率/市场占有率"矩阵。
3. 企业多角化成长战略包括哪几方面？
4. 企业营销组合具有哪些特征？

【参考答案要点】
1. 企业一体化成长战略包括：① 后向一体化，指企业收购、兼并上游供应商，拥有或控制供应系统。② 前向一体化，指企业收购、兼并企业下游的厂商。③ 水平一体化，指企业争取对同类企业的所有权或控制权，或实行各种形式的联合经营。

2. "市场成长率/市场占有率"矩阵,又叫"波士顿矩阵",它以市场成长率和相对市场占有率为坐标,将企业的战略业务单元分为四个象限。

(1)"问号",即市场成长率较高、相对市场占有率较低的业务单位或业务。它们需要较多资源投入,以追赶竞争者和跟上市场成长,但其自身前景不够明朗。

(2)"明星"。经营成功的"问号"类业务,随着相对市场占有率提高,会成为"明星"类。一般来说,它们仍需企业投入较多资源。

(3)"奶牛"。具有低市场成长率和较高相对市场占有率特征的战略业务单位,企业可以不再投入大量资源,同时能获得较好回报和效益。

(4)"瘦狗",是市场成长率和相对市场占有率都偏低的业务。它们还能带来一些收益,但是盈利少或有亏损。

3. 企业多角化成长战略包括:① 同心多角化——面对新市场、新顾客,以原有技术、特长和经验为基础增加新业务。② 水平多角化——针对现有市场和现有顾客,采用不同技术增加新业务,这些技术与企业现有能力没有多大关系。③ 综合多角化——企业以新业务进入新市场,新业务与企业现有的技术、市场及业务没有联系。

4. 营销组合具有以下四方面的特征:① 可控性。产品、定价、渠道和促销都属于企业自身可以控制和运用的营销手段。② 动态性。企业根据市场的变化,适应市场需求而对营销手段进行及时的调整和修改。③ 复合性。构成营销组合的四大类因素或手段,各自又包含多个次一级或更次一级的因素或手段组合。④ 整体性。构成营销组合的各种手段以及各个层次的因素,不是简单相加或拼凑,必须成为一个有机的整体。

## (七)论述题

1. 试述市场竞争环境分析中的"五力"模型。
2. 试述波特教授的三种企业竞争战略。

【参考答案要点】

1. 企业竞争环境分析的"五力"模型,即行业竞争分析中的五种力量:

(1)行业内部的竞争。一个行业内部,如果已有众多强大的或竞争意识强的竞争者,这个行业就可能缺乏吸引力。

(2)新进入者的威胁。新进入者威胁的大小,取决于进入障碍和退出障碍。一个行业进入障碍高、退出障碍低,新竞争者就不易进入;退出障碍高、进入障碍也高,潜在收益虽高,风险也大;进入和退出障碍都低,可以获得较低但稳定的收益;进入障碍低而退出障碍高,新竞争者容易进入,易招来大量的竞争者。

(3)替代品的威胁。通常替代品进入市场,会迫使现有产品的价格下降。替代品的价格越有吸引力,对行业构成的威胁也越大。

(4)购买者的讨价还价能力。购买者集中,或组织化程度高,或该采购在买方成本中占较大比重,或行业提供的产品难以差异化,或买方转换成本低,或买方由于单位盈利低而对价格敏感,或买方有可能后向一体化,都可以增强购买者的讨价还价能力。

(5)供应商的讨价还价能力。一般来说,供应商阵营由少数几家公司控制,或没有替代品等,都可能增强供应商方面的讨价还价能力。

2. 波特教授的三种竞争战略是:

(1)成本领先战略。即一个企业力争使其总成本降到行业最低水平,争取最大的市场份额,使单位产品成本最低,从而以较低售价赢得竞争优势。

(2)差异化战略。依托于企业在产品、设计、工艺、品牌、特征、款式和服务等各个方面,与竞争对手相比能有显著的差异,从而达到战胜竞争者的目的。有效实施差异化战略的前提,是企业在市场营销、研究与开发、产品技术和工艺设计等方面具有强大的实力。

(3)集中或"聚焦"战略。把目标瞄向某个特定的、相对狭小的领域内,在局部市场争取成本领先或差异化,建立竞争优势。适用于中小企业,但抗风险的能力较差。

## (八)案例简析

### 云南白药集团构建大健康战略体系

云南白药创立于 1902 年,作为传统的中药企业,云南白药不断适应产业快速发展和市场竞争的变化,制定了大健康的发展战略。从 2005 年开始,云南白药实施"稳中央、突两翼"的战略,以云南白药散、胶囊、酊、气雾剂等为代表的中央产品是白药的"根",通过技术创新让传统白药不断升级,适应市场发展需要,充分体现了白药的专业特性。透皮产品是白药充分运用现代材料科学、制剂技术并突出白药"伤科圣药"内涵的一个突破,云南白药创可贴的问世改写了创可贴仅仅是一种卫生材料、一种"透气性、与皮肤亲和性好的高质量胶布"的概念。向健康产品领域的拓展,来源于对提高人们生活质量、让传统和现代充分融合的理念,云南白药做的不仅仅是一种产品,更是希望能够塑造一种传统与现代完美融合的、健康、典雅的生活方式。

通过十多年的发展,云南白药的产业布局现已涵盖了医药产品、个人健康护理、中药资源、现代医疗及康复服务板块和健康食品五大重点业务领域。数据显示,17 年间,云南白药主营业务收入从 1999 年的 2.32 亿元上升至 2016 年的 224 亿元,增长约 96 倍;净利润从 0.34 亿元增加到 29.3 亿元,增长约 85 倍。云南白药实施的"中央加两翼"大健康战略成效卓著。

1. 以技术创新稳固传统白药产品市场

云南白药是中国最著名的治疗外伤产品,通过多年来的发展已经形成了以云南白药散、云南白药胶囊、云南白药酊、云南白药气雾剂以及宫血宁等为主的核心产品组合。它们也是云南白药活血化瘀、止血止痛品牌文化的最原始、最直接载体。这些"中央产品"标志着云南白药是一个专业的传统中药品牌,这是云南白药品牌的基因,也是云南白药传承百年的品牌血脉。

2001 年,云南白药委托拜尔斯道夫(常州)有限公司生产创可贴,将云南白药在外伤治疗上的优势和拜尔斯道夫材料科学方面的优势结合。通过这种方式,云南白药弥补了自己的弱项。云南白药创可贴同邦迪创可贴相比，因为加入了"药物"，具备了止血、杀菌、消毒和促进伤口愈合等功能，这是邦迪难以企及的竞争优势。云南白药用"含药"的创可贴击败了在市场中占据绝对优势的邦迪。截至2016年，云南白药创可贴成为细分市场第一品牌，创造了民族品牌直面国际巨头、迅速崛起的市场奇迹。

云南白药不断加大技术创新和产品创新，先后陆续向市场投放了云南白药气雾剂、云南白药创可贴、云南白药酊等产品。每一个产品市场拓展都非常成功，进一步提升了云南白药在国内市场的优势地位。

2. 以云南白药牙膏进入日化领域

基于"新白药，大健康"的战略，云南白药推广新产品的策略是"先创品类，再树品牌"。在充分市场研究的基础上，云南白药将品牌延伸到了日化领域，以云南白药独有的止血活血功效推出了云南白药牙膏。

云南白药牙膏从上市之初就明确了自己出身中药名门的事实，将品牌活血化瘀、止血止痛的品牌文化发挥到极致，突出云南白药牙膏专业解决牙龈出血、牙齿肿痛等口腔问题，定位为高端口腔护理产品，再一次填补了市场的空白，推动品牌利润的持续增长。2016年，云南白药牙膏系列产品在国内市场占有率达16%，位居第二位，云南白药牙膏2016年销售收入超过40亿元。

在不断拓展日化市场的战略指导下，云南白药集团日化产品涵盖了牙膏、洗发水、面膜、沐浴液等产品。

3. 以红瑞徕滇红茶完善大健康战略体系

2010年，围绕拥有70多年历史的"凤庆茶厂"招牌，云南白药和云南滇红集团股份有限公司打起了争夺战，最终云南白药集团成功接手凤庆茶厂。

2011年11月，云南白药"红瑞徕"凤庆滇红茶亮相昆明。"国际市场上红茶份额是75%，中国目前不到5%，整个市场的上涨空间还非常大。这是云南白药落子茶行业的重要原因。"云南白药集团不断加大茶叶领域的投入力度，而且主打高端礼品市场，价格在300~5 000元不等，就是寄希望它成为下一个利润增长点。通过几年的市场拓展，云南白药"红瑞徕"品牌已经打开了市场空间，成为中国滇红茶的领先品牌。

资料来源：

[1] 丁杰. 云南白药："以全球应对全球". （2013-07-11）[2017-09-21]. 和讯网.

[2] 云南白药集团官方网站. （2017-09-21）[2017-09-21].

【简要评析】

（1）企业战略体系的构建必须从企业自身所具备的优势和能力出发，尤其是企业在实施战略延伸的过程中自身能力尤为重要。云南白药集团的大健康战略体系是基于云南白药所立足的医药健康基础，产业延展的基础是健康核心。日化和茶叶都属于健康领域，这不仅有效避免了进入新产业所带来的风险，而且也有助于现有产业资源整合和协同发展。

（2）产业竞争环境是成功进入新产业的重要影响因素。云南白药集团在实施新产品开发和拓展新市场时都非常注重对市场竞争环境的分析。在充分分析现有市场竞争格局的基础上，明确产品定位，塑造品牌核心价值，并通过科学的营销规划制定营销组合策略，切实保证新产品的成功率。

# 第四章
# 市场营销环境

## 一、学习目的与要求

通过本章学习，认识市场营销环境对市场营销活动的重要影响，掌握微观环境和宏观环境的主要构成，能选用适当的技术手段对市场机会与环境威胁进行分析评价，明确企业面对市场营销环境变化所应采取的对策。

## 二、学习知识要点

### （一）市场营销环境的含义及特点

1. 营销环境的含义

市场营销环境是存在于企业营销系统外部的不可控制或难以控制的因素和力量，这些因素和力量是影响企业营销活动及其目标实现的外部条件。企业营销活动要以环境为依据，主动地去适应环境，同时又要在了解、掌握环境状况及其发展趋势的基础上，通过营销努力去影响外部环境，使环境有利于企业的生存和发展，有利于提高企业营销活动的有效性。

菲利普·科特勒认为，营销环境分为微观营销环境与宏观营销环境，微观营销环境受制于宏观营销环境。微观营销环境指与企业紧密相连，直接影响与制约企业营销能力的外界力量和因素，包括市场营销渠道企业、顾客、竞争者以及社会公众。宏观营销环境指影响微观环境及企业营销活动的一系列巨大的社会力量和自然环境因素，主要有人口、经济、政治、法律、科学技术、社会文化及自然生态等因素。

2. 营销环境的特征

① 客观性；② 差异性；③ 多变性；④ 相关性。

3. 营销活动与营销环境

变化是市场营销环境永恒的主题。首先，市场营销环境的内容随着市场经济的发展而不断变化；其次，环境因素的地位处于不断变化之中。营销活动总是在特定环境中进行，这表现在：营销管理者虽可控制企业的大部分营销活动，但受制于营销环境，不能超越环境的限制；营销管理者虽能分析、认识营销环境，但无法控制所有因素的变化，更无法有效地控制竞争对手；营销决策与环境的关系复杂多变，营销管理者无法直接把握企业营销决策实施的最终结果。但营销活动绝非只能被动地接受环境的影响，营销管理者应采取积极、主动的态度能动地去适应营销环境，也可运用自身的资源积极影响和改变环境因素，创造更有利于企业营销活动的空间。

菲利普·科特勒的"大市场营销"理论认为：企业为成功地进入特定的市场，在策略上应协调地使用经济的、心理的、政治的和公共关系的手段，以博得外国的或地方的各有关方面的合作与支持，消除壁垒很高的封闭型或保护型市场存在的障碍，为企业从事营销活动创造一个宽松的外部环境。即在传统4P策略的基础上，运用政治权力（Political Power）和公共关系（Public Relation）两个手段构成6P，以此作为大市场营销的策略。

4. 营销部门与内部因素

营销活动能否成功，首先要受企业内部各种因素的直接影响。因此，营销部门在分析企业的外部营销环境前，必须先分析企业的内部因素或内部条件。企业营销部门与财务、采购、制造、研发等部门之间既有多方面的合作，也存在争取资源方面的矛盾，必须做好与职能部门之间的组织协调工作。

### （二）微观营销环境

微观营销环境包括那些与企业有双向运作关系的个体、集团和组织，在一定程度上企业可以对其进行控制或施加影响，与企业营销形成协作、竞争、服务与监督的关系，直接影响与制约企业的营销能力。

1. 营销渠道企业

（1）供应商，向企业及其竞争者提供生产经营所需资源的组织或个人，包括提供原材料、零配件、设备、能源、劳务、资金及其他用品等的厂商。

（2）营销中间商，指协助企业促销、销售和经销其产品给最终购买者的机构，包括中间商、实体分配公司、营销服务机构和财务中介机构等。

2. 顾客

顾客就是企业的目标市场，是企业服务的对象，也是营销活动的出发点和归宿。国内市场按购买动机可分为生产者市场、消费者市场、中间商市场、政府市场和非营利组织市场。

3. 竞争者

除来自本行业的竞争外，还有来自替代品生产者、潜在加入者、原材料供应者和购买者等多种力量的竞争。从消费需求的角度看，竞争者可以分为欲望竞争者、属类竞争者、产品竞争者、品种竞争者、品牌竞争者。

4. 公众

公众指对企业实现营销目标的能力有实际或潜在利害关系和影响力的团体或个人。包括融资公众、媒介公众、政府公众、社团公众、社区公众和一般公众。

### （三）宏观营销环境

宏观营销环境指会对企业营销活动造成市场机会或环境威胁的主要社会力量。

1. 人口环境

市场是由有购买欲望和支付能力的人群构成，人口的多少直接影响市场的潜在容量。从影响消费需求的角度看，应对人口总量、年龄结构、地理分布、家庭组成、人口性别等进行分析。

2. 经济环境

经济环境一般是指影响企业市场营销方式与规模的经济因素，如消费者收入与支出状况、经济发展状况等。

3. 自然环境

主要是指营销者所需要或受营销活动所影响的自然资源。营销活动要受自然环境的影响，也对自然环境的变化负有责任。营销管理者当前应注意自然环境面临的难题和趋势，如资源短缺、环境污染严重、能源成本上升等。

4. 科学技术环境

科技的发展不仅直接影响企业内部的生产和经营，还同时与其他环境因素互相依赖、互相作用，给企业营销活动带来有利与不利的影响。新技术的应用会引起企业市场营销策略发生变化，也会引起企业经营管理发生变化，还会改变零售商业业态结构和消费者购物习惯。

5. 政治法律环境

政治环境指企业市场营销的外部政治形势，对企业市场营销可能构成机会或带来威胁，主要包括政治制度与体制、政局稳定性、政府所持的市场道德标准。法律环境指国家或地方政府制定的法律、法规。企业研究并熟悉法律环境，既可保证自身严格依法管理经营，也可运用法律手段保障自身的权益。

6. 社会文化环境

社会文化主要是指一个国家或地区的民族特征、价值观念、生活方式、风俗习惯、宗教信仰、伦理道德、教育水平、语言文字等的总和。文化对所有营销参与者的影响是多层次、全方位、渗透性的，它不仅影响企业营销组合，而且影响消费心理、消费习惯等。

### （四）环境分析与营销对策

1. 环境威胁与市场机会

环境威胁是指环境中不利于企业营销的因素及其发展趋势，市场机会是指由环境变化形成的对企业营销活动富有吸引力和利益空间的领域。

2. 威胁与机会的评估

（1）威胁分析。运用威胁分析矩阵分析，重点分析威胁的潜在严重性和威胁出现的可能性。

（2）机会分析。运用机会分析矩阵分析，主要分析机会的潜在吸引力（盈利性）和成功可能性（企业优势）。

3. 市场机会的寻找

（1）环境市场机会与企业市场机会。市场机会实质上是"未满足的需求"。对不同企业而言，环境市场机会并非都是最佳机会，只有理想业务和成熟业务才是最适宜的机会。

（2）行业市场机会与边缘市场机会。出现在本企业经营领域内的市场机会，即行业市场机会；出现于不同行业之间的交叉与结合部分的市场机会，则称为边缘市场机会。

（3）目前市场机会与未来市场机会。从环境变化的动态性来分析，企业既要注意发现目前环境变化中的市场机会，也要预测未来可能出现的大量需求或大多数人的消费倾向，发现和把握未来的市场机会。

4. 企业营销对策

在环境分析与评价的基础上，对理想业务、风险业务、成熟业务和困难业务应分别采取不同的对策。

## 三、练习题及答案

### （一）单项选择题（在下列每小题中，选择一个最合适的答案。）

1. 把营销环境划分为微观环境与宏观环境的营销学者是_____。
   A. 艾·里斯　　　　　　　　　　B. 菲利普·科特勒
   C. 杰克·特劳特　　　　　　　　D. 迈克尔·波特
2. 环境作为企业外在的不以营销者意志为转移的因素，对企业营销活动具有_____和不可控性的特点。

A. 客观性 B. 差异性
C. 强制性 D. 相关性

3. 不直接从事商业活动，但对工商企业的经营发展至关重要的营销中间商是_____。
   A. 批发商 B. 实体分配公司
   C. 营销服务机构 D. 财务中介机构

4. 营销活动的出发点和归宿是_____。
   A. 政府 B. 顾客
   C. 产品 D. 服务

5. 满足同一消费欲望的同类产品不同产品形式之间的竞争者被称为_____。
   A. 产品竞争者 B. 欲望竞争者
   C. 品种竞争者 D. 品牌竞争者

6. 保护消费者权益的组织、环保组织以及其他群众团体等，是企业所面临的_____。
   A. 政府公众 B. 社团公众
   C. 社区公众 D. 一般公众

7. 构成市场的第一位因素是_____。
   A. 人口 B. 经济
   C. 技术 D. 政治

8. 一个国家或地区的_____，是衡量市场潜在容量的重要因素。
   A. 人口总量 B. 人口性别
   C. 年龄结构 D. 家庭组成

9. 恩格尔定律表明，随着消费者收入的提高，恩格尔系数将_____，生活水平越高。
   A. 越来越小 B. 保持不变
   C. 越来越大 D. 趋近于零

10. 一种新技术的应用，可以迫使企业的某种曾获得巨大成功的传统产品退出市场，是因为企业的营销活动受到_____的影响。
    A. 社会文化环境 B. 经济环境
    C. 政治法律环境 D. 科学技术环境

11. 储蓄是将可任意支配收入的一部分储存待用，以下不属于储蓄形式的是_____。
    A. 银行存款 B. 购买债券
    C. 短期赊销 D. 手持现金

12. 一个国家或地区的民族特征、价值观念、生活方式、风俗习惯、宗教信仰、伦理道德、教育水平、语言文字等的总和，被称为_____。
    A. 社会文化 B. 政治法律
    C. 科学技术 D. 自然资源

13. 由于社会文化多方面的影响，使消费者产生共同的审美观念、生活方式和情趣爱好，从而导致社会需求的一致性，这是一种_____。
    A. 价值观念 B. 消费习俗
    C. 消费流行 D. 宗教信仰

14. 威胁水平和机会水平都高的业务，被称为_____。

A. 理想业务 B. 困难业务
C. 成熟业务 D. 风险业务

15. 威胁水平高而机会水平低的业务是_____。
A. 理想业务 B. 困难业务
C. 成熟业务 D. 风险业务

16. 出现于不同行业之间交叉与结合部分的市场机会，被称为_____。
A. 全面机会 B. 边缘市场机会
C. 行业市场机会 D. 局部机会

17. 出现在本企业经营领域内的市场机会，称之为_____。
A. 行业市场机会 B. 目前市场机会
C. 企业市场机会 D. 局部机会

18. 一般来说，边缘市场机会的业务比行业市场机会的业务进入难度_____。
A. 小 B. 大
C. 一样 D. 不好说

19. 企业既要注意发现目前环境变化中的市场机会也要预测未来可能出现的消费倾向，这是基于分析环境变化的_____。
A. 稳定性 B. 规律性
C. 动态性 D. 可控性

20. 企业采取"抓住机遇，迅速行动"的营销对策是因为企业面对的营销业务是_____。
A. 理想业务 B. 风险业务
C. 成熟业务 D. 困难业务

【参考答案】

| | | | | |
|---|---|---|---|---|
| 1. B | 2. C | 3. D | 4. B | 5. A |
| 6. B | 7. A | 8. A | 9. A | 10. D |
| 11. C | 12. A | 13. C | 14. D | 15. B |
| 16. B | 17. A | 18. B | 19. C | 20. A |

（二）**多项选择题**（在下列各小题中正确的答案不少于两个，请准确选出全部正确答案。）

1. 市场营销环境_____。
A. 是企业能够控制的因素 B. 是企业不可控制的因素
C. 可能形成机会也可能造成威胁 D. 是可以了解和预测的
E. 是可以通过企业的营销努力在一定程度上去影响的

2. 宏观营销环境是指影响微观环境及企业营销活动的一系列巨大的社会力量和自然环境，主要包括_____。
A. 人口 B. 经济
C. 政治与法律 D. 科技与文化

E. 自然生态
3. 营销环境具有_____等特征。
   A. 客观性  B. 差异性
   C. 可控性  D. 多变性
   E. 相关性
4. 企业营销部门与其内部其他部门之间既有多方面的合作，也存在争取资源方面的矛盾，这些部门包括_____。
   A. 财务  B. 采购
   C. 制造  D. 研究
   E. 开发
5. 企业在竞争性的市场上除来自本行业的竞争外，还有来自其他方面多种力量的竞争，包括_____。
   A. 替代品生产者  B. 潜在加入者
   C. 原材料供应者  D. 购买者
   E. 代理商
6. 以下属于属类竞争者的行为有_____。
   A. 装修房子  B. 购买新式家具
   C. 购买家庭健身器材  D. 购买家庭娱乐设备
   E. 外出旅游
7. 经济波动的传统模式，即商业周期，包含的阶段有_____。
   A. 繁荣  B. 衰退
   C. 萧条  D. 复苏
   E. 稳定
8. 研究收入对消费需求的影响时，常使用以下指标_____。
   A. 人均 GDP  B. 人均 GNP
   C. 个人收入  D. 个人可支配收入
   E. 个人可任意支配收入
9. 对环境威胁的分析，一般着眼于_____。
   A. 威胁是否存在  B. 威胁的潜在严重性
   C. 威胁的征兆  D. 预测威胁到来的时间
   E. 威胁出现的可能性
10. 对市场机会的分析，主要应该考虑_____。
    A. 机会是否存在  B. 机会出现的可能性
    C. 机会的潜在吸引力  D. 成功的可能性
    E. 机会到来的时间

【参考答案】
1. BCDE  2. ABCDE  3. ABDE  4. ABCDE  5. ABCD
6. BCD  7. ABCD  8. ACDE  9. BE  10. CD

**（三）判断题**（判断下列各题是否正确。正确的在题干后的括号内打"√"，错误的打"×"。）

1. 按照现代系统论观点，环境是指系统边界以内所有因素的集合。（　）
2. 重视研究市场营销环境及其变化，是企业营销活动的最基本课题。（　）
3. 营销微观环境与宏观环境之间是并列关系，而不是主从关系。（　）
4. 宏观环境一般以微观环境为媒介去影响和制约企业的营销活动，不会直接影响企业的营销活动。（　）
5. 一般说来，企业无法摆脱和控制营销环境，难以按企业自身的要求和意愿随意改变它。（　）
6. 为了减少供应商对企业的影响和制约，企业必须尽可能地联系多个供应商，避免过于依赖单一的供应商。（　）
7. 只要企业制定好营销组合策略，做好内部营销，企业的营销活动就一定能够取得很好的营销效益。（　）
8. 营销活动只能被动地受制于环境的影响，因而营销管理者在不利的营销环境面前可以说是无能为力。（　）
9. 面对某一时期市场疲软、经济不景气的环境威胁，企业只能等待国家政策的支持和经济形势的好转。（　）
10. 在一定条件下，企业可以运用自身的资源，积极影响和改变环境因素，创造更有利于企业营销活动的空间。（　）
11. 直接影响企业营销能力的各种参与者，事实上都是企业营销部门的利益共同体。（　）
12. 市场营销目标从属于企业总目标，是为总目标服务的次级目标。（　）
13. 在竞争性市场上，企业竞争对手较少，可以独占市场。（　）
14. 为厂商提供营销服务的各种机构就是实体分配公司。（　）
15. 市场是由有购买欲望同时又有支付能力的人构成的。（　）
16. 一般认为，恩格尔系数越大，生活水平越高；反之，恩格尔系数越小，生活水平越低。（　）
17. 许多国家政府对自然资源管理的干预有日益加强的趋势，这意味着市场营销活动将受到一定程度的限制。（　）
18. 消费信贷的规模与期限在一定程度上影响着某一时限内现实购买力的大小，也影响着提供信贷的商品的销售量。（　）
19. 文化对所有营销参与者的影响是多层次、全方位、渗透性的。（　）
20. 家庭生命周期按照年龄、婚姻、子女等状况，可划分为六个阶段。（　）

【参考答案】

1. ×　　2. √　　3. ×　　4. ×　　5. √
6. √　　7. ×　　8. ×　　9. ×　　10. √

| 11. √ | 12. √ | 13. × | 14. × | 15. √ |
| 16. × | 17. √ | 18. √ | 19. √ | 20. × |

**（四）填空题**（请在各小题的画线处填入适当的词句。）

1. 营销环境某一因素的变化会带动其他因素的连锁变化，这属于营销环境的_____特征。
2. 微观营销环境是指企业外部所有参与营销活动的_____关系者。
3. 微观营销环境既受制于宏观营销环境，又与企业营销形成协作、_____、服务与监督的关系。
4. _____对企业供货的稳定性和及时性，是企业营销活动顺利进行的前提。
5. 协助厂商融资或分担货物购销储运风险的机构，叫作_____。
6. 企业的一切营销活动都应以满足顾客的_____为中心，顾客是最重要的环境因素。
7. _____是指对企业实现营销目标的能力有实际或潜在利害关系和影响力的团体或个人。
8. 环境作为营销部门外在的不以营销者意志为转移的因素，对企业营销活动的影响具有_____和不可控性的特点。
9. 人口的多少直接影响市场的_____。
10. 随着老年人口的绝对数和相对数的增加，_____日渐形成并扩大。
11. 家庭是社会的细胞，也是商品采购和_____的基本单位。
12. 以家长为代表的家庭生活的全过程，被称为_____。
13. 消费结构一般是以_____表示的人们所消费的各种不同类型的消费资料在消费总体中所占的比例。
14. 市场消费需求是指人们有_____的需求。
15. 一个国家人均GDP从总体上影响和决定了_____与消费水平。
16. 人均收入的多少，反映了_____的高低。
17. 从个人收入中减去所缴纳的税收，以及其他经常性转移支出后，所剩下的实际收入就是_____。
18. 环境威胁是指环境中不利于企业营销的因素及其_____。
19. 对国际政治环境的分析，应了解"政治权力"与"_____"对企业营销活动的影响。
20. 市场营销环境通过对企业构成_____或提供机会而影响营销活动。

【参考答案】
1. 相关性　　　　2. 利益　　　　　　3. 竞争
4. 供应商　　　　5. 财务中介机构　　6. 需求
7. 公众　　　　　8. 强制性　　　　　9. 潜在容量
10. 银色市场　　　11. 消费　　　　　12. 家庭生命周期

13. 货币　　　　　14. 支付能力　　　　15. 消费结构
16. 购买力水平　　17. 个人可支配收入　18. 发展趋势
19. 政治冲突　　　20. 威胁

## （五）名词解释

1. 市场营销环境
2. 不可控变量
3. 市场机会
4. 环境威胁
5. 消费流行

【参考答案】

1. 市场营销环境是与企业营销活动有关的外部不可控制或难以控制的因素和力量，是影响企业生存和发展的外部条件。
2. 企业要面对外部环境和内部因素，外部环境发生的事情大部分都是在企业控制之外，叫作不可控因素或不可控变量。
3. 市场机会指对企业营销活动富有吸引力的领域，实质上是市场存在的未满足或未很好满足的消费需求。
4. 环境威胁是指环境中不利于企业营销的因素及其发展趋势，对企业形成挑战，对企业的市场地位构成威胁。
5. 消费流行是指由于社会文化多方面的影响，使消费者产生共同的审美观念、生活方式和情趣爱好，从而导致社会需求的一致性。

## （六）简答题

1. 简析企业分析市场营销环境的意义。
2. 简析供应商对企业的影响。
3. 从消费需求的角度看，竞争者包括哪几种类型？
4. 消费者支出结构变化对企业营销活动有何影响？

【参考答案要点】

1. 市场营销环境分析的意义就在于发现企业的市场营销机会，避开潜在的威胁。无论企业是处在经济高速发展的时期，还是处在经济萎缩的时期，都会不断产生新的机会，同时也会产生新的威胁。

　　任何企业都在一定的市场环境下生存和发展，都可能争取到好的机会，也可能面临这样或那样的困难，这是每个企业都不能回避的事实。但机会不会长期存在，也不会主动地、经常地光顾企业，许多机会都是稍纵即逝的。经营有方的企业都应从企业内外来考察自己的业务，要通过建立市场的预警系统来测报可能的机会与威胁，坚持不懈地监视变化的环境，并依据变化了的新情况不断调整自己的营销目标和营销策略，使企业资源与环境实现最好的结合。

2. 供应商是向企业及其竞争者提供生产经营所需资源的企业或个人。供应商对企业营销业务有实质性的影响，供应的原材料数量和质量将直接影响产品的数量和质量，供应物的价格会直接影响产品成本、价格和利润，供货的稳定性和及时性影响企业营销活动开展的顺畅性。

3. 从消费需求的角度看，竞争者包括以下五种类型：

（1）欲望竞争者，指提供不同产品、满足不同消费欲望的竞争。消费者的欲望是多方面的，客观上存在着争夺不同欲望产品之间的竞争。

（2）属类竞争者，指满足同一消费欲望的可替代的不同产品之间的竞争。

（3）产品竞争者，指满足同一消费欲望的同类产品不同产品形式之间的竞争。

（4）品种竞争者，指满足同一消费欲望的同一产品不同品种之间的竞争。

（5）品牌竞争者，指满足同一消费欲望的同类产品同一品种不同厂家产品之间的竞争。

4.（1）消费者支出结构的变化首先受到收入水平的影响。这在不同程度上影响了市场需求的结构和层次，从而使得企业的营销活动方向会发生改变。

（2）消费者支出结构还受到家庭生命周期、家庭所在地、消费品供应状况、城市化水平、商品化水平、劳务社会化水平、价格指数变动的影响。企业的营销目标、市场定位、营销渠道、价格水平、促销方式，以及企业所提供的产品或服务都将发生改变，从而改变企业的营销方式、营销重点以及营销计划。

## （七）论述题

1. 试述经济发展状况对企业营销活动的影响。
2. 试述如何分析评价市场环境中的机会和威胁。

【参考答案要点】

1. 一个国家的经济发展状况对企业营销活动的影响是深刻的、不可避免的，而一个国家的经济发展状况又会受到世界经济形势的影响，主要包括以下方面的内容：

（1）宏观经济形势。所有国家和地区的总体经济状态都是波动的，不同国家和地区在同一时期可能处于商业周期的不同阶段。国际或国内经济形势都是复杂多变的，机遇与挑战并存，企业必须认真研究，力求正确认识与判断，制定相应的营销战略和计划。

（2）通货膨胀与通货紧缩。通货膨胀是指流通中货币量超过实际需要量所引起的货币贬值、物价上涨的经济现象，或是流通中用于交换的货物（服务）随着时间的变化，在转移过程中不断升值的过程；通货紧缩则是指社会价格总水平即商品和服务价格水平持续下降，货币持续升值的过程。通货膨胀与通货紧缩，既是经济政策制定者头痛的问题，也是与所有企业和个人息息相关的问题。

2. 企业面对威胁程度不同和市场机会吸引力不同的营销环境，需要通过环境分析来评估市场机会与环境威胁。企业最高管理层可采用威胁分析矩阵和机会分析矩阵来分析、评价营销环境。

（1）威胁分析。对环境威胁的分析，一般着眼于两个方面：一是分析威胁的潜在严重性，即影响程度；二是分析威胁出现的可能性，即出现概率。

（2）机会分析。机会分析主要考虑其潜在的吸引力（盈利性）和成功的可能性（企业优势）大小。

## （八）案例简析

立邦：涂料制造商的转型之路

立邦中国隶属于新加坡立时集团。1992年，立邦涂料进入中国，并一直以美化和保护人们的生活为己任，不断创造出品质优越的产品。作为亚洲最大的涂料制造商，立邦始终以开发绿色产品、注重高科技和高品质为目标，以技术力量不断推进科研和开发，使立邦涂料始终处于领导地位，最大限度满足社会和市场的需求。

立邦作为消费者最熟悉的墙面漆品牌之一，秉持"为人们带来美好生活"的信念，2011年又推出"刷新服务"，开启了除产品以外的服务机制，全面推动全新品牌主张，实践"体验为重"的消费模式，在全国成立全新的"刷新"旗舰店，推出整合线上线下渠道的刷新服务，颠覆消费者对涂料的传统认知，更创新了涂料行业的销售模式。目前，立邦中国市场的业务占立邦亚洲销售总额的一半以上；占国内零售建筑涂料市场份额的30%，每年几乎保持着两位数的增长；截至2017年6月，"刷新服务"已上线95个城市，培训1.2万名油漆工，服务近22万户，成交金额超25亿元。

立邦进入中国的20多年，是立邦产品一次次升级换代，也是中国消费者在生产、生活、消费多方面一次次转型升级的20多年。立邦正积极努力地从一家涂料的制造商转变成为一家全方位发展的涂料服务商。

1. 中国涂料市场的行业现状

目前，中国是全球最大的涂料市场之一，有超过2万家大大小小的涂料企业，其中装饰类涂料的市场规模就高达2 000亿元，自2006年以来，中国涂料行业整体保持高速增长的态势，但是近年来，随着中国经济增速的总体放缓，房地产市场日趋平稳，涂料行业的增速也大不如前，整个市场的产值在下降，品牌的同质化竞争问题日益突出。

2. 立邦在中国的一次次消费主张升级转型

从立邦进入中国市场投放的广告诉求发生的变化，就可看出它坚持不懈地用心对广大的消费者所做的消费引导。

"立邦处处放光彩"，是立邦刚进入中国时推出。它希望带来生活的美好，把水性涂料带进中国的千家万户。

"我的灵感，我的立邦"，于2006年推出。这表示消费者的想法不一样了，他们需要的更多了，所以立邦希望寻找怎么去跟消费者互动，让年轻消费者透过色彩找到灵感，并激发他们的灵感。

"让世界瞧瞧中国的颜色"奥运篇,于2008年推出,也是"我的灵感,我的立邦"的延续。

"立邦,为你刷新生活",是2011年推出的,是为了寻找消费者心中涂刷的美好动机和使消费者享受涂刷后的快乐心情,这是做"刷新"品牌主张一个很重要的动因。恰恰这也是立邦一步步从产品到服务转型的深刻表现。

3. 立邦落实"刷新"主张的四项措施

立邦从2011年开始全面转型,为全方位打造一个完整全新的品牌,做了很多举措。

(1)"为爱上色"持续传播"刷新"概念。2009年,立邦"为爱上色"计划迈出第一步,持续为中国偏远地区的学童美化、修复和改善校园环境。2012年,立邦与中国青少年发展基金会、上海联劝公益基金会成立"为爱上色"专项基金,捐建立邦快乐美术教室、发起乡村美术老师培训、美院大学生支教等美术教育支持行动。2016年,"'为爱上色'艺术+"项目启动,邀请来自12个国家和地区的18名知名墙绘艺术家以及设计师,在中国以当地文化关注为基础,以"儿童关怀"为主题进行墙画彩绘,将艺术和色彩融入当地文化,为农村、民工子弟学校及城市创造了独特的艺术人文风景,为中国、亚洲和世界带去爱、色彩与快乐。

(2)《梦想改造家》倡导"刷新"精神。2016年8月,立邦独家冠名的家装改造真人秀节目《梦想改造家》第三季在东方卫视播出,将"立邦,为你刷新生活"的品牌主张传递给全国观众。立邦在节目中化身改造家,为有住房难题的普通家庭进行房屋重造,以"产品+服务"的形式共同推动"为爱刷新",提供全线环保产品和刷新服务,助力每个人的梦想改造,把这种"刷新"精神渗透到每一个消费者家庭。

(3)建立"iColor"网站(装修网站)。该网站有着全面完整的产品与服务体系,从市场趋势研究、产品研发到服务创新,都能为消费者提供一站式服务。立邦引导设计师与消费者沟通,帮助消费者更新观念,满足消费者个性化需求,并在给消费者服务的过程中不断推陈出新,不断为消费者提供增值服务。

(4)落地刷新服务,坚持用经销商来做服务。过去的经销商只管"卖",渠道单一;转型服务后,立邦坚持用经销商来做服务,让经销商看到未来处处是商机。立邦从杭州起步,后来北京、上海跟进,开启杭州商机复制模式。立邦经销商做的是"片区管理"模式。2010年,立邦官网搭建官方商城,启动线上销售;2011年开始陆续登陆天猫、苏宁易购等电商平台,尽管均以官方店铺的面貌出现,但立邦采取的并非一般的直营模式,而是为经销商搭建平台,自己只扮演电商转单的角色,线上产生的订单按照下单消费者所在区域进行分配,由所在区域的经销商负责终端配送,消耗的是经销商的原有库存,扣除成本外的剩余收益也全部由经销商获得,同款产品的线上线下价格相差无几,正因如此,立邦的电商业务几乎不存在传统企业通常遭遇的线上与线下渠道利益冲突的困扰。立邦还成立了专门的学校来培训立邦内部员工以及包括经销商、专卖店导购、油漆工等产业链上下游的从业人员,进行全员能力的提升。

立邦的蜕变不仅为其获得了新的商机,更是为业内其他涂料企业转型升级做出了示范,带动行业由制造型向服务型发展。对立邦而言,品牌升级不仅仅只是一个战略转变,更是一个全新的开始,未来,立邦将继续以"全方位涂料服务商"的身份引领涂料行业的发展,提供优质产品,更好地服务于消费者。

资料来源：

［1］钟中林．从制造商到服务商．（2017-07-28）［2017-09-20］．《中国经营者》访谈．

［2］立邦中国区总裁钟中林解析立邦从涂料商到服务商的进阶之路．（2015-06-12）［2017-09-20］．人民网．

【简要评析】

立邦，见证了中国涂料工业的蓬勃发展以及中国改革开放20多年经济与社会的茁壮成长。立邦在推行"从产品到服务"的战略变革中，准确地把握了市场营销环境的变化并加以引导，再一次抓住机会，成功转型。

（1）近年来，随着中国经济增速的总体放缓，房地产市场日趋平稳，涂料行业的增速大不如前，整个市场的产值在下降，品牌的同质化竞争问题日益突出。涂料行业开始走下坡路，但国家环保政策引导涂料行业开始良性竞争，对立邦这样一个多年来从生产到销售一直推行绿色环保路线的企业来说恰好是更大的机会，立邦拥有了更好的展示平台。所以虽然行业整体容量在下降，但立邦依然保持持续上升。

（2）目前房地产市场对新房的推出空间变小，但近20年以来的闲置房、存量房、二手房带动的重涂市场兴起，整个涂料市场还会有比较大的增长空间。

（3）消费者消费结构不断升级。刷新服务，是立邦为消费者定制专属的涂刷方案，通过聚焦于各种环保涂料产品的研发和搭配专业的辅料与工具，搭建起"专业涂装体系"，从而为消费者提供增值服务。适时提出的新消费主张，符合消费者预期。

# 第五章 分析消费者市场

## 一、学习目的与要求

通过本章学习，了解消费者市场的含义与特点，掌握消费者购买决策过程以及影响消费者行为的个体因素和环境因素，应用消费者购买行为理论分析消费者的购买行为类型及其特征。

## 二、学习知识要点

### （一）消费者市场与行为

1. 消费者市场与消费者行为

消费者市场是个人或家庭为了生活消费而购买产品和服务所形成的市场。生活消费是产品和服务流通的终点，因而消费者市场也称为最终产品市场。组织市场指以某种组织为购买单位的购买者所形成的市场，包括各类工业市场、中间商市场、政府市场和非营利组织市场。组织市场的购买目的是为了生产、销售或履行组织职能。

消费者行为指消费者在内在和外在因素影响下挑选、购买、使用和处置产品和服务以满足自身需要的过程。

2. 消费者行为研究的任务和内容

消费者行为研究的任务有三个方面：一是揭示和描述消费者行为的表现，二是揭示消费者行为产生的原因，三是预测和引导消费者行为。

消费者行为的研究内容包括：消费者购买决策过程、消费者个体因素、外在环境因素和市场营销因素四个方面。以上四类因素中，消费者购买决策过程即为消费者行为，其他三类因素为消费者行为的影响因素。

## （二）消费者购买决策过程

消费者购买决策过程是消费者购买动机转化为购买活动的过程，包含确认问题、信息收集、备选产品评估、购买决策及购后过程五个阶段。这个五阶段的购买决策过程模式适用于分析复杂的购买行为。

1. 确认问题

确认问题指消费者确认自己的需要是什么。需要是购买活动的起点，升高到一定阈限时就变成一种驱动力，驱使人们采取行动去予以满足。需要产生于消费者实际状态与理想状态的差距，可由内在刺激或外在刺激唤起。营销人员在这个阶段的任务是：① 了解需要；② 设计诱因。

2. 信息收集

信息收集的前提条件是累积需要的存在。随着累积需要由弱变强，会出现两种情况：一是"高亢的注意力"，指消费者对能够满足需要的商品信息变得敏感；二是"积极的信息收集"，指主动地、广泛地收集该产品的信息。营销人员在这个阶段的任务是：① 了解消费者信息来源；② 了解不同信息来源对消费者的影响程度；③ 设计信息传播策略。

3. 备选产品评估

消费者在获得全面的信息后就会根据这些信息和一定的评价方法对同类产品的不同品牌加以评价并决定选择。一般而言，消费者的评价行为涉及四个方面：产品属性、品牌信念、效用要求和评价模式。

4. 购买决策

消费者经过产品评估后会形成一种购买意向，但是从购买意向到实际购买还可能受他人态度、意外因素的影响，从而加速、延缓或否决购买。顾客一旦决定购买产品，必须做出种类、属性、品牌、时间、经销商、数量及付款方式的决策。

5. 购后过程

消费者的购后过程包括购后使用和处置、购后评价、购后行为三个阶段。消费者通常用预期满意理论做出购后评价，其评价结论可能会强化或弱化其购买决策。

6. 个人在购买决策中的角色

购买决策过程可能存在发起者、影响者、决定者、购买者和使用者五种角色。当消费者购买个人物品时，五种角色集于一身；当购买家庭物品时，五种角色往往由不同的家庭成员担任。

## （三）影响消费者行为的个体因素

影响消费者行为的个体因素主要有：心理因素，指消费者自身心理活动、心理状态对消费行为的影响；生理因素，指消费者自身生理状况对消费行为的影响；经济因素，指消费者的收入状况对其消费行为的影响；生活方式，指一个人在生活中表现出来的活动、兴趣和看法对消费行为的影响。其中，心理因素是个体消费行为研究的主体，重点分析消费者认知理论、需要与动机理论。

1. 消费者认知

认知是人由表及里、由现象到本质反映客观事物的特性与联系的过程，可以分为感觉、知觉、记忆等阶段。

（1）感觉与知觉。感觉是人脑对当前直接作用于感觉器官的客观事物个别属性的反映，知觉是人脑对直接作用于感觉器官的客观事物各个部分和属性的整体的反映。因而，感觉是人脑对客观事物的某一部分或个别属性的反映，知觉是对客观事物各个部分、各种属性及其相互关系的综合的、整体的反映。感觉过程仅仅反映当前刺激所引起的兴奋，不需要以往知识经验的参与，而知觉过程包括了当前刺激所引起的兴奋和以往知识经验的暂时神经联系的恢复过程。营销活动中要注意利用知觉的整体性和知觉的选择性。

（2）记忆。记忆是获得信息并把信息贮存在头脑中以备将来使用的过程，分为识记、保持、再认或回忆三个基本环节。消费者在接触、注意和理解信息的时候往往并不做出购买决策，而是在事后根据记忆做出决策。影响记忆的因素有客观因素与主观因素两个方面，客观因素指记忆材料自身状态，比如性质、重要性、难易程度、内在联系、数量多少、序列位置、相似程度等；主观因素指记忆者自身状态，比如记忆目的与任务、记忆方法、身心条件等。营销信息对于受众而言是客观因素，企业可以通过设计营销信息与传播方式增强受众的记忆，而受众的主观因素是企业难以控制的。

2. 需要与动机

需要是个体对内在环境和外部条件的较为稳定的要求。心理学把需要看作一种动力或紧张，或把需要视为个体在某方面的不足或缺失。因此，需要是行为的动力。动机指人们产生某种行为的原因。产生动机的内在条件是达到一定强度的需要，产生动机的外在条件是诱因的存在。

美国心理学家马斯洛的需要层次理论，把人类的需要分为生理需要、安全需要、社交需要、尊敬需要和自我实现需要五个层次，遵循由低向高渐次发展，低层次需要满足以后才会追求高层次的满足。用于市场营销中，要注意提供多层次的商品，满足不同层次购买者的需要，应随着经济发展逐渐向高层次需要转换。

3. 生理因素、经济因素与生活方式

（1）生理因素指年龄、性别、体征、嗜好和健康状况等生理特征的差别。生理因素决定着消费者对产品款式、构造和细微功能有不同需求。

（2）经济因素指消费者可支配收入、储蓄、资产和借贷的能力。经济因素是决定购买行为的基本因素，决定着能否发生购买行为以及发生何种规模的购买行为，决定着购买商品的种类和档次。

（3）生活方式指一个人在生活中表现出来的活动、兴趣和看法的模式。不同的生活方式群体对产品和品牌有不同的需求，营销人员应设法从多种角度区分不同生活方式的群体，在设计产品和广告时应明确针对某一生活方式群体。

### （四）影响消费者行为的环境因素

影响消费者行为的环境因素指外部世界中影响消费者行为的所有物质和社会要素的总和。物质环境指自然界中各类物质对消费者行为的影响，可分为占据空间的因素、不占据空间的因素和空间关系等。社会环境因素指人与人之间社会意义上的直接或间接的相互作用，如文化与亚文化、政治制度与氛围，参照群体的影响等。

1. 参照群体

参照群体也称为参考群体，指一个人在认知、情感的形成过程和行为的实施过程中用来作为参照标准的某个人或某些人的集合。某参照群体中有影响力的人物称为"意见领袖"或"意见领导者"，他们的行为会引起群体成员的仿效。

按照成员之间接触的密切程度，参照群体可分为主要群体和次要群体；按照是否存在较为正式的组织，可分为正式群体和非正式群体；按照群体的吸引力性质，可以分为正引力群体和负引力群体；按照消费者是否属于特定参照群体成员，可分为成员群体和非成员群体。

参照群体可能影响产品种类的选择，也可能影响产品品种和品牌的选择。产品的必需程度越低，参照群体对产品种类选择的影响越大；产品消费的可见程度越大，参照群体对品牌选择的影响就越大。

2. 家庭与角色身份

家庭可以分为婚前家庭与婚后家庭。一般而言，妻子是家庭日常用品的购买者，贵重商品与服务（如汽车、房屋等）较多地由夫妻双方共同做出决策。

角色身份论认为，个体的自我随着所处环境的不同而改变，在不同的环境中扮演着不同的社会角色，具有不同的行为，塑造不同的自我，但是在特定的时间内特定的角色身份将占主导地位。

企业营销人员的任务是发现消费者所认同的角色身份，用自己的产品与服务去实现消费者角色身份的塑造。

### （五）消费者行为的调节因素

1. 消费者参与和品牌差异

消费者参与指消费者对某一产品、事物、事件或行为的重要性或与自我的相关性的认识。消费者参与可以按照程度分为：无参与和有参与；低参与和高参与。价格高、风险大的产品或服务，消费者的参与度较高。

品牌差异指消费者所感受到的同类产品不同品牌之间在质量、性能、款式、包装、服务、价值等方面的差异。消费者认为品牌之间有差异，才会表现出不同的参与度和购买行为。

2. 消费者行为类型

阿萨尔根据购买者的参与程度和产品品牌差异程度区分出四种购买类型：复杂的购买行为、减少失调感的购买行为、多样性购买行为和习惯性购买行为。针对不同的购买行为，应采用不同的营销策略。

## 三、练习题及答案

**（一）单项选择题**（在下列每小题中，选择一个最合适的答案。）

1. 个人或家庭为了生活消费而购买产品和服务所形成的市场被称作_____。
   A. 消费者市场　　　　　　　　B. 生产者市场
   C. 中间商市场　　　　　　　　D. 组织市场

2. _____指消费者在内在和外在因素影响下挑选、购买、使用和处置产品和服务以满足自身需要的过程。
   A. 购买者行为　　　　　　　　B. 购买者决策
   C. 消费者行为　　　　　　　　D. 消费者决策

3. 营销人员在"确认问题"阶段的营销策略主要有了解需要和_____。
   A. 了解消费者信息来源　　　　B. 设计消费者需要的诱因
   C. 设计信息传播策略　　　　　D. 了解不同信息来源的影响程度

4. 消费者购买决策过程是消费者购买动机转化为_____的过程。
   A. 购买心理　　　　　　　　　B. 购买意志
   C. 购买行动　　　　　　　　　D. 购买意向

5. 产品在消费者心中表现为一系列基本_____的集合。
   A. 文化　　　　　　　　　　　B. 属性
   C. 功能　　　　　　　　　　　D. 特点

6. 从消费者对信息的信任程度看，对消费者的影响程度最高的信息来源是_____。
   A. 经验来源和个人来源　　　　B. 公共来源和商业来源
   C. 经验来源和公共来源　　　　D. 个人来源和商业来源

7. _____指有形或无形地影响最后购买决策的人。
   A. 发起者　　　　　　　　　　B. 使用者
   C. 影响者　　　　　　　　　　D. 决定者

8. _____是人由表及里、由现象到本质反映客观事物的特性与联系的过程。
   A. 感觉　　　　　　　　　　　　　　B. 知觉
   C. 认知　　　　　　　　　　　　　　D. 学习

9. 马斯洛认为需要按其重要程度分，最低层次需要是指_____。
   A. 生理需要　　　　　　　　　　　　B. 社会需要
   C. 尊敬需要　　　　　　　　　　　　D. 安全需要

10. _____指在消费者购买意向到实际购买之间起干扰作用的因素。
    A. 个人因素　　　　　　　　　　　　B. 心理因素
    C. 环境因素　　　　　　　　　　　　D. 干扰因素

11. 在市场营销中利用_____可以降低信息量而提高知觉效果。
    A. 知觉的整体性　　　　　　　　　　B. 知觉的选择性
    C. 感觉的整体性　　　　　　　　　　D. 感觉的选择性

12. 一个人在认知、情感的形成过程和行为的实施过程中用来作为参照标准的某个人或某些人的集合，我们称为_____。
    A. 主要群体　　　　　　　　　　　　B. 参照群体
    C. 正式群体　　　　　　　　　　　　D. 正相关群体

13. _____指先前材料的记忆对后继材料的记忆有干扰作用。
    A. 记忆障碍　　　　　　　　　　　　B. 后摄抑制
    C. 前摄抑制　　　　　　　　　　　　D. 记忆抑制

14. _____指人们产生某种行为的原因。
    A. 动机　　　　　　　　　　　　　　B. 需要
    C. 感觉　　　　　　　　　　　　　　D. 知觉

15. 消费者对于有些产品品牌差异明显，但消费者不愿花长时间来选择和估价，而是不断变换所购产品的品牌，这种购买行为称为_____。
    A. 习惯性购买行为　　　　　　　　　B. 多样性购买行为
    C. 减少失调感的购买行为　　　　　　D. 复杂的购买行为

16. 影响消费者行为的环境因素指外部世界中影响消费者行为的所有物质和_____要素的总和。
    A. 人类　　　　　　　　　　　　　　B. 自然
    C. 精神　　　　　　　　　　　　　　D. 社会

17. 产品的必需程度_____，参照群体对产品种类选择的影响越大。
    A. 越高　　　　　　　　　　　　　　B. 不存在
    C. 越低　　　　　　　　　　　　　　D. 相同

18. 根据表象互动论的观点，人们定义自我的过程是一个_____过程。
    A. 自反评价　　　　　　　　　　　　B. 自我调节
    C. 自我控制　　　　　　　　　　　　D. 角色转变

19. 消费者消费该产品时是否在公共场合或其他人是否易于看到产品品牌、款式和种类，指的是产品消费的_____。
    A. 观赏性　　　　　　　　　　　　　B. 易达性

C. 知名度 D. 可见性

20. 消费者参与是一种激发的状态，为消费者购买决策过程中的认知和行为提供_____和指导。

A. 评价 B. 动力
C. 模式 D. 条件

【参考答案】

1. A   2. C   3. B   4. C   5. B
6. A   7. C   8. C   9. A   10. D
11. A  12. B  13. C  14. A  15. B
16. D  17. C  18. A  19. D  20. B

**（二）多项选择题**（下列各小题中正确的答案不少于两个，请准确选出全部正确答案。）

1. 消费者在购买活动中可能扮演的角色有_____。
   A. 发起者 B. 影响者
   C. 决定者 D. 购买者
   E. 使用者

2. 消费者行为的研究内容包括_____。
   A. 营销活动控制 B. 消费者个体因素
   C. 消费者购买决策过程 D. 外在环境因素
   E. 市场营销因素

3. 消费者购买决策过程的确认问题阶段，营销人员应该采用的营销策略有_____。
   A. 了解消费者信息来源 B. 了解消费者需要
   C. 了解不同信息来源的影响程度 D. 设计消费者需要的诱因
   E. 设计信息传播策略

4. 消费者信息来源有_____。
   A. 商业来源 B. 政府来源
   C. 公共来源 D. 个人来源
   E. 经验来源

5. 人们对刺激物产生的知觉有_____等几种层次的理解。
   A. 选择性注意 B. 选择性扭曲
   C. 选择性保留 D. 选择性淘汰
   E. 选择性理解

6. 对于多样性购买行为，市场挑战者力图通过_____等方式鼓励消费者改变原习惯性购买行为。
   A. 免费赠送样品 B. 避免脱销
   C. 较低的价格 D. 提醒购买的广告

E. 折扣

7. 以下属于记忆过程的是_____。
   A. 识记　　　　　　　　　　　　B. 加工
   C. 连接　　　　　　　　　　　　D. 保持
   E. 再认

8. 对于复杂的购买行为，营销者应该采用的营销策略包括_____。
   A. 帮助购买者掌握产品知识　　　B. 宣传本品牌的优点
   C. 免费赠送样品　　　　　　　　D. 避免脱销
   E. 简化购买决策过程

9. 动机的产生必须有_____条件。
   A. 经济　　　　　　　　　　　　B. 先决
   C. 内在　　　　　　　　　　　　D. 有利
   E. 外在

10. 消费者经过产品评估后会形成一种购买意向，但是从购买意向到实际购买还有一些因素会介入其间，下列属于这些介入因素的是_____。
    A. 他人态度　　　　　　　　　　B. 先决因素
    C. 意外因素　　　　　　　　　　D. 有利因素
    E. 有效因素

【参考答案】
1. ABCDE　　2. BCDE　　3. BD　　4. ACDE　　5. ABC
6. ACE　　　7. ADE　　 8. ABE　 9. CE　　　10. AC

**（三）判断题**（判断下列各题是否正确。正确的在题干后的括号内打"√"，错误的打"×"。)

1. 马斯洛需求层次理论的最高层次需要是自我实现需要。（　　）
2. 家人、亲属、朋友、伙伴等是最典型的主要非正式群体。（　　）
3. 知觉是人脑对当前直接作用于感觉器官的客观事物个别属性的反映。（　　）
4. 在外界诸多刺激中仅仅注意到某些刺激或刺激的某些方面，这称作选择性扭曲。
（　　）
5. 消费品尽管种类繁多，但不同品种甚至不同品牌之间不能相互替代。（　　）
6. 如果消费者属于高度参与，但并不认为各品牌之间有显著差异，则会产生习惯性的购买行为。（　　）
7. 参照群体中的次要群体是指经常发生直接接触的人员所构成的群体。（　　）
8. 正诱因指能够满足需要，引起个体趋向和接受的刺激因素。（　　）
9. 归属于不同生活方式群体的人，对产品和品牌有着相同需求。（　　）
10. 在消费者购买产品后，企业应当采取有效措施减少或消除消费者的购后失调感。
（　　）

11. 消费者购买决策过程中，信息收集的前提条件是累积需要的存在。（  ）
12. 效用要求指消费者对某品牌每一属性的效用功能应达到何种水准的说明。（  ）
13. 顾客的信念并不决定企业和产品在顾客心目中的形象，也不决定他的购买行为。
（  ）
14. 通常企业并不试图去改变消费者对其产品、服务的态度，而是使自己的产品、服务和营销策略符合消费者既有态度。（  ）
15. 在产品价格昂贵、消费者缺乏产品知识和购买经验、购买具有较大的风险性和高度自我表现性的情况下，会发生高度参与购买行为。（  ）
16. 在价格不变条件下，一个产品有更多的性能会吸引更多的顾客购买。（  ）
17. 一个人在生活中表现出来的活动、兴趣和看法的模式称为消费者心理。（  ）
18. 一般来说，消费者的购买决策都是基于理性判断和精确计算的结果。（  ）
19. 企业提供同样的营销刺激，所有消费者会产生相同的知觉反应。（  ）
20. 在影响消费者行为的参照群体中，有日常密切接触关系的人员所构成的群体，称为成员群体。（  ）

【参考答案】

| | | | | |
|---|---|---|---|---|
| 1. √ | 2. √ | 3. × | 4. × | 5. × |
| 6. × | 7. × | 8. √ | 9. × | 10. √ |
| 11. √ | 12. √ | 13. × | 14. √ | 15. √ |
| 16. √ | 17. × | 18. × | 19. × | 20. × |

**（四）填空题**（请在各小题的画线处填入适当的词句。）

1. 按顾客购买目的或用途的不同，市场可以分为消费者市场和_____两大类。
2. _____是个人或家庭为了生活消费而购买产品和服务所形成的市场。
3. 消费者行为指消费者在内在和外在因素影响下挑选、_____、使用和处置产品与服务以满足自身需要的过程。
4. 消费者行为学的研究内容包括消费者行为和_____两大类。
5. 消费者购买决策过程是消费者_____转化为购买活动的过程。
6. 需要产生于消费者实际状态与理想状态的差距。"状态"可以指消费者内在的_____状态，也可以指外在的商品或服务状态。
7. 预期满意理论的函数表达式为 $S=f(E, P)$，如果消费者不满意，则关系式可表述成_____。
8. _____指消费者对某品牌优劣程度的总的评价。
9. 五个阶段的购买决策过程模式，适合于分析_____购买行为。
10. 产生动机的内在条件是达到一定强度的_____。
11. 消费者的购后过程分为三个阶段，即使用和处置、_____和购后行为。
12. 消费者购后评价不仅取决于产品质量和性能发挥状况，消费者的_____

也具有重大影响。

13. ＿＿＿＿＿＿＿＿认为，顾客满意是消费者将产品可感知效果与自己的期望值相比较后所形成的心理感受状态。

14. 知觉的选择性指知觉对外来刺激有选择地反映或组织加工的过程，包括选择性注意、选择性扭曲和＿＿＿＿＿＿＿＿。

15. ＿＿＿＿＿＿＿＿是决定购买行为的基本因素，决定着能否发生购买行为以及发生何种规模的购买行为，决定着购买商品的种类和档次。

16. 某参照群体中有影响力的人物称为＿＿＿＿＿＿＿＿，他们的行为会引起群体成员的仿效。

17. 产品消费的可见程度越大，参照群体对品牌选择的影响就＿＿＿＿＿＿＿＿。

18. ＿＿＿＿＿＿＿＿是获得信息并把信息储存在头脑中以备将来使用的过程。

19. 人们参与社会交往，取得社会承认和归属感的需要称为＿＿＿＿＿＿＿＿。

20. ＿＿＿＿＿＿＿＿指消费者对某一产品、事物、事件或行为的重要性或与自我的相关性的认识。

【参考答案】

1. 组织市场　　　　2. 消费者市场　　　3. 购买
4. 消费者行为影响因素　5. 购买动机　　　6. 生理或心理
7. P＜E　　　　　　8. 品牌信念　　　　9. 复杂
10. 需要　　　　　　11. 购后评价　　　　12. 心理因素
13. 预期满意理论　　14. 选择性保留　　　15. 经济因素
16. 意见领袖　　　　17. 越大　　　　　　18. 记忆
19. 社交需要　　　　20. 消费者参与

### （五）名词解释

1. 消费者行为
2. 产品属性
3. 认知
4. 选择性扭曲
5. 多样性购买行为

【参考答案】

1. 消费者行为指消费者在内在和外在因素影响下挑选、购买、使用和处置产品与服务以满足自身需要的过程。

2. 产品属性指产品所具有的能够满足消费者需要的特性，产品在消费者心中表现为一系列基本属性的集合。

3. 认知是人由表及里、由现象到本质反映客观事物的特性与联系的过程，可以分为感觉、知觉、记忆等阶段。

4. 选择性扭曲是指人们有选择地将某些信息加以扭曲，使之符合自己的意向的过程。

5. 多样性购买行为指消费者随意购买和随意转换以试用同类产品多种品牌和品种这样一种购买行为。

## （六）简答题

1. 简述消费者行为的研究内容。
2. 消费者购买决策过程的信息收集阶段，营销人员应该采用哪些营销策略？
3. 简述影响消费者行为的个体因素。
4. 请列出阿萨尔提出的消费者行为类型。

【参考答案要点】

1. 消费者行为的研究内容包括：消费者购买决策过程、消费者个体因素、外在环境因素和市场营销因素四个方面。以上四类因素中，消费者购买决策过程即为消费者行为，其他三类因素为消费者行为的影响因素。

2. 在消费者购买决策过程的信息收集阶段，营销人员可以采用的营销策略主要有三个方面：① 了解消费者信息来源；② 了解不同信息来源对消费者的影响程度；③ 设计信息传播策略。

3. 影响消费者行为的个体因素主要有心理因素、生理因素、经济因素、生活方式等。心理因素指消费者自身心理活动、心理状态，生理因素指消费者自身生理状况，经济因素指消费者的收入状况，生活方式指一个人在生活中表现出来的活动、兴趣和看法的模式。

4. 阿萨尔根据购买者的参与程度和产品品牌差异程度区分出四种购买行为类型：复杂的购买行为、减少失调感的购买行为、多样性购买行为和习惯性购买行为。

## （七）论述题

1. 试述复杂的购买行为中，消费者购买决策过程的模式。
2. 试述参照群体的主要变量及分类。

【参考答案要点】

1. 在复杂的购买行为中，消费者购买决策过程包括五个主要阶段，它们是：确认问题、信息收集、备选产品评估、购买决策和购后过程。

（1）确认问题。确认问题指消费者确认自己的需要是什么。需要是购买活动的起点，升高到一定阈限时就变成一种驱动力，由内在刺激或外在刺激唤起。

（2）信息收集。信息收集的前提条件是累积需要的存在。随着累积需要由弱变强，会出现两种情况：一是"高亢的注意力"，二是"积极的信息收集"。

（3）备选产品评估。消费者在获得全面的信息后就会根据这些信息和一定的评价方法对同类产品的不同品牌加以评价并决定选择。

（4）购买决策。顾客一旦决定实现购买意向，必须做出种类、属性、品牌、时间、经销商、数量及付款方式的决策。消费者经过产品评估后会形成一种购买意向，但是干扰因素可能改变消费者的购买意向与行为。

（5）购后过程。消费者的购后过程包括：使用和处置、购后评价、购后行为三个阶段。

2. 参照群体主要变量有四类：接触类型、组织类型、吸引力和成员资格。

（1）按照成员之间接触的密切程度分类，参照群体可分为主要群体和次要群体。主要群体指有日常密切接触关系的人员所构成的群体，对消费者认识和行为发生重要的影响；次要群体指没有或者极少发生直接接触的人员所构成的群体，对消费者认识和行为的影响低于主要群体。

（2）按照是否存在较为正式的组织分类，可分为正式群体和非正式群体。正式群体指存在正式组织，明确规定了宗旨、任务、价值观和成员行为规范的群体；非正式群体指不存在正式组织的群体。

（3）按照群体的吸引力性质分类，可以分为正引力群体和负引力群体。正引力群体指该群体的价值观和行为受到消费者的认同或赞赏，对消费者的吸引力为正；负引力群体指该群体的价值观和行为受到消费者否定或厌恶，对消费者的吸引力为负。

（4）按照消费者是否属于特定参照群体成员分类，可分为成员群体和非成员群体。成员群体指该消费者属于某特定群体，是其成员之一；非成员群体指消费者不属于某特定群体，并非其成员。

（八）案例简析

### 魏则西事件与消费者行为

2016年4月，大学生魏则西之死再次引发了网友对百度公司竞价排名经营方式的争议。

魏则西1994年出生于陕西咸阳，2012年以高分考入西安电子科技大学计算机专业。他成绩优异，排名在班级前5%。2014年4月，魏则西被查出患上滑膜肉瘤，这是一种恶性软组织肿瘤，生存率极低，没有有效的治疗手段。2014年5月20日至8月15日，魏则西连续做了4次化疗、25次放疗，并无起色。魏则西通过百度搜索滑膜肉瘤治疗方法，第一条信息就是武警北京总队第二医院的"DC-CIK细胞免疫疗法"。魏则西的父母亲赴该院考察，一位李姓主任医师介绍说，这项技术是美国斯坦福大学研发成功的，与该院是合作关系，有效率达到百分之八九十。他看了魏则西的报告单之后说保活20年没有问题，只要治疗3次就长期有效。这家医院是否可信呢？魏则西和父母心想：百度、三甲医院、斯坦福技术，这几个关键词加在一道，应当没有问题了吧？魏则西是独子，父母的爱无可言喻，愿意倾尽一切挽救他的生命。他们把家里的钱算了一下，又向亲戚朋友借了一些，凑了20多万元，先后4次从陕西咸阳前往北京该院接受治疗，结果肿瘤几个月就转移到肺部了。魏则西的父母又找到那位李主任，他的话全都变了，说活多久全看概率，他们不保证。还说必须接着再做，做多了就有效了。后来，魏则西通过美国留学生运用谷歌搜索了滑膜肉瘤的治疗方法，又联系了许多美国医院，才知道真相：美国在做了许多实验之后，已经证实这项技术无效，早已叫停和放弃了。美国斯坦福大学与这家医院也没有任何合作关系。魏则西赶紧转移到其他医院治疗才暂时延缓死神的脚步。2016年4月12日上午在掏空家中积蓄并且欠下一屁股外债之后，魏则西在咸阳家中去世，终年22岁。

有医学专家认为，即便魏则西接受的是真正的DC-CIK疗法，也不会有什么效果。更何况"不能证明魏则西所接受的是真正的DC-CIK疗法。他的细胞是哪家公司培养的？到底针对哪种抗原？这些都没能说明白"。国内一些医疗机构声称可以开展DC-CIK疗法或是更先进的疗法，其可信度并不高。

魏则西之死的消息迅速刷爆了全国微信朋友圈，人们在强烈谴责三甲医院将医疗科室转包私人导致医疗欺诈的同时，也将矛头对准了百度公司。百度公司为了营利，采取了关键词搜索竞价排名的经营方式。当用户输入关键词进行搜索的时候，排位在前面的不是搜索频率高的信息，也不是用户最需要的信息，而是出价最高的企业或品牌信息。这种做法使得用户得不到所需信息，也给一些不良商人提供了可乘之机，在医疗领域引起的恶果尤其严重。百度的这种经营行为受到诟病已经不是第一次了。

2016年1月，百度贴吧血友病吧原吧主在知乎发帖，称百度贴吧已经将血友病吧经营权卖出，空降了一个官方吧主，原吧务组成员遭到百度单方面撤换，账号已经无法正常发帖。"新吧主是个声名狼藉的骗子""多次被血友病吧网友举报"。随后，网友继续爆料称："百度40%的热门疾病吧已经被卖，且被野鸡医院承包。"病友说，疾病吧的作用是病友之间交流抗病经验并防止受骗，然而现在却由骗子来主持了。他们大量发布骗人信息，而将防骗信息删除。大多数病友都会通过百度搜索医疗信息甚至完全信任这些信息。有消息称，百度2013年的广告总量为260亿元，其中，来自民营医院的有120亿元。百度2016年1月12日发出声明，宣布病种类贴吧全面停止商业合作，只对权威公益组织开放。然而没有几个月，再次发生魏则西事件。有网友评价说：如果你几次在同一块石头上绊倒，那就不是石头的问题了。

资料来源：

［1］360百科. 魏则西.［2017-09-24］

［2］刘旭，王卡拉. 魏则西事件"先进疗法"临床研究几乎来自中国.（2016-05-04）［2017-09-24］. 腾讯新闻网.

［3］孟倩. 百度血友病吧被卖事件始末.（2016-01-12）［2017-09-24］. 腾讯科技网.

【简要评析】

（1）消费者参与指消费者对某一产品、事物、事件或行为的重要性或与自我的相关性的认识。品牌差异指消费者所感受到的同类产品不同品牌之间在质量、性能、款式、包装、服务、价值等方面的差异。消费者参与度和产品品牌差异不同，消费者的购买决策过程也显著不同。如果消费者属于高度参与，并且了解现有各品牌、品种和规格之间具有显著差异，则会产生复杂的购买行为。

在案例中，魏则西疾病的治疗事关生死，对于魏则西和家人来说，治疗事件非常重要，与他们的自我紧密相关；根据魏则西和家人的了解，各医院品牌之间对魏则西疾病治疗的方法和疗效也存在显著的差异。因此，符合复杂的购买行为模式。在复杂的购买行为中，消费者购买决策过程通常由以下几个阶段构成：确认问题、信息收集、备选产品评估、购买决策、购后过程。

（2）在消费者购买决策过程的信息收集阶段，一般而言，消费者的信息来源主要有经验来源、个人来源、公共来源和商业来源。

在案例中，魏则西通过百度搜索滑膜肉瘤治疗方法，出现了武警北京总队第二医院的"DC-CIK细胞免疫疗法"的相关信息，如果该信息是企业的广告或者官网信息，属于商业来源，如果该信息来源于新闻媒介，则属于公共来源。魏则西的父母亲赴该院考察，一位李姓主任医师介绍了"DC-CIK细胞免疫疗法"，这些信息属于商业来源。从消费者对信息的信任程度看，经验来源和个人来源最高，其次是公共来源，最后是商业来源。

（3）在消费者购买决策过程的备选产品评估阶段，评价行为涉及四个方面：产品属性、品牌信念、效用要求和评价模式。魏则西和家人通过百度和一位李姓主任医师介绍，了解到了该项技术的产品属性，并且以百度、三甲医院和斯坦福技术三项因素为背书，形成了品牌信念，最后购买了该项医疗服务。

（4）消费者的购后过程包括使用和处置、购后评价和购后行为三个阶段。预期满意理论认为顾客满意是消费者将产品可感知效果与自己的期望值相比较后所形成的心理感受状态。如果感知效果等于期望值，则消费者会感到满意；如果感知效果高于期望值，则消费者会很满意；如果感知效果低于期望值，则消费者会不满意，差距越大就越不满意。

魏则西消费该项医疗服务几个月后病情恶化，在掏空家中积蓄并且欠下大笔债务之后，在咸阳家中去世，他的家人对该项医疗服务的感知效果与期望值相差甚远，必然产生极大的不满意甚至愤怒，可能产生抱怨、索赔、个人抵制或不再购买、劝阻他人购买、向有关部门投诉等行为。

（5）从供给者的角度来看，本案例中涉及医疗服务的供给者——武警北京总队第二医院，和信息搜索的供给者——百度公司。供给者应该根据消费者行为特点及其影响因素，通过了解需要、设计信息传播、提供产品、管理购后过程等营销策略，激发消费者行为和满足消费者需要，并促使消费者发生有利于供给者和产品的购后行为，避免不利于供给者的行为。在案例中，医院传播了医疗技术的不实信息，无法满足消费者的需要，损害了消费者利益，遭到了人们的批评。百度公司采取的关键词搜索竞价排名的经营方式和百度贴吧的商业化，则助推了于医疗不实信息的传播，也饱受诟病。

（6）从消费者的角度来看，为了维护自身的合法权益，在购买决策前有必要采用更为科学的信息收集和备选产品评估方法。例如，对于复杂的购买行为，在信息收集阶段要从多种信息来源渠道收集信息，对商业来源和公共来源获得的信息保持警惕，多方参验后再决定是否信任这些信息；在备选产品评估阶段，要详细了解产品属性，综合多方信息后建立品牌信念，判断产品或服务是否能达到效用要求，并选择适合的评价模式，最后再决定是否购买。

# 第六章 分析组织市场

## 一、学习目的与要求

通过本章学习，了解生产者市场、中间商市场、非营利组织市场和政府市场的含义和基本特征，掌握组织市场的购买行为，能够应用组织市场购买行为原理分析中国组织市场购买行为的特殊性，针对组织市场购买行为特点开展有效的客户关系管理。

## 二、学习知识要点

### （一）组织市场的类型和特点

1. 组织市场的概念和类型

组织市场指工商企业为从事生产、销售等业务活动以及政府部门和非营利组织为履行职责而购买产品和服务所构成的市场，包括：

（1）生产者市场，指购买产品或服务用于制造其他产品或服务，然后销售或租赁给他人以获取利润的单位和个人。

（2）中间商市场，也称转卖者市场，指购买产品用于转售或租赁以获取利润的单位和个人。

（3）非营利组织市场，指为了维持正常运作和履行职能而购买产品和服务的各类非营利组织所构成的市场。

（4）政府市场，指为了执行政府职能而购买或租用产品的各级政府和下属各部门。

2. 组织市场的特点

① 购买者比较少；② 购买数量大；③ 供需双方关系密切；④ 购买者的地理位置相对集中；⑤ 派生需求；⑥ 需求弹性小；⑦ 需求波动大；⑧ 专业人员采购；⑨ 影响购买

的人多；⑩ 销售访问多；⑪ 直接采购；⑫ 互惠购买；⑬ 租赁。

### （二）组织市场购买行为

1. 组织市场购买类型
① 直接重购；② 修正重购；③ 新购。

2. 组织市场购买方式
组织用户通过一次性购买而获得某项目所需全部产品的采购方法称为系统购买，组织市场购买者常常采用这种方式。

3. 组织用户的购买决策过程
组织用户的购买过程可分为八个阶段，但是具体过程依不同的购买类型和购买方式而定，直接重购和修正重购可能跳过某些阶段，新购则会完整地经历各个阶段。
（1）问题识别，指组织用户认识自己的需要，明确所要解决的问题。问题识别可以由内在刺激或外在刺激引起。
（2）总需要说明，指通过价值分析确定所需项目的总特征和数量。
（3）明确产品规格，指明所购产品的品种、性能、特征、数量和服务，写出详细的技术说明书，作为采购人员的采购依据。
（4）物色供应商，指采购人员根据产品技术说明书的要求寻找最佳供应商。
（5）征求供应建议书，指邀请合格的供应商提交供应建议书。
（6）选择供应商，指组织用户对供应建议书加以分析评价，确定供应商。
（7）签订合约，指组织用户根据所购产品的技术说明书、需要量、交货时间、退货条件、担保书等内容与供应商签订最后的订单。
（8）绩效评价，指组织用户对各个供应商的绩效加以评价，以决定维持、修正或终止供货关系。

4. 组织市场购买决策的参与者
购买类型不同，购买决策的参与者也不同。直接重购时，采购部门负责人起决定作用；新购时，企业高层领导起决定作用。在确定产品的性能、质量、规格、服务等标准时，技术人员起决定作用；而在供应商选择方面，采购人员起决定作用。
组织用户的采购决策组织称为采购中心，指围绕同一目标而直接或间接参与采购决策并共同承担决策风险的所有个人和群体，其成员在购买过程中分别扮演着以下七种角色中的一种或几种：发起者、使用者、影响者、决策者、批准者、采购者、信息控制者。

5. 组织市场购买决策的影响因素
影响组织市场购买决策的基础性因素是经济因素，即产品的质量、价格和服务。除此之外，影响组织市场购买决策因素还包括：
（1）环境因素。指组织用户无法控制的宏观环境因素，包括市场需求水平、国家的经济前景、资金成本、技术发展、政治法律因素、竞争态势等。

（2）组织因素。指组织用户自身的经营战略、组织和制度等因素，包括经营目标和战略、政策、程序、组织结构、制度等。

（3）人际因素。指组织用户内部参与购买过程的各种角色的职务、地位、态度、利益和相互关系对购买行为的影响。

（4）个人因素。指组织用户内部参与购买过程的有关人员的年龄、教育、个性、偏好、风险意识等因素对购买行为的影响。

6. 管理组织间的客户关系

交易导向指组织客户在交易活动中持有的支配性、指导性的思想。组织客户采购的基本原则是用相对较低的成本获得最高利益，围绕这一基本原则产生三种交易导向：

（1）购买导向，指组织用户以最大限度维护自身利益、实现短期交易作为购买的指导思想。

（2）利益导向，指组织用户以建立交易双方长期的良好关系作为采购指导思想。

（3）供应链管理导向，指组织用户以建立交易双方密切的伙伴关系、实现双方价值最大化作为采购指导思想。

### （三）非营利组织市场和购买行为分析

1. 非营利组织的类型

按照不同的职能，非营利组织可分为履行国家职能的非营利组织、促进群体交流的非营利组织和提供社会服务的非营利组织。

2. 非营利组织的购买特点和方式

（1）非营利组织的购买特点：限定总额、价格低廉、保证质量、受到控制、程序复杂。

（2）非营利组织的购买方式：公开招标选购、议价合约选购和日常性采购。

3. 政府市场及购买行为

政府市场是非营利组织市场的重要构成部分，关于非营利组织购买行为的阐述同样适用于政府市场。

（1）政府市场的购买目的是维护国家安全和社会公众的利益。

（2）政府市场购买过程的参与者有行政部门的购买组织和军事部门的购买组织。

（3）政府购买行为除受经济、环境、组织、人际和个人因素影响外，还有以下不同点：须接受社会公众监督，受到国际国内政治、经济形势影响，受到自然因素的影响。

（4）政府购买方式，有公开招标选购、议价合约选购和日常性采购三种，其中以公开招标为主要方式。

### (四)客户关系管理

**1. 客户关系管理内涵与目标**

（1）客户关系管理，指企业在既定的资源和环境条件下为发现客户、获得客户、维系客户和提升客户价值而开展的所有活动。

（2）客户关系管理目标：在产品、管理与营销同质化的背景下运用客户关系管理实现客户关系差异，通过满足客户需求和帮助客户获利来留住客户，提升客户价值，使客户关系管理成为企业的核心竞争力。

**2. 客户发展计划与客户发现途径**

（1）客户发展计划。客户发展计划是企业基于一定时期、一定市场区域内客户资源的分析而制定的新客户开发与老客户价值提升计划。客户发展计划应具备明确性、可操作性、阶段性及可达到性的特点。

（2）客户发现途径。客户发现是客户开发的前提，可通过推销学中阐述的寻找准顾客的方法发现和挖掘客户。

**3. 客户分类与客户分类管理**

（1）客户分类。按照客户对于供应商的重要性分为不同等级，分类时应当考虑客户关系价值、客户忠诚度、客户信用度等因素。

（2）客户分类管理。客户分类是客户关系管理的基础，目的是按照客户的重要性制定不同的客户关系管理策略，投放不同的资源。

## 三、练习题及答案

### (一) 单项选择题（在下列每小题中，选择一个最合适的答案。）

1. 非营利组织市场的主要组成部分为_____。
   A. 公共市场　　　　　　　　　　B. 政府市场
   C. 个人市场　　　　　　　　　　D. 法人市场
2. 组织市场的需求弹性_____，需求波动_____。
   A. 大；大　　　　　　　　　　　B. 大；小
   C. 小；小　　　　　　　　　　　D. 小；大
3. 组织用户通过一次性购买而获得某项目所需全部产品的采购方法称为_____。
   A. 系统购买　　　　　　　　　　B. 直接购买
   C. 基本购买　　　　　　　　　　D. 汇总购买
4. "你买我的产品，我就买你的产品。"这种购买方式叫作_____。

A. 条件购买 B. 互惠购买
C. 双边购买 D. 合约购买

5. 某企业决定增加一条生产线，从原有供应商处购买设备和零部件，此时该企业所采用的购买行为属于_____。
   A. 直接重购型 B. 修正重购型
   C. 间接重购型 D. 新购型

6. 在供应商选择方面，_____起决定作用。
   A. 采购人员 B. 企业高层领导
   C. 技术人员 D. 采购部门负责人

7. 在多数情况下，_____往往首先提出购买建议，并协助确定产品规格。
   A. 发起者 B. 使用者
   C. 采购者 D. 影响者

8. 购买者对供应商忠诚度最低的交易导向是_____。
   A. 利益导向 B. 供应链管理导向
   C. 购买导向 D. 关系导向

9. 组织市场需求的波动幅度_____消费者市场需求的波动幅度。
   A. 小于 B. 大于
   C. 等于 D. 不确定

10. 非营利组织购买中，最适用于复杂工程项目的购买方式是_____。
    A. 公开招标选购 B. 日常性选购
    C. 议价合约选购 D. 正常购买

11. _____指组织用户以建立交易双方密切的伙伴关系、实现双方价值最大化作为采购指导思想。
    A. 购买导向 B. 关系导向
    C. 供应链管理导向 D. 利益导向

12. 博物馆作为一种非营利组织，其履行的职能为_____。
    A. 履行国家职能 B. 促进群体交流
    C. 宣传知识文化 D. 提供社会服务

13. 组织市场的主要特点不包括_____。
    A. 购买者较少 B. 购买量大
    C. 供需双方密切 D. 采购者地理位置较分散

14. 中间商决定购买数量的主要依据不包括_____。
    A. 现有的存货状况 B. 预期的需求水平
    C. 是否有折扣 D. 成本/效益比较

15. 客户关系管理指企业在既定的资源和环境条件下为发现客户、获得客户、维系客户和_____而开展的所有活动。
    A. 提高顾客潜在购买量 B. 提高顾客现实购买量
    C. 提高顾客光顾次数 D. 提升客户价值

16. 客户关系管理的基础是_____。

A. 客户识别 B. 客户服务
C. 客户分类 D. 客户评估

17. 销售人员直接走访特定区域所有可能有价值的企业，以寻找准顾客的方法属于_____。
   A. 市场咨询法 B. 社会关系拓展法
   C. 历史顾客名单核对法 D. 地毯式拜访法

18. 忠诚客户会长期购买、高频率购买、追加购买、交叉购买，还会购买升级产品，并推荐顾客，这是客户忠诚判断标准的_____。
   A. 成本因素 B. 态度因素
   C. 产品购买因素 D. 价格因素

19. 长期客户总收益的主要影响因素不包括_____。
   A. 购买持续时间 B. 客户购买量
   C. 客户购买频率 D. 客户信用度

20. 资产负债率、风险性经营项目、固定资产投资情况、银行存款、偷漏税情况、员工福利、员工奖金发放等反映的是客户的_____指标。
   A. 支付能力 B. 财务状况
   C. 内部控制能力 D. 发展前景

【参考答案】

| 1. B | 2. D | 3. A | 4. B | 5. A |
| 6. A | 7. B | 8. C | 9. B | 10. C |
| 11. C | 12. D | 13. D | 14. C | 15. D |
| 16. C | 17. D | 18. C | 19. D | 20. A |

**（二）多项选择题**（下列各小题中正确的答案不少于两个，请准确选出全部正确答案。）

1. 我国通常把非营利组织称为_____。
   A. 政府组织 B. 事业单位
   C. 机关团体 D. 公益组织
   E. 非竞争性团体

2. 组织市场与消费者市场的购买行为的差异性主要表现在_____。
   A. 购买类型 B. 购买决策参与者
   C. 购买决策影响因素 D. 交易导向
   E. 购买决策过程

3. 组织市场购买决策的绩效评价方法包括_____。
   A. 用户评价 B. 加权评估
   C. 问卷调查 D. 实施奖惩
   E. 汇总绩效差的供应商的成本，调整价格在内的采购成本

4. 受年龄、教育、个性等个人因素的影响，采购中心成员会表现出不同的采购风格，具体有_____。
  A. 风险型         B. 理智型
  C. 情感型         D. 创新型
  E. 习惯型

5. 影响组织市场购买决策的主要因素包括_____。
  A. 环境因素        B. 组织因素
  C. 个人因素        D. 人际因素
  E. 经济因素

6. 组织客户采购的基本原则是用相对较低的成本获得最高利益，围绕这一基本原则产生的交易导向为_____。
  A. 购买导向        B. 成本导向
  C. 利益导向        D. 关系导向
  E. 供应链管理导向

7. 非营利组织的职能包括_____。
  A. 服务国家和社会      B. 促进群体交流
  C. 维护群体利益       D. 提供社会服务
  E. 履行国家职能

8. 非营利组织购买商品的目的是_____。
  A. 成本最小化        B. 维持组织运行
  C. 转售          D. 提供社会服务
  E. 履行组织职能

9. 客户发展计划的特点包括_____。
  A. 明确性         B. 阶段性
  C. 可操作性        D. 长期性
  E. 可达到性

10. 影响顾客忠诚的因素包括_____。
  A. 购买因素        B. 成本因素
  C. 价格因素        D. 态度因素
  E. 频率因素

【参考答案】
1. BC   2. ABCDE   3. ABE   4. BCE   5. ABCDE
6. ACE   7. BDE   8. BE   9. ABCE   10. ABCD

（三）判断题（判断下列各题是否正确。正确的在题干后的括号内打"√"，错误的打"×"。）

1. 就卖主而言，消费者市场是法人市场，组织市场是个人市场。  （  ）

2. 非营利组织泛指所有不以营利为目的、不从事营利性活动的经济组织。（　）
3. 消费者需求是引申需求，是组织市场需求的动力和源泉。（　）
4. 组织市场往往通过租赁方式取得所需产品。（　）
5. 组织市场的购买者往往通过中间商环节，价格昂贵或技术复杂的项目更是如此。（　）
6. 修正重购指组织用户改变原先所购产品的规格、价格或其他交易条件后再行购买，这是最复杂的购买类型。（　）
7. 系统购买最初产生于政府采购。（　）
8. 问题识别可以由内在刺激或外在刺激引起。（　）
9. 买方若能在需要产品的时候通知供应商随时按照条件供货，就可实行"无库存采购计划"，从而降低或免除库存成本。（　）
10. 被赋予权力按照采购方案选择供应商和商谈采购条款的人员被称为发起者。（　）
11. 交易导向指组织客户在交易活动中持有的支配性、指导性的思想。（　）
12. 购买导向指组织用户以最大限度维护自身利益、实现长期交易作为指导思想。（　）
13. 非营利组织的采购经费总额是既定的，不能随意突破。（　）
14. 公开招标选购适用于复杂的工程项目，因为它们涉及重大的研究开发费用和风险。（　）
15. 各个国家、各级政府都设有采购组织，一般分为行政采购组织和财务采购组织。（　）
16. 政府的重要预算项目必须提交国家司法机关审议通过，经费使用情况也必须受到监督。（　）
17. 经济疲软时期，政府会缩减支出，经济高涨时期则增加支出。（　）
18. 在复杂的购买项目中，涉及巨大的研究开发费用与风险，缺乏有效竞争，通常采取议价合约的采购方式。（　）
19. 由于科学技术高度发达且快速普及，同类企业之间产品异质化日趋严重。（　）
20. 对银行、电话公司的客户难以采用客户关系管理，而是开展公共关系。（　）

【参考答案】
1. ×　　2. ×　　3. ×　　4. √　　5. ×
6. ×　　7. √　　8. √　　9. √　　10. ×
11. √　　12. ×　　13. √　　14. ×　　15. ×
16. ×　　17. √　　18. √　　19. ×　　20. ×

（四）填空题（请在各小题的画线处填入适当的词句。）

1. 中间商市场指购买产品用于_____，以获取利润的单位和个人。
2. 政府市场指为了_____而购买或租用产品的各级政府和下属各部门。

3. 如果消费品需求增加某一百分比，为了生产出满足这一追加需求的产品，工厂的设备和原材料会以更大的百分比增长，经济学家把这种现象称为_____。

4. 系统购买方法也称为"_____法"。

5. _____指组织用户的采购部门按照过去的订货目录和基本要求继续向原先的供应商购买产品。

6. 物色供应商指采购人员根据_____的要求寻找最佳供应商。

7. _____指组织用户对各个供应商的绩效加以评价，以决定维持、修正或终止供货关系。

8. 组织用户的采购决策组织称为_____，指围绕同一目标而直接或间接参与采购决策并共同承担决策风险的所有个人和群体。

9. _____指组织用户以建立交易双方长期的良好关系作为采购指导思想。

10. 非营利组织的采购部门通过传播媒体发布广告或发出信函，说明拟采购商品的名称、规格、数量和有关要求，邀请供应商在规定的期限内投标，这种购买方式为_____。

11. 客户关系管理产生于商品_____、企业之间竞争日益激烈的市场环境之下。

12. 日用消费品市场的大多数客户属于_____。

13. _____是客户开发的前提。

14. 客户关系价值等于_____减去获取及保持客户关系的成本。

15. _____＝逾期未付货款总额 / 总购买金额。

16. 中心开花法是指通过中心人物的_____扩大顾客群。

17. 客户关系价值应当综合考虑现实价值和_____两个方面。

18. 客户以往交易的信用情况考察主要有_____和货款延期支付平均天数两个指标。

19. 客户关系管理的核心是制定完善的_____，按照客户重要性采用不同的营销策略。

20. 政府购买的主要方式是_____。

【参考答案】

1. 转售或租赁　　　　2. 执行政府职能　　　3. 加速原理
4. 交钥匙解决　　　　5. 直接重购　　　　　6. 产品技术说明书
7. 绩效评价　　　　　8. 采购中心　　　　　9. 利益导向
10. 公开招标选购　　　11. 供过于求　　　　　12. 匿名客户
13. 客户发现　　　　　14. 长期客户总收益　　15. 总欠款率
16. 链式关系　　　　　17. 潜在价值　　　　　18. 总欠款率
19. 客户分类标准　　　20. 公开招标

## （五）名词解释

1. 组织市场
2. 客户关系管理
3. 中间商市场
4. 采购中心
5. 客户发展计划

【参考答案】

1. 组织市场指工商企业为从事生产、销售等业务活动以及政府部门和非营利组织为履行职责而购买产品和服务所构成的市场。
2. 客户关系管理指企业在既定的资源和环境条件下为发现客户、获得客户、维系客户和提升客户价值而开展的所有活动。
3. 中间商市场也称转卖者市场，指购买产品用于转售或租赁以获取利润的单位和个人。
4. 组织用户的采购决策组织称为采购中心，指围绕同一目标而直接或间接参与采购决策并共同承担决策风险的所有个人和群体。
5. 客户发展计划是企业通过对一定时期、一定市场区域内客户资源的分析而制定的新客户开发与老客户价值提升方案。

## （六）简答题

1. 简述组织市场的主要类型。
2. 简述非营利组织的主要类型。
3. 简述非营利组织的购买特点。
4. 简述客户分类的主要依据。

【参考答案要点】

1. 组织市场的主要类型如下：

（1）生产者市场。生产者市场指购买产品或服务用于制造其他产品或服务，然后销售或租赁给他人以获取利润的单位和个人。

（2）中间商市场。中间商市场也称转卖者市场，指购买产品用于转售或租赁以获取利润的单位和个人。

（3）非营利组织泛指所有不以营利为目的、不从事营利性活动的组织。非营利组织市场指为了维持正常运作和履行职能而购买产品和服务的各类非营利组织所构成的市场。

（4）政府市场指为了执行政府职能而购买或租用产品的各级政府和下属各部门。

2. 非营利组织按照不同的职能可分为以下三类：

（1）履行国家职能的非营利组织。指服务于国家和社会，以实现社会整体利益为目标的有关组织，包括各级政府和下属各部门、保卫国家安全的军队、保障社会公共安全的警察和消防队、管制和改造罪犯的监狱等。

（2）促进群体交流的非营利组织。指促进某群体内成员之间的交流、沟通思想和情感、宣传普及某种知识和观念、推动某项事业的发展、维护群体利益的各种组织，包括各种职业团体、业余团体、宗教组织、专业学会和行业协会等。

（3）提供社会服务的非营利组织。指为某些公众的特定需要提供服务的非营利组织，包括学校、医院、红十字会、卫生保健组织、新闻机构、图书馆、博物馆、文艺团体、基金会、福利和慈善机构等。

3. 非营利组织的购买特点如下：

（1）限定总额。非营利组织的采购经费总额是既定的，不能随意突破。

（2）价格低廉。非营利组织大多数不具有宽裕的经费，在采购中要求商品价格低廉。

（3）保证质量。非营利组织购买商品是维持组织运行和履行组织职能，所购商品的质量和性能必须保证实现这一目的。

（4）受到控制。非营利组织采购人员受到较多的限制，只能按照规定的条件购买，缺乏自主性。

（5）程序复杂。非营利组织购买过程的参与者多，程序也较为复杂。

4. 客户分类的主要依据包括客户关系价值、客户忠诚度和客户信用。

（1）客户关系价值，指客户为供应商带来的价值或客户在供应商眼中的价值，由长期客户总收益与获取及保持客户关系的成本之差来测定。

（2）客户忠诚的判断标准主要由购买因素、成本因素、价格因素和态度因素等决定。

（3）客户以往交易的信用情况主要由总欠款率和货款延期支付平均天数两个指标评定。

## （七）论述题

1. 试述组织用户的购买决策过程。
2. 试述采购中心成员在购买过程中扮演的七种角色。

【参考答案要点】

1. 组织用户的购买决策过程主要包括以下八个阶段：

（1）问题识别。组织用户要充分认识自己的需要，明确所要解决的问题。

（2）总需要说明。通过价值分析确定所需项目的总体特征和数量。

（3）明确产品规格。说明所购产品的品种、性能、特征、数量和服务，写出详细的技术说明书，作为采购人员的采购依据。

（4）物色供应商。采购人员根据产品技术说明书的要求寻找最佳供应商。

（5）征求供应建议书。邀请合格的供应商提交供应建议书。

（6）选择供应商。对供应建议书加以分析评价，确定供应商。评价内容包括供应商的产品质量、性能、产量、技术、价格、信誉、服务、交货能力等属性。

（7）签订合约。根据所购产品的技术说明书、需要量、交货时间、退货条件、担保书等内容与供应商签订最后的订单。

（8）绩效评价。对各个供应商的绩效加以评价，以决定维持、修正或终止供货关系。

2. 采购中心成员在购买过程中分别扮演着以下七种角色中的一种或几种。

（1）发起者。指提出购买要求的人，他们可能是使用者，也可能是其他人。

（2）使用者。指组织用户内部使用这种产品或服务的成员。在多数情况下，使用者往往首先提出购买建议，并协助确定产品规格。

（3）影响者。指组织用户的内部和外部能够直接或间接地影响采购决策的人员。他们协助确定产品规格和购买条件，提供方案评价的情报信息，影响采购选择。技术人员大多是重要的影响者。

（4）决策者。指有权决定买与不买，决定产品规格、购买数量和供应商的人员。供应商应当设法弄清谁是决策者，以便有效地促成交易。

（5）批准者。指有权批准决策者或购买者所提购买方案的人员。

（6）采购者。指被赋予权力按照采购方案选择供应商和商谈采购条款的人员。

（7）信息控制者。指组织用户的内部或外部能够控制信息流向采购中心成员的人员。比如，采购代理人或技术人员可以拒绝某些供应商和产品的信息，接待员、电话接线员、秘书、门卫等可以阻止推销者与使用者或决策者接触。

## （八）案例简析

### 波音选择落户中国背后：万亿美元航空市场 + 进击的空客

在百年诞辰之际，波音终于迈出了与中国航空工业合作的历史性一步。

2016年10月28日下午，波音公司、中国商飞公司在杭州举行发布会，宣布波音737系列飞机完工和交付中心落户浙江舟山。这是波音公司第一次将737生产系统的一部分延伸到海外。

此时已经是波音进入中国的第44个年头。据称，在中国运营的民用喷气机中，超过50%是波音飞机。但让波音公司一点不敢放轻松的是，其在中国这个超万亿美元的航空市场，正在遭遇来自竞争对手空客公司越来越强有力的阻击。

就在2016年10月，空客中国公司总裁陈菊明表态称，在中国的销售战略上，空客将采取和竞争对手完全不一样的举措——主动积极地和中国的航空制造业配合。

在多数业内人士看来，波音首个海外工厂落户中国的背后，是中国航空工业的崛起、是中国万亿美元航空市场的诱惑，也是波音、空客在华之争的必然升级。

1. 从客户到战略合作伙伴

据波音方面提供的数据，波音与中国航空业从单纯的"客户－供应商"关系发展成为"战略合作伙伴"，过去几十年中，波音已经从中国采购了价值超过20亿美元的飞机零部件和组件，是中国航空工业最大的国际客户。

如今，波音在中国的主要航空工业供应商近40家，另外还有20多家次级供应商提供支持。超过9 000架波音飞机上使用了中国制造的零部件。中国参与了所有波音机型的制造，包括737、747、767、777和787梦想飞机。随着波音民用飞机生产率的不断提升，波音在中国的平均采购量还将逐年增加。

10月27日，波音在天津举办"中国-波音航空工业合作论坛"，同时宣布了多项拓展并深化波音与中国航空业互利共赢伙伴关系的协议。波音民用飞机集团中国运营与业务发展副总裁张仁焱说："在中国建立737系列飞机完工与交付中心，让波音737更加贴近中国客户。"显而易见，波音有意进一步巩固和争取更大的中国市场份额。

按照波音的预测，未来20年中国将需要总价值超万亿美元的6 810架新飞机，以满足中国航空运输发展的需求。由此，中国将成为世界首个总价值超万亿美元的航空市场。

2. 进击的对手：空客

在业内人士看来，波音首个海外工厂落地中国，有外交方面的推动，另一大直接要素则来自其进击的对手：空客。

相比波音，空客较晚进入中国，但其在中国更早采取了"合作换市场"的策略，以至于在市场份额上一直追波音并大有后来居上之势。

根据2014年民航资源网发布的首份《中国内地飞机运营情况报告》，截至2014年3月31日，空客机型占据了中国内地客运总市场47%的份额，波音占比从最初的垄断地位下降到43%。这也是双方多年之争的缩影。

上述报告显示，目前国内民航客运仍以单通道飞机为主，波音737和空客320系列占据了超过80%的内地客运市场。这也是空客、波音分别建立空客A320系列飞机天津总装线和波音737系列飞机完工和交付中心的原因。

如今，空客和中国的航空工业合作已经从单通道领域扩展到宽体机领域：空客天津A330宽体飞机完成和交付中心项目已于2016年3月开工建设，这也是欧洲以外首个空客宽体飞机完成和交付中心。2017年9月第一架"天津产"A330飞机已交付客户。

与此同时，世界上第一个在立项阶段就将中国纳入研发设计与制造参与国家名单的外国飞机项目空客A350-900测试飞机，在2016年10月29日抵达珠海，在中国举行了为期11天的五大城市巡演。

空客方面强调，中国工程师参与了A350飞机的设计，这在飞机制造商与中国的合作方面开了先河；包括A350机体5%的制造工作都是在中国完成。

在业内看来，这更像是空客应对波音中国工厂落地消息的市场公关策略。空客从波音手中拿下部分中国单通道飞机市场后，显然又开始抢夺中国宽体机市场，一场大战在所难免。

资料来源：李卓. 波音选择落户中国背后：万亿美元航空市场+进击的空客. 每日经济新闻，2016-10-31（3）.

【简要评析】

（1）在中国有望赶超美国成为未来的第一大航空市场的背景下，此前对海外建厂一直谨慎的波音公司还是迈出了这一步。波音737系列飞机完工和交付中心落户舟山的决策，正是来自于中国万亿美元航空市场的诱惑，波音有意进一步巩固和争取更大的中国市场份额。

（2）影响组织市场购买决策的因素包括经济因素、环境因素、组织因素、人际因素和个人因素，供应商应了解和运用这些因素，引导买方购买行为，促成交易达成。波音公司注重与中国政府建立合作友好关系，适应中国经济快速增长对航空市场发展的需求，允许中国参与所有机型制造，在中国建厂让波音飞机更加贴近中国客户，并通过政府、外交方面影响和推动航空公司对飞机的采购。

（3）在产品、管理与营销同质化的背景下，只有运用客户关系管理实现客户关系差异，才能留住客户，提升客户价值。波音与中国航空业合作了几十个年头，早已从单纯的"客户－供应商"关系发展成为了"战略合作伙伴"。当前，面对实力强劲的竞争对手空客对中国市场的抢夺，波音采取在中国建造首个海外工厂的举措予以反击，迈出了与中国航空工业合作的历史性一步，拓展并深化了波音与中国航空业互利共赢的伙伴关系。

# 第七章
# 市场营销调研与预测

## 一、学习目的与要求

通过本章学习，了解市场营销信息系统含义与构成，明确市场需求测量的基本概念，掌握估计市场需求的基本原理，能够运用市场预测的主要方法对影响未来市场需求的因素及需求量进行分析和预测，为企业市场营销管理决策提供依据。

## 二、学习知识要点

### （一）市场营销信息系统

1. 信息及其特征

信息是事物运动状态以及运动方式的表象。广义的信息由数据、文本、声音和图像四种形态组成，主要与视觉和听觉相关。信息对人类社会有中介、联结和放大三大功能。

信息具有可扩散性、可共享性、可存储性、可扩充性和可转换性的特征。

2. 营销信息系统的内涵与作用

营销信息系统（MIS）由人员、设备和程序构成，这个系统对信息进行收集、分类、分析、评估和分发，为决策者提供所需的、及时的和精确的信息。

营销信息系统是从了解市场需求情况、接受顾客订货开始，直到产品交付顾客使用，为顾客提供各种服务为止的整个市场营销活动过程中有关市场信息收集和处理的过程。这些信息应能满足目的性、及时性、准确性、系统性和广泛性的要求。

营销信息系统是企业进行营销决策和编制计划的基础，也是监督、调控企业营销活动的依据，它的根本作用在于信息的收集、处理、分析、传递与使用。

3. 营销信息系统的构成

营销信息系统由内部报告系统、营销情报系统、营销调研系统和营销分析系统构成，营销决策所需的信息由各个子系统提供。

### （二）市场营销调研

1. 营销调研的含义和作用

营销调研就是运用科学的方法，有目的、有计划地收集、整理和分析研究有关市场营销方面的信息，获得合乎客观事物发展规律的见解，提出解决问题的建议，供营销管理人员了解营销环境，发现机会与问题，从而作为市场预测和营销决策的依据。

市场营销调研是企业营销活动的出发点，其作用表现在：① 有利于制定科学的营销规划；② 有利于优化营销组合；③ 有利于开拓新的市场。

2. 营销调研的类型及内容

（1）营销调研按调研时间可分为一次性调研、定期性调研、经常性调研和临时性调研；按调研目的可分为探测性调研、描述性调研和因果关系调研。

（2）营销调研的内容主要包括：产品调研、顾客调研、销售调研和促销调研。

3. 营销调研的步骤

营销调研的过程通常包括五个步骤：确定问题与调研目标、拟定调研计划、收集信息、分析信息和提交报告。

4. 抽样设计与调查方法

（1）抽样设计。根据调研的目的及人力、财力、时间情况，确定合适的调查样本和调查方式，即确定采用普查、典型调查还是抽样调查，以及在此方式下的样本数量是多少。

（2）调查方法。收集第一手资料的方法主要有：固定样本连续调查；观察调查；实验法；询问调查。

### （三）市场需求的测量与预测

1. 市场需求测量

（1）不同层次的市场。市场指某一产品的实际购买者和潜在购买者的总和，是对该产品有兴趣的顾客群体，也称潜在市场。市场规模是兴趣与收入的函数，有效市场是指对某种产品感兴趣、具有支付能力并能获得该产品的顾客群体。同样的产品，往往因购买者必须具备某一特定条件才能获取，有效市场中具备这种条件的顾客群体，构成该产品的合格有效市场。企业将营销努力集中于合格有效市场的某一细分部分，这便成为企业的目标市场。在企业及竞争者的营销努力下，必能售出一定数量的某种产品，购买该产品的顾客群体便形成渗透市场。

（2）市场需求。某一产品的市场总需求，是指在一定的营销努力水平下，一定时期内在特定地区、特定营销环境中，特定顾客群体可能购买的该种产品总量。对需求的概念需要从产品、总量、购买、顾客群、地理区域、时期、营销环境和营销努力八个方面去考察。

（3）企业需求。企业需求指在市场需求总量中企业所占的份额，即市场总需求与企业市场占有率的乘积。在市场竞争中，企业的市场占有率与其营销努力成正比。

（4）企业销售预测与企业销售潜量。企业销售预测是指企业在假定的营销环境下执行制定的营销计划所对应的销售额，即预期的企业销售水平；企业销售潜量指公司的营销努力相对于竞争者不断增大时，企业需求所达到的极限。

2. 估计当前市场需求

（1）总市场潜量。总市场潜量是指一定时期内、一定环境条件和一定行业营销努力水平下，一个行业中所有企业可能达到的最大销售量。

（2）区域市场潜量。为选择拟进入的最佳区域，合理分配营销资源，企业还应测量各地区的市场潜量，普遍采用市场累加法和多因素指数法加以测量。

（3）行业销售额和市场占有率。企业一般通过国家统计部门公布的统计数字、新闻媒介公布的数字、行业主管部门或行业办会所收集和公布的数字，以此来了解全行业的销售额。通过对比分析，可计算本企业的市场占有率和相对市场占有率。

3. 市场需求预测方法

市场需求预测是在营销调研的基础上，运用科学的理论和方法，对未来一定时期的市场需求量及影响需求的诸多因素进行分析研究，寻找市场需求发展变化的规律，为营销管理人员提供关于未来市场需求的预测性信息，并以此作为营销决策的依据。

市场需求预测的方法，常用的主要有以下几种：

（1）购买者意向调查法。即通过直接询问购买者的购买意向和意见，据以判断销售量。

（2）综合销售人员意见法。即通过收集销售人员的意见预测市场需求。

（3）专家意见法。根据专家的经验和判断确定预测值。

（4）市场试验法。在新产品投放市场或老产品开辟新市场、启用新分销渠道时，选择较小范围的市场推出产品，观察消费者反应，预测销售量。

（5）时间序列分析法。将某种经济统计指标的数值按时间先后顺序排成序列，再将此序列数值的变化加以延伸进行推算，预测未来发展趋势。

（6）直线趋势法。运用最小平方法，以直线斜率表示增长趋势的外推预测方法。

（7）统计需求分析法。即运用统计学分析工具，发现影响企业销售的最重要的实际因素及其影响力大小的方法。

## 三、练习题及答案

### （一）单项选择题（在下列每小题中，选择一个最合适的答案。）

1. 一部正在畅销的小说被作者、编剧共同改编成电视连续剧，并投入制作搬上荧屏，这是信息的_____特征。
   A. 可检索性　　　　　　　　　　　B. 可共享性
   C. 可转换性　　　　　　　　　　　D. 可贮存性

2. _____由人、设备和程序组成，它为营销决策者收集、挑选、分析、评估和分配及时、准确的信息。
   A. 营销信息系统　　　　　　　　　B. 营销分析系统
   C. 内部报告系统　　　　　　　　　D. 营销调研系统

3. "订单—发货—账单"的循环是_____的核心。
   A. 营销情报系统　　　　　　　　　B. 营销分析系统
   C. 内部报告系统　　　　　　　　　D. 营销调研系统

4. _____运用科学的方法，有目的、有计划地收集、整理和分析有关营销的信息，提出建议，作为市场预测和营销决策的依据。
   A. 营销信息系统　　　　　　　　　B. 市场调研
   C. 市场预测　　　　　　　　　　　D. 决策支持系统

5. 企业在情况不明时，为找出问题的症结，明确进一步调研的内容和重点，通常要进行_____。
   A. 探测性调研　　　　　　　　　　B. 描述性调研
   C. 因果关系调研　　　　　　　　　D. 临时性调研

6. 市场营销调研划分为探测性调研、描述性调研和因果关系调研，其划分的标准是_____。
   A. 调研时间　　　　　　　　　　　B. 调研范畴
   C. 调研内容　　　　　　　　　　　D. 调研目的

7. 在已明确所要研究问题的内容与重点后，拟定调研计划，进行实地调查，收集第一手资料，如实地反映情况和问题，这是属于_____。
   A. 探测性调研　　　　　　　　　　B. 描述性调研
   C. 因果关系调研　　　　　　　　　D. 定期性调研

8. 为了弄清市场变量之间的因果关系，收集有关市场变量的数据资料，运用统计分析和逻辑推理等方法，判明变动原因和结果以及它们变动的规律，这是属于_____。
   A. 探测性调研　　　　　　　　　　B. 描述性调研
   C. 因果性研究　　　　　　　　　　D. 定期性调研

9. 收集第一手资料的主要工具是_____。

A. 计算机 B. 乱数表
C. 调查表 D. 统计年鉴

10. 在其他条件相同的情况下，抽样误差较小、样本代表性较好的抽样方法是_____。
    A. 纯随机抽样 B. 机械抽样
    C. 类型抽样 D. 整群抽样

11. 用抽样方法从母体中抽出若干样本组成固定的样本小组，在一段时期内对其进行反复调查以取得资料，这种资料收集方法是_____。
    A. 观察调查 B. 固定样本连续调查
    C. 类型抽样 D. 询问调查

12. 随着行业营销费用的增加，刺激消费的力度加大，市场需求一般会随之增大，但当营销费用超过一定水平后，就不能进一步促进需求，市场需求达到极限值，这个极限值被叫作_____。
    A. 市场需求 B. 企业需求
    C. 市场潜量 D. 市场最低量

13. 某公司为了测量在某一省会城市的空调市场潜量，您认为应采用_____。
    A. 购买力指数法 B. 市场累加法
    C. 德尔菲法 D. 连锁比率法

14. 市场需求预测是在_____的基础上，运用科学的理论和方法，对未来一定时期的市场需求量及影响需求的诸多因素进行分析研究，寻找市场需求发展变化的规律，为营销管理人员提供未来市场需求的预测性信息，作为营销决策的依据。
    A. 营销策划 B. 营销组合
    C. 营销计划 D. 营销调研

15. 通过直接询问购买者的购买意向和意见，据以判断销售量，这种购买者意向调查法适用于_____。
    A. 长期预测 B. 短期预测
    C. 快速消费品预测 D. 中期预测

16. 将某种经济统计指标的数值，按时间先后顺序排列形成序列，再将此序列数值的变化加以延伸进行推算，预测未来发展趋势，这是_____。
    A. 德尔菲预测法 B. 时间序列分析法
    C. 统计需求分析法 D. 专家意见法

17. 某产品的销售额时间序列符合加法模型 $Y=T+C+S+E$，此模型中的 $T$ 是指_____。
    A. 趋势变动 B. 周期变动
    C. 季节变动 D. 随机波动

18. 运用直线趋势法对某公司连续 6 年的营业额建立的直线趋势方程为 $y=0.5+0.3x$（亿元），则第 7 年可能实现的营业额预测值是_____。
    A. 2.6 亿元 B. 2.9 亿元
    C. 0.8 亿元 D. 1.7 亿元

【参考答案】

1. C  2. A  3. C  4. B  5. A
6. D  7. B  8. C  9. C  10. C
11. B  12. C  13. A  14. D  15. B
16. B  17. A  18. A

## （二）多项选择题（下列各小题中正确的答案不少于两个，请准确选出全部正确答案。）

1. 信息按照内容可划分为三类，它们是_____。
   A. 传闻　　　　　　　　　　B. 消息
   C. 隐私　　　　　　　　　　D. 资料
   E. 知识

2. 信息的主要功能是_____。
   A. 流动功能　　　　　　　　B. 中介功能
   C. 存贮功能　　　　　　　　D. 联结功能
   E. 放大功能

3. 市场营销信息系统由_____所构成。
   A. 内部报告系统　　　　　　B. 外部报告系统
   C. 营销情报系统　　　　　　D. 营销调研系统
   E. 营销分析系统

4. 市场营销调研根据调研的目的可分为_____。
   A. 探测性调研　　　　　　　B. 描述性调研
   C. 经常性调研　　　　　　　D. 临时性调研
   E. 因果关系调研

5. 市场调研计划的内容主要包括_____。
   A. 资料来源　　　　　　　　B. 调研方法
   C. 调研工具　　　　　　　　D. 抽样计划
   E. 接触方法

6. 在实地调查过程中，调查收集第一手资料通常采用的方法是_____。
   A. 固定样本连续调查　　　　B. 观察调查
   C. 抽样调查　　　　　　　　D. 实验法
   E. 询问调查

7. 随着行业营销费用的增加，刺激消费的力度加大，市场需求_____。
   A. 也随之增长　　　　　　　B. 无限制地增长
   C. 随着市场环境的不同而有所不同　　D. 报酬率由递增转入递减
   E. 随产品类别不同而有不同的增长速度

8. 测量区域市场潜量时，较为普遍采用的方法是_____。
   A. 市场累加法　　　　　　　B. 连锁比率法

C. 类型抽样法　　　　　　　　D. 专家意见法
E. 购买力指数法
9. 产品销售的时间序列，其变化趋势主要是_____共同作用的结果。
   A. 趋势因素　　　　　　　　B. 周期因素
   C. 季节因素　　　　　　　　D. 不确定因素
   E. 复合因素
10. 市场试验法预测主要适用的情况有_____。
    A. 新产品投放市场　　　　　B. 老产品开辟新市场
    C. 原料　　　　　　　　　　D. 机器设备
    E. 启用新分销渠道

【参考答案】
1. BDE　　2. BDE　　3. ACDE　　4. ABE　　5. ABCDE
6. ABDE　 7. ACDE　 8. AE　　　9. ABCD　 10. ABE

**（三）判断题**（判断下列各题是否正确。正确的在题干后的括号内打"√"，错误的打"×"。）

1. 信息是事物运动状态以及运动方式的表象，由数据和文字组成。（　）
2. 知识也是属于信息的范畴。（　）
3. 只有文字、数据类的信息，才能用某种物理介质贮存起来。（　）
4. 信息在通过人际渠道传递过程中，可能会使接收者接收的信息与信息源发出的信息有很大的差异，即信息传递发生了失真现象。（　）
5. 内部报告系统和营销情报系统提供的都是企业内部信息。（　）
6. 探测性调研一般要进行实地调查，收集第一手资料。（　）
7. 描述性调研主要是收集、整理和分析第二手资料。（　）
8. 收集第一手资料通常花费较大、周期长，但能掌握市场的即时信息。（　）
9. 抽样调查依照同等可能性原则在所调研对象的全部单位中抽取一部分作为样本，因此抽样调查的目的是为了掌握样本的情况。（　）
10. 抽样调查通常比普查在人力、物力和财力方面的开支大，所需要的时间长。（　）
11. 随着行业营销费用的增加，刺激消费的力度加大，市场需求会持续地增长下去。（　）
12. 即使不付出任何的营销努力，市场对某种产品仍然存在一个基本的需求量。（　）
13. 市场潜量在经济繁荣时较高，在经济衰退时较低。（　）
14. 市场需求预测即是凭借预测者的经验和感觉对未来市场需求量的猜断。（　）
15. 企业销售预测是确定营销计划或营销努力水平的基础。（　）
16. 测量地区市场潜量时，市场累加法多为消费品生产企业采用。（　）

17. 购买者意向会随着时间而转移，故购买者意向调查法只适宜长期预测。（　　）

18. 在用综合销售人员意见法对市场需求情况进行预测时，邀请参加预测的销售人员都非常熟悉了解他所管辖的区域市场，只需要少量几个就行。（　　）

19. 综合销售人员意见法预测中，参加预测者的概率是一个客观概率，取决于参加预测者对未来市场乐观或悲观的判断。（　　）

20. 德尔菲法的特点是专家互不见面，避免相互影响，且反复征询、归纳和修改，意见趋于一致，结论比较切合实际。（　　）

【参考答案】

| | | | | |
|---|---|---|---|---|
| 1. × | 2. √ | 3. × | 4. √ | 5. × |
| 6. × | 7. × | 8. √ | 9. × | 10. × |
| 11. × | 12. √ | 13. √ | 14. × | 15. × |
| 16. × | 17. × | 18. × | 19. × | 20. √ |

## （四）填空题（请在各小题的画线处填入适当的词句。）

1. 信息对人类社会的三大功能是：中介功能、联结功能和_____功能。

2. 市场营销信息系统是由_____、设备和程序组成，它为营销决策者收集、挑选、分析、评估和分配及时、准确的信息。

3. 市场信息的收集应符合目的性、_____、准确性、系统性和广泛性的要求。

4. 信息时代，情报与_____已成为企业战略资源。

5. 内部报告系统主要用于向管理人员提供内部运营的结果资料，而市场营销情报系统则用于提供外部环境的_____。

6. 企业市场营销信息系统的基本任务是收集顾客对产品质量、性能方面的要求，分析市场潜力和竞争对手情况，及时地、准确地评价和提供信息，用于企业_____。

7. 营销分析系统，通常由_____、统计库和模型库三部分组成。

8. 市场营销调研按_____可分为一次性调研、定期性调研、经常性调研和临时性调研。

9. 因果关系调研是为了说明某个变量是否影响着其他变量的变化，解释和鉴别某种变量的变化究竟受哪些因素的影响，以及各种因素的_____。

10. 营销调研的第一个步骤是确定问题与_____。

11. 市场调研通常从收集_____开始，必要时再采用各种调研方法收集第一手资料。

12. 调研人员在完成市场调研活动之后，向营销主管提出与进行决策有关的调研成果，通常表现为书面_____。

13. 潜在市场的规模，取决于现实顾客与潜在顾客_____的多少。

14. _____指在市场需求总量中企业所占的份额。

15. 在市场竞争中，企业的市场占有率与其营销努力成_____。

16. _____是指公司的营销努力相对于竞争者不断增大时，企业需求所达到的极限。

17. 估计一个地区的工业品市场潜量时，通常采用的方法是_____。

18. 时间序列分析法主要特点是以_____的推移来研究和预测市场需求趋势。

【参考答案】

| | | |
|---|---|---|
| 1. 放大 | 2. 人员 | 3. 及时性 |
| 4. 信息 | 5. 变化资料 | 6. 营销决策 |
| 7. 资料库 | 8. 调研时间 | 9. 影响程度 |
| 10. 调研目标 | 11. 第二手资料 | 12. 调研报告 |
| 13. 人数 | 14. 企业需求 | 15. 正比 |
| 16. 企业潜量 | 17. 市场累加法 | 18. 时间 |

## （五）名词解释

1. 市场调研
2. 信息
3. 有效市场
4. 企业需求
5. 总市场潜量

【参考答案】

1. 市场调研，就是运用科学的方法，有目的有计划地、系统地收集、整理和分析研究有关市场营销方面的信息，提出解决问题的建议，供营销管理人员了解营销环境，发现机会与问题，作为市场预测和营销决策的依据。

2. 信息是事物运动状态以及运动方式的表象，广义信息由数据、文本、声音和图像四种形态组成。

3. 有效市场是指对某种产品感兴趣、有支付能力并能获得该产品的顾客群体。

4. 企业需求指在市场需求总量中企业所占的份额。

5. 总市场潜量指一定时期内，一定环境条件和一定行业营销努力水平下，一个行业中所有企业可能运到的最大销售量。

## （六）简答题

1. 简要说明市场营销信息系统的构成。
2. 依据调研的目的，市场营销调研是怎样分类的？
3. 大数据时代，企业应如何加强信息管理工作？
4. 简述市场营销调研的作用。

5. 简述时间序列分析法的预测原理。

【参考答案要点】
1. 市场营销信息系统由以下四个子系统所构成：
（1）内部报告系统，提供企业内部信息；
（2）营销情报系统，用于收集有关外部环境发展趋势的信息，供管理人员决策使用；
（3）营销调研系统，系统地设计、收集、分析和报告与特定营销环境有关的资料和研究结果；
（4）营销分析系统，指企业运用先进技术，分析市场营销数据和问题的营销信息子系统，通常由资料库、统计库和模型库三部分组成。
2. 依据调研的目的市场营销调研可以划分为：
（1）探测性调研。当企业情况不明时，为找出问题的症结，或明确进一步调研的内容和重点，需做此类非正式的初步调研。
（2）描述性调研。在已明确所要研究问题的内容与重点后，拟定调研计划，对所需资料进行实地收集、记录和分析，以掌握第一手资料。
（3）因果关系调研。为了弄清市场变量之间的因果关系，收集有关市场变量的数据资料，运用统计分析和逻辑推理等方法，判明何者是自变量（原因），何者是因变量（结果），以及它们变动的规律。
3. 企业要比竞争者更好地满足消费者，赢得竞争优势，就必须研究市场，提高信息管理工作的能力和水平。
（1）加强营销调研，及时收集各种市场信息；
（2）加强科学市场预测，认识市场发展规律；
（3）善于利用信息，科学制定决策。
4. 通过市场调研活动的开展，市场调研的作用主要表现在：有利于制定科学的营销规划，有利于优化营销组合，有利于开拓新的市场。
5. 时间序列分析法，即是将某种经济统计指标的数值，按时间先后顺序排成序列，通过统计分析或建立数学模型找出经济指标的变动规律，并据此规律将趋势延伸外推，预测未来的发展趋势。该法以假定经济指标的过去和现在的发展变化趋势同样会延续到未来为前提，以时间的推移来研究和预测市场需求趋势。

## （七）计算题

1. 2017年某一地区市场智能手机实现的销售总额为20亿元，思佳公司在该地区的市场占有率为45%，试问思佳公司2017年在该地区的需求量是多少？
2. 据调查推算，某地区在一年内的吸烟人数大约为100万，平均每人每年购买卷烟24条，卷烟的平均价格为每条200元，则该地区的卷烟市场潜量为多少？
3. 在某一地区仅有A、B两家公司销售相同的产品——家用挂式空调，但营销费用开支却不同，分别是60万元和40万元，试问A、B两家公司在该地区的市场占有率分别是多少？

4. 在第 3 题中，如果 A、B 两家公司的营销费用奏效率分别为 0.6 和 0.9，则两家公司的市场占有率又分别是多少？

5. 某公司组织销售部的有关人员对下一年度某种产品销售额进行预测，有关预测资料如表 7-1 所示。假定参加人员的预测能力大致相同，则下年度该产品的销售额是多少？

表 7-1　某公司某种产品销售预测表

| 参与预测者 | 预测项目 | 销售额（万元） | 概率 |
| --- | --- | --- | --- |
| 销售人员 A | 最高销售<br>最可能销售<br>最低销售 | 3 000<br>2 100<br>1 200 | 0.2<br>0.5<br>0.3 |
| 销售人员 B | 最高销售<br>最可能销售<br>最低销售 | 4 000<br>2 500<br>1 800 | 0.3<br>0.5<br>0.2 |
| 销售人员 C | 最高销售<br>最可能销售<br>最低销售 | 2 500<br>2 100<br>1 600 | 0.3<br>0.4<br>0.3 |

6. 某电脑公司邀请有关销售人员对下年度的电脑销售量进行预测，参与预测者提出的估计值和预测能力权数如表 7-2 所示。试确定下年度电脑的销售量预测值。

表 7-2　某电脑公司下年度销售量预测表

| 参与预测者 | 预测项目 | 销售量（万台） | 概率 | 权数 |
| --- | --- | --- | --- | --- |
| 营销总经理 | 最高销售<br>最可能销售<br>最低销售 | 88<br>80<br>70 | 0.3<br>0.6<br>0.1 | 0.3 |
| 销售部经理 | 最高销售<br>最可能销售<br>最低销售 | 90<br>85<br>82 | 0.2<br>0.6<br>0.2 | 0.3 |
| 经销商 | 最高销售<br>最可能销售<br>最低销售 | 100<br>92<br>88 | 0.2<br>0.5<br>0.3 | 0.2 |
| 推销员 | 最高销售<br>最可能销售<br>最低销售 | 80<br>75<br>70 | 0.3<br>0.5<br>0.2 | 0.2 |

7. 某汽车制造公司正在预测下年度的销售额。该公司的预测人员已估计了 6 种不同的"环境－策略"组合的销售额，见表 7-3。

表 7-3　某汽车制造公司下年度销售额预测表

| 经济状况 | 高营销预算 | 中营销预算 | 低营销预算 |
| --- | --- | --- | --- |
| 经济衰退 | 15 | 12 | 10 |
| 经济正常 | 20 | 16 | 14 |

预测人员认为发生经济衰退的概率是 0.2，而经济正常发展的概率是 0.8；他还认为公司营销预算高、中、低的概率分别是 0.3、0.5、0.2。试问该公司下年度汽车销售额的预测值是多少？

8. 某工业企业 2013—2017 年实现的销售额统计资料如表 7-4 所示，试运用直线趋势法预测 2018 年可能完成的销售额。

表 7-4　某工业企业 2013—2017 年销售额表

| 年度 | 2013 | 2014 | 2015 | 2016 | 2017 |
| --- | --- | --- | --- | --- | --- |
| 销售额（万元） | 560 | 620 | 685 | 747 | 808 |

9. 某自助商店 2012—2017 年实现的利润如表 7-5 所示，试用直线趋势法预测 2018 年可能实现的利润。

表 7-5　某自助商店 2012—2017 年利润表

| 年度 | 2012 | 2013 | 2014 | 2015 | 2016 | 2017 |
| --- | --- | --- | --- | --- | --- | --- |
| 利润（万元） | 95 | 105 | 119 | 131 | 145 | 158 |

【参考答案】

1. 根据 $Q_i = S_i Q$，已知 $Q = 20$ 亿元，$S_{思佳} = 45\%$，则

$$Q_{思佳} = 45\% \times 20 = 9（亿元）$$

因此，思佳公司 2017 年在该地区的需求量是 9 亿元。

2. 根据 $Q = nqp$，已知 $n = 100$ 万人，$q = 24$ 条，$p = 200$ 元/条，则有

$$Q = 100 \times 24 \times 200 = 480\,000（万元） = 48（亿元）$$

即该地区的卷烟市场潜量为 48 亿元。

3. 依据题意，已知 $M_a = 60$ 万元，$M_b = 40$ 万元。根据市场占有率的公式，则有

$$S_a = \frac{M_a}{M_a + M_b} = \frac{60}{60 + 40} = 60\%$$

$$S_b = \frac{M_b}{M_a + M_b} = \frac{40}{60 + 40} = 40\%$$

即 A 公司的市场占有率为 60%，B 公司的市场占有率为 40%。

4. 如果考虑营销费用的奏效率，则 A、B 两家公司的市场占有率分别为：

$$S_a = \frac{\alpha_a M_a}{\alpha_a M_a + \alpha_b M_b} = \frac{0.6 \times 60}{0.6 \times 60 + 0.9 \times 40} = 50\%$$

$$S_b = \frac{\alpha_b M_b}{\alpha_a M_a + \alpha_b M_b} = \frac{0.9 \times 40}{0.6 \times 60 + 0.9 \times 40} = 50\%$$

在 A、B 公司的营销费用支出未变的情况下,由于 B 公司营销费用的效率较高,其市场占有率就由 40% 提高到 50%,而 A 公司营销费用效率较低,其市场占有率则由 60% 下降到 40%。

5. 根据题意,首先,列表计算各个销售人员的期望值 $E_i$,见表 7-6。

表 7-6  某公司某种产品销售额期望值计算表

| 参与预测者 | 预测项目 | 销售额(万元) | 概率 | 销售额×概率(万元) |
|---|---|---|---|---|
| 销售人员 A | 最高销售<br>最可能销售<br>最低销售 | 3 000<br>2 100<br>1 200 | 0.2<br>0.5<br>0.3 | 600<br>1 050<br>360 |
|  | 期望值 $E_1$ | — | — | 2 010 |
| 销售人员 B | 最高销售<br>最可能销售<br>最低销售 | 4 000<br>2 500<br>1 800 | 0.3<br>0.5<br>0.2 | 1 200<br>1 250<br>360 |
|  | 期望值 $E_2$ | — | — | 2 810 |
| 销售人员 C | 最高销售<br>最可能销售<br>最低销售 | 2 500<br>2 100<br>1 600 | 0.3<br>0.4<br>0.3 | 750<br>840<br>480 |
|  | 期望值 $E_3$ | — | — | 2 070 |

其次,由于各个销售人员的预测能力大致相同,则该产品下年度的销售额预测值为:

$$F = \frac{\sum_{i=1}^{n} E_i}{n} = \frac{E_1 + E_2 + E_3}{3} = \frac{2\,010 + 2\,810 + 2\,070}{3} = 2\,296.7\,(万元)$$

6. 根据题意,首先,列表计算各个销售人员的期望值 $E_i$,见表 7-7。

表 7-7  某电脑公司下年度销售量期望值计算表

| 参与预测者 | 预测项目 | 销售量(万台) | 概率 | 销售量×概率(万台) |
|---|---|---|---|---|
| 营销总经理 | 最高销售<br>最可能销售<br>最低销售 | 88<br>80<br>70 | 0.3<br>0.6<br>0.1 | 26.4<br>48.0<br>7.0 |
|  | 期望值 $E_1$ | — | — | 81.4 |
| 销售部经理 | 最高销售<br>最可能销售<br>最低销售 | 90<br>85<br>82 | 0.2<br>0.6<br>0.2 | 18.0<br>51.0<br>16.4 |
|  | 期望值 $E_2$ | — | — | 85.4 |

续表

| 参与预测者 | 预测项目 | 销售量（万台） | 概率 | 销售量 × 概率（万台） |
|---|---|---|---|---|
| 经销商 | 最高销售 | 100 | 0.2 | 20.0 |
| | 最可能销售 | 92 | 0.5 | 46.0 |
| | 最低销售 | 88 | 0.3 | 26.4 |
| | 期望值 $E_3$ | — | — | 92.4 |
| 推销员 | 最高销售 | 80 | 0.3 | 24.0 |
| | 最可能销售 | 75 | 0.5 | 37.5 |
| | 最低销售 | 70 | 0.2 | 14.0 |
| | 期望值 $E_4$ | — | — | 75.5 |

其次，由于各个销售人员的预测能力各不相同，因而用加权平均法对各个预测者的期望值进行平均，则该公司下年度电脑的销售量最终预测值为：

$$F = \frac{\sum_{i=1}^{n} E_i W_i}{\sum_{i=1}^{n} W_i} = \frac{81.4 \times 0.3 + 85.4 \times 0.3 + 92.4 \times 0.2 + 75.5 \times 0.2}{0.3 + 0.3 + 0.2 + 0.2} = 83.6 （万台）$$

因而，该公司下年度电脑销售量的预测值为 83.6 万台。

7. 解：经济衰退的期望值 $E_1$ 为：

$$E_1 = 15 \times 0.3 + 12 \times 0.5 + 10 \times 0.2 = 12.5$$

经济正常的期望值 $E_2$ 为：

$$E_2 = 20 \times 0.3 + 16 \times 0.5 + 14 \times 0.2 = 16.8$$

$$F = \sum E_i P_i = 12.5 \times 0.2 + 16.8 \times 0.8 = 15.94$$

因此，下年度该汽车公司可能的销售额为 15.94。

8. 直线趋势预测方程为：$\hat{y} = a + bx$

其中：$x$ 为年度，$y$ 为预测目标（即工业企业的销售额）。求解参数的公式为：

$$\begin{cases} a = \sum y_i / n \\ b = \sum x_i y_i / x_i^2 \end{cases}$$

由于整个观察期只有 5 个年度的时间序列资料，即 $n=5$，为一奇数，则中间一期观察值的时间序数为 0，其余时间序数相互间隔为 1。求解参数 $a$、$b$ 所需的数据列表计算，如表 7-8 所示。

表 7-8 某工业企业 2018 年销售额预测参数计算表

| 年度 | 时间序数 $x_i$ | $y_i$ | $x_i^2$ | $x_i y_i$ |
|---|---|---|---|---|
| 2013 | −2 | 560 | 4 | −1 120 |
| 2014 | −1 | 620 | 1 | −620 |
| 2015 | 0 | 685 | 0 | 0 |

续表

| 年度 | 时间序数 $x_i$ | $y_i$ | $x_i^2$ | $x_iy_i$ |
| --- | --- | --- | --- | --- |
| 2016 | 1 | 747 | 1 | 747 |
| 2017 | 2 | 808 | 4 | 1 616 |
| ∑ | 0 | 3 420 | 10 | 623 |

$$a = 3\ 420/5 = 684$$
$$b = 623/10 = 62.3$$

即预测方程为：$\hat{y} = 684 + 62.3x$

2018 年的时间序数对应于 $x = 3$，则 2018 年的销售额预测值为：
$$\hat{y} = 684 + 62.3 \times 3 = 870.9\ （万元）$$

9　直线趋势预测方程为：$\hat{y} = a + bx$

其中：$x$ 为年度，$y$ 为自助商店的利润。参数求解公式为：
$$\begin{cases} a = \sum y_i/n \\ b = \sum x_iy_i/x_i^2 \end{cases}$$

由于观察期资料 $n = 6$，为一偶数，则中间两期观察值的时间序数分别为 $-1$ 和 $1$，其余时间序数相互间隔为 2。求解参数 $a$、$b$ 所需的数据列表计算，如表 7-9 所示。

表 7-9　某自助商店 2018 年利润预测参数计算表

| 年度 | 时间序数 $x_i$ | $y_i$ | $x_i^2$ | $x_iy_i$ |
| --- | --- | --- | --- | --- |
| 2012 | −5 | 95 | 25 | −475 |
| 2013 | −3 | 105 | 9 | −315 |
| 2014 | −1 | 119 | 1 | −119 |
| 2015 | 1 | 131 | 1 | 131 |
| 2016 | 3 | 145 | 9 | 435 |
| 2017 | 5 | 158 | 25 | 790 |
| ∑ | 0 | 753 | 70 | 447 |

$$a = 753/6 = 125.5$$
$$b = 447/70 = 6.39$$

即预测方程为：$\hat{y} = 125.5 + 6.39x$

2018 年的时间序数对应于 $x = 7$，则 2018 年该商店可能实现的利润是：
$$\hat{y} = 125.5 + 6.39 \times 7 = 170.23\ （万元）$$

# 第八章
# 目标市场营销战略

## 一、学习目的与要求

通过本章学习,掌握市场细分、目标市场选择、市场定位战略的相关知识、理论和方法,能够依据企业实际情况选用适宜的市场细分标准细分和评估市场。在此基础上选择适宜的目标市场,并制定与之相应的目标市场战略和定位战略。

## 二、学习知识要点

### (一)市场细分

市场细分就是企业根据自身条件和营销目标,以顾客需求的某些特征或变量为依据,区分具有不同需求的顾客群体的过程。

1. 市场细分战略的产生与发展

市场细分是1956年由美国营销学者温德尔·斯密在《产品差异和市场细分——可供选择的两种市场营销战略》一文中提出。市场细分理论和实践的发展,经历了大量营销阶段、产品差异化营销阶段和目标营销阶段。

2. 市场细分的作用
(1)有利于发现市场机会;
(2)有利于选择目标市场;
(3)有利于制定市场营销组合策略;
(4)有利于提高企业的竞争能力;
(5)有利于提升顾客的忠诚度。

3. 市场细分的原理与理论依据

（1）市场细分的原理。顾客对某种产品的需求与欲望完全一致时，市场无须进行细分。相反，当顾客的需求具有明显差异时，则每一种有特色的需求都可以视为一个细分市场。一般情况下，企业会按照"求同存异"的原则，进一步归纳这些不同需求，并提供不同的产品满足其需求。

（2）市场细分的基本模式。根据顾客对不同产品属性的重视程度，可以分为三种偏好模式：同质偏好、分散偏好和集群偏好。需求偏好差异是市场细分的客观依据。

（3）补缺营销及顾客定制营销。补缺营销是在细分营销的基础上，选择存在潜在需求的更狭窄的市场，更小的顾客群体。确定补缺的方法是深度细分，细分的最终层次就是定制营销或者一对一营销。

4. 市场的细分标准

（1）消费者市场细分的标准。包括：地理因素，即消费者所处的地理位置、自然环境，具体变量有国家、地区、城市规模、不同地区的气候及人口密度等；人口因素，指年龄、婚姻、职业、性别、收入、教育程度、家庭生命周期、国籍、民族、宗教、社会阶层等人口统计变量；心理因素，即消费者的个性、购买动机、价值观念、生活格调、追求的利益等心理变量；行为因素，即消费者进入市场的程度、使用频率、偏好程度等购买行为变量。

（2）生产者市场细分的依据。消费者市场细分的很多标准，同样适用于生产者市场，但还需要考虑一些其他的变量。生产者市场常用的细分变量是用户变量，主要包括所在行业、公司规模、地理位置等。

除了用户变量外，生产者市场还有多种细分标准。美国学者波罗玛和夏皮罗提出了一个组织市场的主要细分变量表，包括人口变量、经营变量、采购方法、情境因素和个性特征五大类。

5. 市场细分的原则
① 可实现性；② 可盈利性；③ 可衡量性；④ 可区分性。

## （二）市场选择

1. 目标市场战略

目标市场是企业打算进入的细分市场，或打算满足的、具有某种需求的顾客群体。

（1）目标市场战略的类型。有三种：无差异性营销战略，指企业把整体市场看作一个大目标市场，不进行细分，用一种产品、统一的市场营销组合对待整体市场；差异性营销战略，把整体市场划分为若干需求与愿望大致相同的细分市场，然后根据企业的资源及营销实力，分别为各个细分市场制定不同的市场营销组合；集中性营销战略，将整体市场分割为若干细分市场后，只选择其中一个或少数细分市场为目标市场，开发相应的市场营销组合。无差异性营销战略的最大优点是成本经济性，差异性营销战略的最大优点是需求针对性，集中性营销战略的优点是资源相对集中、针对性强，但风险大。

（2）目标市场营销战略的选择。应在考虑企业能力、产品同质性、产品生命周期阶段、市场类同性和竞争者战略因素的基础上加以确定。

（3）选择目标市场营销战略应注意的问题。一是细分市场之间的关联性，二是按计划有步骤地进入各细分市场，三是目标市场的社会责任。

2. 选择目标市场

（1）评价细分市场，即对各细分市场的规模与增长率、结构及引力、企业目标与资源等方面的情况进行详细评估。

（2）目标市场选择有五种市场覆盖模式：市场集中化、产品专业化、市场专业化、选择专业化和市场全面化。

## （三）市场定位

1. 定位的概念和方式

（1）市场定位的概念。定位由艾尔·里斯和杰克·特劳特在1972年提出，他们认为，定位是针对潜在顾客心理所采取的行动，即确定产品在潜在顾客心目中的适当位置。科特勒认为，定位是对企业产品和形象的策划行为，目的是使它在目标顾客的心理上占据一个独特的、有价值的位置。市场定位也被称为产品定位或竞争性定位，是根据竞争者现有产品在细分市场上所处的地位和顾客对产品某些属性的重视程度，塑造出本企业产品与众不同的鲜明个性或形象并传递给目标顾客，使该产品在细分市场上占有强有力的竞争位置。

（2）市场定位的方式：避强定位、迎头定位和重新定位。

2. 市场定位的步骤

市场定位通过识别潜在竞争优势、企业核心竞争优势定位和制定发挥核心竞争优势的战略三个步骤实现。

3. 市场定位战略

（1）产品差异化战略，即从产品质量、产品款式等方面实现差别。

（2）服务差异化战略，即向目标市场提供与竞争者不同的优质服务。

（3）人员差异化战略，即通过聘用和培训比竞争者更为优秀的人员以获取差别优势。

（4）形象差异化战略，即在产品的核心部分与竞争者类同的情况下塑造不同的产品形象以获取差别优势。

（5）促销方式差异化战略，即采取不同的广告宣传方式，以求占领不同的细分市场。

## 三、练习题及答案

### （一）单项选择题（在下列每小题中，选择一个最合适的答案。）

1. 现代企业营销战略的核心被称为_____。
   A. 绿色营销　　　　　　　　　　B. STP 营销
   C. 差异营销　　　　　　　　　　D. 网络营销
2. 市场细分是 20 世纪_____中期美国市场营销者温德尔·斯密提出的。
   A. 30 年代　　　　　　　　　　B. 40 年代
   C. 50 年代　　　　　　　　　　D. 60 年代
3. 同一细分市场的顾客需求具有_____。
   A. 绝对的共同性　　　　　　　　B. 较多的共同性
   C. 较少的共同性　　　　　　　　D. 较多的差异性
4. 当市场上出现_____时，客观上就出现了不同的细分市场。
   A. 集群偏好　　　　　　　　　　B. 同质偏好
   C. 分散偏好　　　　　　　　　　D. 需求偏好
5. _____被西方企业誉为具有创造性的新概念，是企业是否真正树立消费者为中心的营销观念的根本标志。
   A. 市场定位　　　　　　　　　　B. 差异化营销
   C. 市场细分　　　　　　　　　　D. 品牌营销
6. 属于生产者市场细分变量的是_____。
   A. 职业　　　　　　　　　　　　B. 生活格调
   C. 收入　　　　　　　　　　　　D. 采购方法
7. 下列各项中_____不是市场细分的原则。
   A. 可衡量性　　　　　　　　　　B. 可区分性
   C. 可对比性　　　　　　　　　　D. 可盈利性
8. 不进行市场细分的目标市场战略类型是_____营销战略。
   A. 无差异性　　　　　　　　　　B. 集中性
   C. 差异性　　　　　　　　　　　D. "弥隙"性
9. 企业所选择的目标市场是否易于进入，这是市场细分的_____原则。
   A. 可衡量性　　　　　　　　　　B. 可实现性
   C. 可赢利性　　　　　　　　　　D. 可区分性
10. 采用_____模式的企业应具有较强的资源和营销实力。
    A. 市场全面化　　　　　　　　　B. 市场专业化
    C. 产品专业化　　　　　　　　　D. 选择专业化
11. 采用无差异性营销战略的最大优点是_____。

A. 市场占有率高 　　　　　　　　B. 成本的经济性
C. 市场适应性强 　　　　　　　　D. 需求满足程度高

12. 集中性市场战略尤其适合于_____。
    A. 跨国公司 　　　　　　　　B. 大型企业
    C. 中型企业 　　　　　　　　D. 小型企业

13. 同质性较高的产品，宜采用_____。
    A. 产品专业化 　　　　　　　　B. 市场专业化
    C. 无差异性营销战略 　　　　　D. 差异性营销战略

14. 市场定位是塑造一种产品在_____的位置。
    A. 生产者市场 　　　　　　　　B. 中间商市场
    C. 消费者市场 　　　　　　　　D. 细分市场

15. 重新定位，是对销路少、市场反应差的产品进行_____定位。
    A. 避强 　　　　　　　　　　　B. 对抗性
    C. 竞争性 　　　　　　　　　　D. 二次

16. _____是实现市场定位目标的一种手段。
    A. 产品差异化 　　　　　　　　B. 目标市场选择
    C. 同质化 　　　　　　　　　　D. 目标市场营销

17. 识别潜在竞争优势是市场定位的_____。
    A. 根本 　　　　　　　　　　　B. 原则
    C. 基础 　　　　　　　　　　　D. 方法

18. 寻求_____是产品差异化战略经常使用的手段。
    A. 战略联盟 　　　　　　　　　B. 产品特征
    C. 成本优势 　　　　　　　　　D. 市场地位

19. 通常，企业有_____可供参考的市场覆盖模式。
    A. 六种 　　　　　　　　　　　B. 五种
    C. 四种 　　　　　　　　　　　D. 三种

20. _____战略是在试图采取不同的广告宣传方式，以求占领不同的细分市场战略。
    A. 产品差异化 　　　　　　　　B. 服务差异化
    C. 促销方式差异化 　　　　　　D. 形象差异化

【参考答案】

| | | | | |
|---|---|---|---|---|
| 1. B | 2. C | 3. B | 4. A | 5. C |
| 6. D | 7. C | 8. A | 9. B | 10. A |
| 11. B | 12. D | 13. C | 14. D | 15. D |
| 16. A | 17. C | 18. B | 19. B | 20. C |

**（二）多项选择题**（下列各小题中正确的答案不少于两个，请准确选出全部正确答案。）

1. 市场细分理论和实践的发展，所经历的阶段包括_____。
   A. 生产观念阶段　　　　　　　　　B. 产品观念阶段
   C. 大量营销阶段　　　　　　　　　D. 产品差异化营销阶段
   E. 目标营销阶段
2. 属于消费者市场细分标准的有_____。
   A. 地理因素　　　　　　　　　　　B. 行业因素
   C. 人口因素　　　　　　　　　　　D. 心理因素
   E. 行为因素
3. 市场细分的最终层次是_____。
   A. 定制营销　　　　　　　　　　　B. 一对一营销
   C. 大规模营销　　　　　　　　　　D. 目标市场营销
   E. 集中营销
4. 补缺营销是在细分营销的基础上，选择存在潜在需求的_____。
   A. 创新型产品　　　　　　　　　　B. 更狭窄的市场
   C. 专利技术　　　　　　　　　　　D. 大众市场
   E. 更小的顾客群体
5. 市场细分的原则包括_____。
   A. 可控制性　　　　　　　　　　　B. 可实现性
   C. 可区分性　　　　　　　　　　　D. 可衡量性
   E. 可盈利性
6. 差异性营销战略_____。
   A. 一般只适合于小企业　　　　　　B. 要进行市场细分
   C. 能有效提高产品的竞争力　　　　D. 具有最好的市场效益保证
   E. 以不同的营销组合策略针对不同的细分市场
7. 产品专业化意味着企业_____。
   A. 只生产一种产品供应给各类顾客　B. 利于形成生产和技术上的优势
   C. 可有效的分散经营风险　　　　　D. 可有效发挥大型企业的实力优势
   E. 进行集中营销
8. 对细分市场的评价，包括_____。
   A. 细分市场的规模　　　　　　　　B. 细分市场的增长率
   C. 细分市场的结构吸引力　　　　　D. 企业的目标
   E. 企业的资源
9. 市场定位的主要方式有_____。
   A. 产品定位　　　　　　　　　　　B. 价格定位
   C. 避强定位　　　　　　　　　　　D. 对抗性定位

E. 重新定位
10. 企业在市场定位过程中，需要_____。
    A. 了解竞争产品的市场定位　　　　B. 凸显本企业产品的质量优势
    C. 选定本企业产品的特色　　　　　D. 避开竞争者的市场定位
    E. 研究目标顾客对该产品各种属性的重视程度

【参考答案】
1. CDE   2. ACDE   3. AB   4. BE   5. BCDE
6. BCE   7. AB     8. ABCDE  9. CDE  10. ACE

**（三）判断题**（判断下列各题是否正确。正确的在题干后的括号内打"√"，错误的打"×"。）

1. 在同类产品市场上，同一细分市场的顾客需求偏好具有较大的共同性。（　）
2. 产品差异化营销以市场需求为导向。（　）
3. 不同的市场条件和环境，从根本上决定企业的营销战略。（　）
4. 差异化营销被称之为"市场营销革命"。（　）
5. 市场细分标准中的有些因素相对稳定，多数则处在动态变化中。（　）
6. 细分消费者市场的标准，不适用于产业市场。（　）
7. 有效的市场细分化过程，就是要把市场划分得尽可能的细小。（　）
8. 营销者本身并不创造细分市场。（　）
9. 如果竞争对手已采用差异性营销战略，企业则以无差异性营销战略与其竞争。（　）
10. 无差异性营销战略完全不符合现代市场营销理论。（　）
11. 与产品生命周期阶段相适应，新产品在引入阶段可采用无差异性营销战略。（　）
12. 市场定位、产品定位和竞争性定位分别有不同的含义。（　）
13. 在全球化的市场上，补缺已经成为一种惯例。（　）
14. 企业采用服务差异化的市场定位战略，就可以不再追求技术和质量的提高。（　）
15. 重新定位是一种避开强有力竞争对手的市场定位。（　）
16. 定位论是企业是否真正树立"以消费者为中心"的营销观念的根本标志。（　）
17. 定位并不是对产品本身做什么事，而是对潜在顾客的心理采取行动。（　）
18. 产品差异化是从产品质量、产品款式等方面实现差别。（　）
19. 目标市场是企业打算满足的、具有某一需求的顾客群体。（　）
20. 差异性营销战略也称为"弥隙"战略。（　）

【参考答案】
1. √   2. ×   3. √   4. ×   5. √

| | | | | | | | | | |
|---|---|---|---|---|---|---|---|---|---|
| 6. × | | 7. × | | 8. √ | | 9. × | | 10. × | |
| 11. √ | | 12. × | | 13. √ | | 14. × | | 15. × | |
| 16. × | | 17. √ | | 18. √ | | 19. √ | | 20. × | |

## （四）填空题（请在各小题的画线处填入适当的词句。）

1. 市场细分就是区分具有_____顾客群体的过程。
2. _____被西方企业誉为具有创造性的概念，是企业是否真正树立"消费者为中心"的营销观念的根本标志。
3. 市场细分顺应了众多产品市场转化为_____这一新的形势。
4. 根据顾客对产品不同属性的重视程度，需求偏好分为同质偏好、分散偏好和_____三种模式。
5. _____是指人们对消费、娱乐等特定习惯和方式的倾向性。
6. 实行无差异性营销战略的企业把_____看作一个大的目标市场。
7. 采用集中性市场战略的企业，只选择其中一个或_____细分市场作为目标市场。
8. 在选择目标市场战略时，如果企业能力有限，则宜选择_____市场营销战略。
9. 采用差异性市场营销战略的最大优点，是能有_____地满足不同特征顾客群的需求。
10. _____是指企业集中生产一种产品，并向各类顾客销售这种产品。
11. 在产品差异化营销阶段，企业仍然没有重视对_____的研究。
12. 如果某细分市场的进入障碍较低，该细分市场的吸引力也会_____。
13. 实行市场定位应与产品_____结合起来。
14. 定位不仅仅是一种_____手段，更重要的还是企业的一种营销战略。
15. 识别潜在_____是市场定位的基础。
16. _____是一种与市场上最强的竞争对手"对着干"的定位方式。
17. 产品款式是_____的一个有效工具。
18. 如果企业面临的是一个封闭型市场，就要运用特殊手段，开展_____，找出途径进入该市场。
19. 某些有吸引力的细分市场，如果与企业的长期目标不适合，也只能_____。
20. 市场定位通过识别潜在竞争优势、企业核心竞争优势定位和制定发挥_____的战略三个步骤实现。

【参考答案】

1. 不同需求的
2. 市场细分
3. 买方市场
4. 集群偏好
5. 生活格调
6. 整体市场
7. 少数几个
8. 集中性
9. 针对性
10. 产品专业化
11. 市场需求
12. 下降

13. 差异化  14. 沟通  15. 竞争优势
16. 迎头定位  17. 产品差异化  18. 大市场营销
19. 放弃  20. 核心竞争优势

## （五）名词解释

1. 市场细分
2. 目标市场
3. 集中性市场战略
4. 市场全面化
5. 市场定位
6. 人员差异化战略
7. 目标营销

【参考答案】

1. 市场细分就是企业根据自身条件和营销目标，以消费者需求的某些特征或变量为依据，区分具有不同需求的顾客群体的过程。

2. 目标市场是企业打算进入的细分市场，或打算满足的、具有某种需求的顾客群体。

3. 集中性市场战略是将整体市场分割为若干细分市场后，只选择其中一个或少数细分市场为目标市场，开发相应的市场营销组合，实行集中营销。

4. 市场全面化是指企业生产多种产品去满足各种顾客群体的需要。

5. 市场定位是根据竞争者现有产品在细分市场上所处的地位和顾客对产品某些属性的重视程度，塑造出本企业产品与众不同的鲜明个性或形象并传递给目标顾客，使该产品在细分市场上占有强有力的竞争位置。

6. 人员差异化战略是通过聘用和培训比竞争者更为优秀的人员以获取差别优势。

7. 目标营销即企业在研究市场和细分市场的基础上，结合自身的资源与优势，选择其中最有吸引力和最能有效为之提供产品和服务的细分市场作为目标市场，设计与目标市场需求特点相互匹配的营销组合。

## （六）简答题

1. 简述市场细分理论和实践的发展所经历的三个阶段。
2. 市场细分对企业市场营销有何作用？
3. 细分消费者市场的主要标准和变量有哪些？
4. 企业应从哪些方面对细分市场进行评价？
5. 简述目标市场战略的三种类型。
6. 简述市场定位的步骤。

【参考答案要点】

1. 市场细分理论和实践的发展所经历的三个阶段是：

（1）大量营销阶段。19世纪末20世纪初，企业市场营销的基本方式是大量营销，在当时的市场情况下，大量营销方式降低了成本和价格，获得了较丰厚的利润，企业没有必要也不可能重视市场需求的研究。

（2）产品差异化营销阶段。20世纪30年代，市场供给严重过剩，迫使企业转变营销观念，营销方式从大量营销向产品差异化营销转变。但是，企业仅仅从自己现有的设计、技术能力出发去实现产品差异化，仍未深入研究顾客需求。

（3）目标营销阶段。20世纪50年代以后，在科学技术革命的推动下，生产与消费的矛盾日益尖锐，产品差异化已远远不能解决西方企业所面临的市场问题，企业营销方式再次发生革命性变化，由产品差异化营销转向以市场需求为导向的目标营销。

2. 市场细分对企业营销具有积极的作用：

（1）有利于发现市场机会。市场细分可以帮助企业发现有吸引力的市场环境机会，充分发挥企业的资源条件，满足需求，获取良好的营销效益。

（2）有利于选择目标市场。不进行市场细分，企业选择市场就可能是盲目的；不认真鉴别各个细分市场的特点，就不能进行有针对性的市场营销。

（3）有利于制定市场营销组合策略。最佳的营销组合只能是市场细分的结果。

（4）有利于提高企业的竞争能力。市场细分能帮助企业分清竞争者的优势和劣势，找到竞争取胜的关键和突破口。

（5）有利于企业产品适销对路、获得消费者忠诚。企业在了解不同细分市场需求特征及市场已有商品的基础上细分市场，开发出新产品，有助于产品试销对路、获得消费者忠诚。

3. 消费者市场细分的主要标准和变量包括：

（1）地理因素。具体变量包括：国家、地区、城市规模、不同地区的气候及人口密度等变量。

（2）人口因素。包括：年龄、婚姻、职业、性别、收入、教育程度、家庭生命周期、国籍、民族、宗教、社会阶层等变量。

（3）心理因素。包括：个性、购买动机、价值观念、生活格调、追求的利益等变量。

（4）行为因素。包括：消费者进入市场的程度、使用频率、偏好程度等变量。

4. 评价细分市场，即对各细分市场在市场规模和增长率、市场结构吸引力和企业目标与资源等方面的情况进行详细评估。

（1）细分市场规模和增长率。主要是研究潜在细分市场是否具有适当的规模和增长率。

（2）细分市场结构吸引力。分析每个细分市场的结构吸引力，是企业选择目标市场时不能忽略的重要步骤。

（3）企业目标与资源。企业还要考虑自身的目标和拥有的资源是否与细分市场相适应。

5. 目标市场战略的三种类型分别是：

（1）无差异性营销战略。即不进行市场细分，把整体市场作为一个大的目标市场，用一种产品、统一的营销组合策略对待整个市场。该模式具有成本经济性的优点，但对大多数产品并不合适。

（2）差异性营销战略。即是在市场细分的基础上，根据企业的资源及营销实力，分别为各个细分市场制定不同的市场营销组合策略。优点是可以有针对性地满足不同特征的顾客群的需求，但将导致市场营销费用大幅度增加。

（3）集中性营销战略。即在市场细分的基础上，仅选择其中一个或少数细分市场作为目标市场，开发相应的市场营销组合，实行集中营销。这种战略尤其适合资源薄弱的小企业，但该模式意味着较大的集中性风险。

6. 市场定位通过以下三个步骤进行：

（1）识别潜在竞争优势。主要通过市场研究识别企业在成本和产品差异化方面的潜在优势，从而形成市场定位的基础。

（2）企业核心竞争优势定位。就是找出企业与竞争者相比较所具有的能获取明显差别利益的优势，从而确定为可识别的企业核心竞争优势。

（3）制定发挥核心竞争优势的战略。就是要制定明确的市场战略来体现和发挥企业的核心竞争优势。

## （七）论述题

1. 试述企业选择目标市场营销战略要考虑哪些条件。
2. 试述企业市场定位战略的主要实现途径。

【参考答案及要点】

1. 企业选择目标市场营销战略要考虑的条件主要是：

（1）企业能力。企业能力是指企业在生产、技术、销售、管理和资金等方面力量的总和。如果企业力量雄厚，即可选择差异性营销战略或无差异性营销战略；如果企业能力有限，则宜选择集中性营销战略。

（2）产品同质性。同质性产品适合采用无差异性营销战略，异质性需求的产品，可根据企业资源力量采用差异性营销战略或集中性营销战略。

（3）产品所处生命周期阶段。新产品在引入阶段可采用无差异性营销战略，产品进入成长或成熟阶段，应改为差异性或集中性营销战略效果更好。

（4）市场类同性。如果顾客的需求、偏好较为接近，可采用无差异性营销战略；否则，应采用差异性或集中性营销战略。

（5）竞争者战略。如果竞争对手采用无差异性营销战略，企业选择差异性或集中性营销战略有利于开拓市场，提高竞争能力；如果竞争者已采用差异性战略，则可以选择对等的或更深层次的细分或集中性营销战略。

2. 差异化是市场定位的主要途径，具体可从以下五个方面入手：

（1）产品差异化战略。即从产品质量、产品款式等方面实现差别。寻求产品特征是产品差异化战略经常使用的手段。

（2）服务差异化战略。即向目标市场提供与竞争者不同的优质服务，通过服务差异化战略可以提供顾客总价值，保持牢固的顾客关系，从而击败竞争对手。

（3）人员差异化战略。即通过聘用和培训比竞争者更为优秀的人员以获取差别优势的市场定位战略。

（4）形象差异化战略。即在产品的核心部分与竞争者类同的情况下塑造不同的产品形象以获取差别优势的市场定位战略。

（5）促销方式差异化。即采取不同的广告宣传方式，以求占领不同的细分市场。

## （八）案例简析

苹果公司的差异化战略

苹果公司（Apple Inc.）是美国的一家高科技公司，其核心业务为电子科技产品。苹果公司的辉煌，是从2001年推出iPod播放器开始的。iPod外观流畅简洁，成为时尚的象征。2007年苹果公司推出iPhone，自此，时尚智能手机市场的原有格局完全瓦解。过去的10年里，苹果公司借力于这几款明星产品销售额迅速增长。

虽然每个公司对手机市场细分有所不同，但是有一个细分市场是大致相同的，就是迅速发展的智能手机市场。根据市场调研公司Gartner提供的数据显示，2009年第二季度，全球手机销量为2.86亿台，比第一季度降低6.1%，其中智能手机销量为0.41亿台，比上年同期0.32亿台的销量增长了27%，随着无线网络的应用越来越多，内容越来越丰富，智能手机市场的容量越来越大。

在智能手机所在的细分市场上，除硬件设计之外，各公司产品的系统有很多相同或相似之处。苹果公司的iOS解决方案，使自己的操作系统与其他厂家的操作系统产生明显的差异，同时也形成了iPhone系列产品的市场定位——"聚合社交网络手机"，满足了特定目标消费群的市场需求，定位清晰，使其在智能手机中脱颖而出，便于消费者识别和选择。

苹果公司对其产品的目标顾客进行了清晰的定位：iPad平板电脑和iPhone智能手机定位在追求时尚的年轻人、白领和商务人士，用户特征为高学历、高收入、高阶层。调研显示：iPhone用户本科及以上学历的占70%以上，月收入5 000元以上的占60%；苹果电脑则是针对"数字发烧友"的个性化产品。选择它的人不是普通人，而是会为了他们自己所追求的理想标新立异、特立独行的人群。在判断目标消费群体存在之后，苹果利用强大的技术与无与伦比的优越性质，令消费者对苹果的激情永恒不变，最后的结果映射到消费者身上就是"在他们眼中，苹果电脑是他们自身的写照与标志，是他们达到生活追求的保证"，从而使苹果电脑在普通消费领域走俏。由此，苹果电脑推出了一系列个人IT用品——iMac、iBook、iPod、iMovie，为消费者提供了比较全面的多媒体IT生活产品。

从iPod的热销到涉足iTunes，到现在的相互促进；从最初的音乐播放到视频播放，到播客下载以及游戏下载,苹果已经形成了一个完善的产业链,与微软的合作也已初见成效,给客户带来便捷的同时也给自己的销量画下了浓墨重彩的一笔。苹果公司成功地从一个 PC 生产商转为摄入通信传媒的一体化企业,其战略转型中最重要的一点就是利用产品和服务的有效组合,创造了产品的差异化。

采用差异化竞争战略的企业,其成本结构会高于市场一般企业,但由于产品对消费者的附加值较高,所以能以较高的价格出售获得较高的利润。苹果的成功就在于它的产品和服务为消费者提供了不可替代的差异性,而且采取了有效的措施来防范行业内对手的模仿。

首先,在产品差异化方面,苹果以多点触摸屏代替传统的手机键盘,在外观差异的同时,便利软件开发者自由设定最符合软件需要的触摸按键位置。苹果通过这一创新,不仅提供了一个软件平台,还附带了一个可变化的硬件平台。

其次,在性能差异化方面,iPhone 的配置远远高于竞争对手。2007 年 Nokia 推出的智能机王 N95 的 CPU 频率为 330 MHz,同年推出的 iPhone 达到 620 MHz。128 MB 的内存加专用图片芯片加 4~6 GB 储存空间,使 iPhone 成为一台超小型电脑。除此之外,内置不可更换电池 300 小时的待机时间,6 小时的连续通话时间等都是 iPhone 在性能上的突破。

第三,在操作系统差异化方面,iPhone 与对手们最大的差异性体现在操作系统上。苹果在 iPhone 上直接采用了经过界面优化的桌面电脑操作系统 macOS X,使这一高配置的智能手机拥有了 macOS X 的所有优点:运转速度快,界面华丽,操作方便。这使得 iPhone 在推出的 8 个月就占据了超过 70% 的移动网络浏览器市场,美国智能手机市场超过 20% 的比重,大于诺基亚、三星、摩托罗拉的总和。

第四,在渠道差异化方面,苹果将 iPod 加在线商店的差异化组合模式复制在其 iPhone 上,伴随着基于 2.0 版本系统的 SDK(软件开发套件),苹果同时建设了在线软件销售渠道:App Store。截至 2009 年 1 月,AS 已经有超过 15 000 款软件,总下载量超过 20 亿。

最后,在服务差异化方面,2.0 版本系统使得 iPhone 能够无缝接入公司网络,即时更新日程表项目、邮件、联系人、自动检索网络等等。iPhone 颠覆了手机游戏功能的概念,工作、娱乐功能兼备且都达到了极致的 iPhone,成为无所不能的智能信息终端。

【简要评析】

(1)苹果公司对 iPod、iPhone 和苹果电脑的市场细分主要是根据消费者的年龄、学历、职业、收入等变量来进行的。并选取了追求时尚的年轻人、白领和商务人士为目标市场,用户具有高学历、高收入、高阶层的三高特征。据此,苹果公司分别形成了 iPod 是时尚的象征,iPhone 是"聚合社交网络手机",苹果电脑则是针对"数字发烧"的个性化产品的定位。

(2)苹果的成功就在于利用产品和服务的有效组合,创造了产品的差异化,为消费者提供了不可替代的差别性,使苹果公司的产品成为消费者"自身的写照与标志,是他们达到生活追求的保证",并且采取了有效的措施来防范行业内竞争对手的模仿。

(3)根据目标市场的特征和产品定位,苹果公司实施了有效的差异化营销策略,包括产品及其性能的差异化和操作系统的差异化、渠道的差异化、服务的差异化,从而使公司的营销策略与其目标市场及市场定位之间实现了有效契合。

# 第九章 市场地位与竞争战略

## 一、学习目的与要求

通过本章学习,掌握市场竞争者的识别与分析方法,了解市场领导者、市场挑战者、市场追随者、市场利基者的优势与劣势,明确自己在竞争中的地位,选择进攻与回避对象,有效地制定竞争战略与策略。

## 二、学习知识要点

### (一)竞争者识别与竞争战略选择

1. 竞争者识别

企业在确定业务范围时都自觉或不自觉地受一定导向支配,业务范围导向不同,竞争者识别和竞争战略也随之不同。

(1)产品导向与竞争者识别。产品导向指企业业务范围限定为经营某种定型产品,在不从事或很少从事产品更新的前提下设法寻找和扩大该产品的市场。实行产品导向的企业仅仅把生产同一品种或规格产品的企业视为竞争对手。

(2)技术导向与竞争者识别。技术导向指企业业务范围限定为经营以现有设备或技术为基础生产出来的产品。实行技术导向的企业把所有使用同一技术、生产同类产品的企业视为竞争对手。

(3)需求导向与竞争者识别。需求导向指企业业务范围确定为满足顾客的某一需求,运用可能互不相关的多种技术生产出分属不同大类的产品去满足这一需求。实行需求导向的企业把满足顾客同一需求的企业都视为竞争者。

(4)顾客导向。顾客导向指企业业务范围确定为满足某一群体的需求,实行顾客导向的企业把满足同一顾客群体的企业都视为竞争者。

（5）多元导向。多元导向指企业通过对各类产品市场需求趋势和获利状况的动态分析确定业务范围，实行多元导向的企业把所选定业务范围内的所有同类企业都视为竞争者。

2. 竞争战略选择

竞争者的反应模式和实力决定了本公司的竞争战略选择。

（1）竞争者的反应模式与竞争战略选择。竞争者的反应模式有从容型竞争者、选择型竞争者、凶狠型竞争者和随机型竞争者四种。反应模式不同，竞争战略也就不同。

（2）竞争者的其他特征与竞争战略选择。企业要确定竞争攻击的对象有三类：第一，强竞争者与弱竞争者；第二，近竞争者和远竞争者；第三，"良性"竞争者与"恶性"竞争者。但也要认识到，竞争者的存在也会给公司带来一些战略利益。

## （二）市场领导者战略

市场领导者指占有最大的市场份额，在价格变化、新产品开发、分销渠道建设和促销战略等方面对本行业其他公司起着领导作用的公司。市场领导者要击退其他公司的挑战，保持第一位的优势，必须从三个方面努力：

1. 扩大总需求

扩大总需求的途径：① 开发新用户；② 寻找新用途；③ 增加使用量。

2. 保护现有市场份额

最好的防御方法是发动最有效的进攻，在新产品开发、成本降低、分销渠道建设和顾客服务方面成为行业先驱，持续增加竞争效益和顾客感知价值，掌握竞争中的主动权。即使不主动发动进攻，至少也要加强防御，堵塞漏洞，不给挑战者可乘之机。主要防御战略有：阵地防御、侧翼防御、以攻为守、反击防御、机动防御和收缩防御。

3. 扩大市场份额

利润随着市场份额的提高而增加，市场领导者通常致力于扩大市场份额。在提升市场份额时应考虑三个因素：① 经营成本；② 营销组合；③ 反垄断法。

## （三）市场挑战者战略

市场挑战者指在行业中占据第二位及以后位次，有能力对市场领导者和其他竞争者采取攻击行动，希望夺取市场领导者地位的公司。

1. 确定战略目标与竞争对手

大多数市场挑战者的目标是增加自己的市场份额和利润，在攻击对象的选择上存在以下三种类型：① 攻击市场领导者；② 攻击规模相当的公司；③ 攻击规模较小的公司。

2. 选择进攻战略

选择进攻战略应遵循"密集原则",即把优势兵力集中在关键的时刻和地点,以达到决定性的目的。具体战略有:① 正面进攻;② 侧翼进攻;③ 包抄进攻;④ 迂回进攻;⑤ 游击进攻。

### (四)市场追随者与市场利基者战略

1. 市场追随者战略

(1)市场追随者,指那些在产品、技术、价格、渠道和促销等大多数营销战略上模仿或跟随市场领导者的公司。

(2)市场追随者往往采取追随战略,但要利于自身发展而又不会引起竞争者的报复。市场追随者大致有三种类型:克隆者、模仿者和改良者。

2. 市场利基者战略

(1)市场利基者指专门为规模较小的或大公司不感兴趣的细分市场提供产品和服务的公司。

(2)理想利基市场的特征:具有一定的规模和购买力,能够盈利;具备发展潜力;大公司对这一市场不感兴趣;本公司具备向这一市场提供优质产品和服务的资源、能力;本公司在顾客中建立了良好的声誉,能够抵御竞争者入侵。

(3)市场利基者的战略。关键是实现专业化,主要途径有:终端用户专业化,垂直层次专业化,顾客规模专业化,特殊顾客专业化,地理区域专业化,产品或产品线专业化,产品特色专业化,客户订单专业化,性价比专业化,服务专业化,销售渠道专业化。市场利基者面临的主要风险是当竞争者入侵或目标市场的消费习惯变化时有可能陷入绝境,因而应增加利基范畴以减少风险。

## 三、练习题及答案

### (一)单项选择题(在下列每小题中,选择一个最合适的答案。)

1. 在发达的市场经济条件下,企业必须认真研究_____的优势与劣势及其竞争战略和策略,明确自己在竞争中的地位,有的放矢地制定竞争战略,才能在激烈竞争中求得生存和发展。

  A. 技术创新      B. 竞争者
  C. 消费需求      D. 供应商

2. 在中国移动、中国电信和中国联通三家的激烈厮杀中,腾讯公司的微信业务半路杀入。三家移动通信公司蓦然回首,发现最危险的对手并非彼此而是腾讯公司以及开展类似业务"来往"的阿里巴巴。这三家公司患了_____。

A. 竞争战略近视症　　　　　　　　B. 竞争者识别近视症
C. 竞争战略远视症　　　　　　　　D. 竞争者识别远视症

3. 市场渗透是指_____。
   A. 企业的产品供不应求　　　　　B. 现有产品满足新市场的需求
   C. 开发新产品占领新市场　　　　D. 增加现有产品在现有市场的销量

4. 按照技术导向的定义，下列_____产品不属于手写技术的竞争者。
   A. 圆珠笔　　　　　　　　　　　B. 铅笔
   C. 墨水笔　　　　　　　　　　　D. 笔记本电脑

5. 根据_____确定业务范围时，应考虑市场需求和企业实力，避免过窄或过宽。
   A. 竞争导向　　　　　　　　　　B. 需求导向
   C. 技术导向　　　　　　　　　　D. 产品导向

6. 出于对公司的信任和好感而乐于购买公司增加经营的与原产品生产技术上有关或无关的其他产品，公司也能够利用原有的销售渠道促销新产品，这家公司奉行的是_____战略。
   A. 竞争导向　　　　　　　　　　B. 需求导向
   C. 顾客导向　　　　　　　　　　D. 关系导向

7. 一般说来，"好"的竞争者的存在会给公司_____。
   A. 增加市场开发成本　　　　　　B. 带来一些战略利益
   C. 降低产品差别　　　　　　　　D. 必然造成战略利益损失

8. 以竞争者为战略导向的企业，其优点是_____。
   A. 可时刻关注竞争者动向　　　　B. 不会被竞争者牵着走
   C. 可以事先规划和明确目标　　　D. 能够全面超越竞争对手

9. 以顾客为战略导向的企业，其缺点是_____。
   A. 不能很好地辨别市场机会　　　B. 易忽视对竞争者的关注与分析
   C. 难以确定目标市场　　　　　　D. 难以制定符合自身条件的战略规划

10. 企业要通过攻击竞争者而大幅度扩大市场占有率，应攻击_____。
    A. 近竞争者　　　　　　　　　　B. "坏"竞争者
    C. 弱竞争者　　　　　　　　　　D. 强竞争者

11. 某铅笔生产厂，现开始生产钢笔、圆珠笔、墨水笔、毛笔、学生电脑、练习簿、书包、绘图尺、实验用品等学习用品，该企业实行的是_____。
    A. 需求导向战略　　　　　　　　B. 技术导向战略
    C. 产品导向战略　　　　　　　　D. 多元导向战略

12. _____指专门为规模较小的细分市场或大公司不感兴趣的细分市场提供产品和服务的公司。
    A. 市场领导者　　　　　　　　　B. 市场利基者
    C. 强竞争者　　　　　　　　　　D. 近竞争者

13. 市场总需求扩大时受益最多的是_____。
    A. 市场挑战者　　　　　　　　　B. 市场追随者
    C. 市场领导者　　　　　　　　　D. 市场利基者

14. 市场领导者保护其市场份额的最好途径是_____。
    A. 以攻为守              B. 增加使用量
    C. 转变未使用者          D. 寻找新用途
15. 结合盈利能力考虑，企业的市场份额_____。
    A. 越大越好              B. 存在一个最佳值
    C. 以50%市场份额为限     D. 不存在上限
16. _____指在行业中占据第二位及以后位次，有能力对市场领导者和其他竞争者采取攻击行动，希望夺取市场领导者地位的公司。
    A. 市场挑战者            B. 市场领导者
    C. 市场利基者            D. 市场追随者
17. 在某些方面紧跟市场领导者，在某些方面又自行其是的公司是_____。
    A. 市场挑战者            B. 市场领导者
    C. 市场追随者            D. 市场攻击者
18. 海尔公司进军美国市场时，发现美国冰箱多为大型，就开发了针对单身青年的小型冰箱，从而占有了一定的市场份额，海尔的这种小冰箱属于_____。
    A. 垄断市场              B. 寡头市场
    C. 空头市场              D. 利基市场
19. 通过寻找和攻击对手的弱点，在市场挑战者的进攻战略中属于_____。
    A. 侧翼进攻              B. 正面进攻
    C. 游击进攻              D. 多面进攻
20. 企业在密切注意竞争者的同时，不能单纯强调以竞争者为中心而损害更为重要的以_____。
    A. 利润为中心            B. 顾客为中心
    C. 质量为中心            D. 销售为中心

【参考答案】
1. B    2. B    3. D    4. D    5. B
6. C    7. B    8. A    9. B    10. D
11. A   12. B   13. C   14. A   15. B
16. A   17. C   18. D   19. A   20. B

**（二）多项选择题**（下列各小题中正确的答案不少于两个，请准确选出全部正确答案。）

1. 根据企业市场份额的高低，市场竞争者可划分为_____。
   A. 市场挑战者            B. 市场追随者
   C. 市场领导者            D. 市场寡头者
   E. 市场利基者
2. 市场领导者的主要竞争战略包括_____。

A. 阻止市场总需求增加 B. 保护现有市场份额
C. 扩大市场份额 D. 谋求垄断
E. 扩大总需求

3. 市场挑战者的主要进攻战略目标包括_____。
A. 攻击市场领导者 B. 攻击市场利基者
C. 攻击规模相当的公司 D. 攻击市场追随者
E. 攻击规模较小的公司

4. 市场利基者的主要风险是_____。
A. 找不到利基市场 B. 竞争者入侵
C. 自身利益弱小 D. 目标市场消费习惯变化
E. 专业化

5. 企业在密切关注竞争者的同时，还要密切关注顾客需求，实现_____的平衡。
A. 市场导向 B. 顾客导向
C. 价值导向 D. 竞争导向
E. 技术导向

6. 市场追随者主要有_____。
A. 克隆者 B. 模仿者
C. 仿制者 D. 改良者
E. 利基者

7. 竞争者的存在会给公司带来_____等战略利益。
A. 增加总需求 B. 导致产品更多的差别
C. 降低广告开支费用 D. 分摊市场开发成本
E. 减少了违背反托拉斯法的风险

8. 企业每项业务的内容包括_____。
A. 要进入的行业类别 B. 要服务的顾客群
C. 要迎合的顾客需求 D. 满足这些需求的技术
E. 运用这些技术生产出的产品

9. 市场挑战者可选择的挑战战略有_____。
A. 正面进攻 B. 侧翼进攻
C. 包抄进攻 D. 迂回进攻
E. 游击进攻

10. 下列各项中，属于市场利基者竞争战略的是_____。
A. 分工专业化 B. 市场细分化
C. 垂直层次专业化 D. 地理区域专业化
E. 客户订单专业化

【参考答案】
1. ABCE 2. BCE 3. ACE 4. BD 5. BD
6. ABD 7. ABDE 8. BCDE 9. ABCDE 10. CDE

**(三)判断题**(判断下列各题是否正确。正确的在题干后的括号内打"√",错误的打"×"。)

1. "竞争者近视症"就是指只看到近的竞争者而看不到远的竞争者。( )
2. 如果某个行业具有高的利润吸引力,其他企业会设法进入。( )
3. 竞争者的反应模式、实力等特征决定了本公司竞争战略选择。( )
4. 随机型竞争者大多是实力弱小的企业。( )
5. 竞争者的存在不会给公司带来任何战略利益。( )
6. 所有竞争者的目标都是追求利润最大化。( )
7. 从容型竞争者不对竞争者的任何攻击行为进行反击。( )
8. 攻击弱竞争者能更大幅度的扩大市场占有率和利润水平。( )
9. 位居第一位的公司往往选择市场追随战略。( )
10. 本地竞争者是近竞争者,外国竞争者则是远竞争者。( )
11. 企业应攻击恶性竞争者,支持良性竞争者。( )
12. 市场挑战者必须从扩大总需求、保护现有市场份额、扩大市场份额来超越领导者。( )
13. 扩大总需求的途径有开发新用户、寻找产品新用途和增加使用量。( )
14. 一般而言,市场挑战者的目标是同步增加自己和对手的市场份额。( )
15. 采用市场追随者战略要冒很大的风险。( )
16. 某些基本的市场竞争战略是不会随时间、地点、竞争者状况等而改变的。( )
17. 在产品导向下,企业业务范围扩大指市场扩大,通过增加产品种类或花色品种实现。( )
18. 规模较小且其他公司不感兴趣的细分市场称为利基市场。( )
19. 市场追随者要与市场领导者和挑战者分担新产品开发等方面所需的经费。( )
20. 选择型竞争者对竞争攻击的反应具有随机性。( )

【参考答案】

| | | | | |
|---|---|---|---|---|
| 1. × | 2. √ | 3. √ | 4. √ | 5. × |
| 6. × | 7. × | 8. × | 9. × | 10. × |
| 11. √ | 12. × | 13. √ | 14. × | 15. × |
| 16. √ | 17. × | 18. × | 19. × | 20. × |

**(四)填空题**(请在各小题的画线处填入适当的词句。)

1. _____所形成的优胜劣汰机制是推动市场经济运行的强制力量。
2. 公司被潜在竞争者击败的可能性往往大于现实的竞争者。如互联网的发展使得传统的纸媒报刊失去巨大的份额,这是患上了"竞争者识别_____"。
3. 当原有产品供过于求而企业又无力开发新产品时,主要营销战略是市场渗透和_____。

4. 实行_____的企业仅仅把生产同一品种或规格产品的企业视为竞争对手。
5. 多元导向指企业通过对各类产品市场需求趋势和_____状况的动态分析确定业务范围。
6. 市场领导者扩大总需求的途径有开发产品的新用户，寻找产品的新用途和_____等。
7. 市场份额处于第二、第三和以后位次的公司与第一位的公司在_____方面有较大的差距。
8. _____占有的市场份额最大，在市场总需求扩大时受益也最多。
9. 市场领导者反击竞争者时，要注意选择反击的_____，可以迅速反击，也可以延迟反击。
10. 市场领导者欲扩大市场份额时应考虑_____、营销组合和反垄断法三项因素。
11. 市场挑战者选择挑战战略应遵循_____原则。
12. 改良型的市场追随者在实力壮大后有可能成长为_____。
13. 市场利基者指专门为规模较小的或大公司不感兴趣的_____提供产品和服务的公司。
14. 市场利基者发展的关键是实现_____。
15. 市场利基者的主要任务有_____、扩大利基市场、保护利基市场三项。
16. 市场挑战者攻击市场领导者_____，但潜在利益也大。
17. 竞争者识别由_____决定。
18. 企业在密切关注竞争者的同时，还要密切关注顾客需求，实现_____导向与竞争导向的平衡。
19. 市场追随者类型有克隆者、_____和改良者三类。
20. 市场领导者要保持第一位的优势，必须从扩大_____、保护现有市场份额和扩大市场份额入手。

【参考答案】
1. 市场竞争　　　　　2. 近视症　　　　　3. 市场开发
4. 产品导向　　　　　5. 获利　　　　　　6. 增加使用量
7. 投资报酬率　　　　8. 市场领导者　　　9. 时机
10. 经营成本　　　　 11. 密集　　　　　 12. 挑战者
13. 细分市场　　　　 14. 专业化　　　　 15. 创造利基市场
16. 风险大　　　　　 17. 业务范围　　　 18. 顾客
19. 模仿者　　　　　 20. 总需求

### （五）名词解释

1. 多元导向
2. 市场领导者

3. 市场挑战者
4. 市场追随者
5. 市场利基者

【参考答案】
1. 多元导向指企业通过对各类产品市场需求趋势和获利状况的动态分析确定业务范围，新发展业务可能与原有产品、技术、需求和顾客群体都没有关系。
2. 市场领导者指占有最大的市场份额，在价格变化、新产品开发、分销渠道建设和促销战略等方面对本行业其他公司起着领导作用的公司。
3. 市场挑战者指在行业中占据第二位及以后位次，有能力对市场领导者和其他竞争者采取攻击行动，希望夺取市场领导者地位的公司。
4. 市场追随者指那些在产品、技术、价格、渠道和促销等大多数营销战略上模仿或跟随市场领导者的公司。
5. 市场利基者指专门为规模较小的或大公司不感兴趣的细分市场提供产品和服务的公司。

## （六）简答题

1. 竞争者的竞争反应模式有哪几种类型？
2. 市场挑战者的进攻战略有哪些？主要的进攻对象是哪些？
3. 市场追随者有哪几种类型？
4. 简述市场利基者的主要风险和任务。
5. 市场领导者可采取哪些基本策略来维护其强势地位？
6. 试举例简要说明如何开发新用户。

【参考答案要点】
1. 竞争者的反应模式有从容型竞争者、选择型竞争者、凶狠型竞争者、随机型竞争者四种类型。
2. 市场挑战者的进攻战略有：正面进攻、侧翼进攻、包抄进攻、迂回进攻和游击进攻五种。市场挑战者的主要进攻对象：市场领导者；规模相当但经营不佳、资金不足的公司；规模较小、经营不善、资金缺乏的公司。
3. 市场追随者主要有三种类型：① 克隆者，指克隆市场领导者的产品、品牌、包装及其他营销策略的公司；② 模仿者，指在基本方面模仿市场领导者，但是在包装、广告和价格上又保持一定差异的公司；③ 改良者，指对领先者的产品进行调整或改良的公司。
4. 市场利基者是弱小者，面临的主要风险是当竞争者入侵或目标市场的消费习惯变化时有可能陷入绝境。因此，它的主要任务有三项：创造利基市场，扩大利基市场，保护利基市场。企业要争取不断地创造多种利基市场，以规避风险，增加生存的机会。
5. 市场领导者可采取以下策略来维护其市场强势地位：① 设法扩大市场，找到扩大总需求的办法；② 通过有效的防御和进攻措施来保护其现有的市场份额；③ 即使在市场规模不变的情况下，也应努力扩大其市场份额。

6. 每种产品都有吸引新用户、增加用户数量的潜力，使那些尚未使用本行业产品的人开始使用，把潜在顾客转变为现实顾客。一个制造商可从三个方面找到新用户：通过市场渗透，转变未使用者，如香水企业可设法说服不用香水的女性使用香水；通过市场开发，进入新的细分市场，如说服男性使用香水；通过地理扩展，开发新的地域市场，如向其他国家推销香水。

## （七）论述题

1. 确定企业业务范围的导向有哪几种？不同导向如何识别竞争者，分别适用于何种条件？
2. 试述市场挑战者如何确定攻击目标。

【参考答案要点】

1. 确定企业业务范围的导向有产品导向、技术导向、顾客导向和多元导向以及需求导向五种。不同的业务范围导向，分别适用于不同条件的企业并有不同的竞争者判定准则。

（1）在产品导向下，企业仅仅把生产同一品种或规格产品的企业视为竞争对手。产品导向的适用条件是：市场产品供不应求，现有产品不愁销路；企业实力薄弱，无力从事产品更新。

（2）在技术导向下，企业把所有使用同一技术、生产同类产品的企业视为竞争对手。技术导向的适用条件：是某具体品种已供过于求，但不同花色品种的同类产品仍然有良好前景。

（3）在需求导向下，企业把满足顾客同一需求的企业都视为竞争者，而不论他们采用何种技术、提供何种产品。需求导向的适用条件是：市场商品供过于求，企业具有强大的投资能力、运用多种不同技术的能力和经营促销各类产品的能力。

（4）在顾客导向下，企业把所有选择了同样顾客群体作为自己目标市场的公司都视为竞争对手。顾客导向的适用条件是：企业在某类顾客群体中享有声誉和销售网络等优势，并且能够转移到公司的新增业务上。

（5）在多元导向下，企业要在所涉足的各个业务领域（行业），分别根据企业在该领域的具体业务范围导向来识别竞争者。多元导向的适用条件是：有雄厚的实力、敏锐的市场洞察力和强大的跨行业经营能力的企业。

2. 市场挑战者指在行业中占据第二位及以后位次，有能力对市场领导者和其他竞争者采取攻击行动，希望夺取市场领导者地位的公司。大多数市场挑战者的目标是增加自己的市场份额和利润，减少对手的市场份额。市场挑战者主要的攻击目标有：

（1）攻击市场领导者。风险大，潜在利益也大。当市场领导者在其目标市场的服务效果较差而令顾客不满或对某个较大的细分市场未给予足够关注的时候，采用这一战略带来的利益更为显著。

（2）攻击规模相当的公司。攻击规模相当的公司也有一定的风险。为了增加取胜的把握,应当在规模相当的公司中选择攻击那些经营不佳、资金不足的公司。如果竞争者在满足消费者需求及产品创新能力方面有缺陷,就可选择其作为攻击对象。

(3) 攻击规模较小的公司。选择攻击规模较小、经营不善、资金缺乏的公司取胜把握更大。这种情况在我国比较普遍,许多实力雄厚、管理有方的外国独资和合资企业一进入市场,就击败了当地资金不足、管理混乱的弱小企业。

## (八)案例简析

### 华为手机挑战苹果手机

曾几何时,华为只是手机行业的一只乌鸡,如今登上高枝变成了凤凰。

2015年3月零售监测数据显示,华为在国内市场占有率为13.75%,首次超越苹果、三星等跨国品牌,坐上头把交椅。业内权威人士认为,这是一个重要的信号,意味着国产手机品牌厚积薄发,显示出强大的后发式增长能力。IDC、GFK、Gartner等知名市场研究机构的数据表明:2015年第三季度,全球智能手机出货量前三名为三星、苹果和华为。其中,三星、苹果同比增幅分别为6.1%、22.2%,华为则达到惊人的60.9%,在欧洲等国际高端市场增长迅猛。2016年4月1日,华为发布了2015年年报,华为运营商、企业、终端三大业务全球销售收入达3950亿元,同比增长37%;净利润369亿元,同比增长33%。经营现金流达到493亿元。在全球手机市场放缓的大环境下,华为手机呈现了逆生命周期增长曲线。华为消费者业务董事长余承东表示:华为手机在中国市场销量是三星的3倍。华为不把三星当作对手,目标是在高端市场上超越苹果。

长期以来,苹果产品在中国和世界大众心目中是高品质的代名词。苹果的成功来自于硬件与软件的结合,用卓越的硬件吸引用户,用闭环式的软件黏住用户。华为正是向苹果最为自豪的硬件发起了进攻。

华为是做通信设备出身,成立之初就决心创造自己的品牌,将利润大部分用于产品研发,逐渐在通信设备行业取得了领先地位。在手机领域,华为复制了技术领先的战略。数据显示,华为拥有1.2万件的手机发明专利,而小米的手机发明专利数量仅仅为10。华为在手机研发上累计投入了20亿美元,超过任何一家国内手机厂商。

2016年4月,华为推出3款P9智能手机,在硬件质量与性能上已经超越苹果。P9 Plus安装5.5英寸显示屏,分辨率为1 920×1 080。iPhone 6s安装4.7英寸显示屏,分辨率为1 334×750。P9 Max安装6.2英寸显示屏,分辨率为2 560×1 440,iPhone 6s Plus配备的是5.5英寸、分辨率为1 920×1 080的屏幕。华为P9双摄像头可以更好地测量手机到被拍摄物体的距离,利用大光圈模式,给照片额外的景深。华为P9 Plus装备大容量3 400毫安电池,就连低配版的P9 Lite也安装了2 500毫安电池。iPhone 6s电池容量只有1 715毫安。P9系列手机比iPhone 6s和iPhone 6s Plus还要薄。华为P9只有6.4毫米厚。iPhone 6s和iPhone 6s Plus的厚度分别为7.1毫米和7.3毫米。华为P9系列产品中,徕卡拍照技术、自主研发旗舰芯片、三网通信、更优秀的信号都是其他品牌所不具备的。苹果 iPhone 7 Plus 到 2016 年 9 月才推出，最大的看点是双摄像头。屏幕较小的 iPhone 7 不安装双镜头摄像头。外媒认为，华为在技术上已经超越苹果。根据国家知识产权局最新公布的许可备案登记信息，2015 年，华为向苹果公司许可专利 769 件，苹果公司向华为许可专利 98 件，可以看出华为的技术跃升势头。华为与徕卡、哈曼卡顿、ARM 等国际大厂建立战略合作关系也树立了华为的国际化品牌形象，改变了全球科技媒体对国产手机的印象。

华为手机过去一直采取优质低价、从下往上攻的战略，如今已经攻到了顶端。华为不同价格的手机在同档次中都是一流的。3 000~4 000 元高端手机曾经是国产手机死亡区，如今这一魔咒被打破了。华为以猝不及防之势攻入了苹果、三星的专属领地，苹果的龙头地位被一步步削弱。

余承东认为华为目前和苹果、三星的主要差距是品牌营销和分销渠道建设。在品牌方面，苹果、三星虽然优势强大，但是华为产品更加优秀，一定会从它们手中夺取足够的市场份额。在渠道建设方面，线下销售仍然是主要市场，占手机销量的 70%~80%。华为在国内一、二线城市的渠道建设取得了显著进步，在三、四、五、六线城市还有很大差距。华为计划通过合作方式把零售店覆盖到至少 1 000 个县，占到市场总量的 1/3。余承东认为，过去 4 年是全球手机厂商的洗牌期，今后几年是中国市场的洗牌期，大部分的手机厂家都会被淘汰，未来全球手机厂家不会超过三四家。

资料来源：

［1］于浩. 专访华为余承东：5 年内华为要超越苹果三星．（2016-04-07）［2017-09-22］. 凤凰科技网．

［2］39 度网．价格性能全面超越苹果三星，华为 P9 发布．（2016-04-07）［2017-09-22］. 搜狐网．

［3］数码 FUN. 外媒看 P9：超越苹果，这次华为又做到了．（2016-04-07）［2017-09-22］. 搜狐网．

【简要评析】

（1）华为公司在手机市场上以龙头企业苹果手机为竞争对手，当前属于市场挑战者。

（2）华为手机采用了技术导向的竞争战略，适用于某具体品种已供过于求，但不同质量、花色、品种的同类产品仍然有良好前景的市场状况。国内其他手机品牌难以复制华为的竞争战略，因为其他公司不具备华为所拥有的实施技术导向竞争战略的企业资源和技术能力。

# 第十章 产品策略

## 一、学习目的与要求

通过本章学习，领会产品整体概念的内涵，掌握产品组合策略、产品生命周期各阶段的特征及其营销策略，了解产品包装与装潢策略，能够应用新产品开发、采用与扩散原理以及产品生命周期理论解决企业市场营销实践存在的问题。

## 二、学习知识要点

### （一）产品与产品分类

1. 产品及产品整体概念

产品是指通过交换提供给市场满足消费者或用户某一需要和欲望的任何有形物品和无形的服务。20 世纪 90 年代以来，菲利普·科特勒等学者更倾向于使用五个层次来表述产品整体概念：

（1）核心产品，是指向顾客提供的产品的基本效用或利益。

（2）形式产品，指核心产品借以实现的形式。由品质、式样、特征、商标及包装构成。

（3）期望产品，指购买者在购买产品时期望得到的与产品密切相关的一整套属性和条件。

（4）延伸产品，指顾客购买形式产品和期望产品时附带获得的各种利益的总和，包括产品说明书、保证、安装、维修、送货、技术培训等。

（5）潜在产品，指现有产品未来可能的演变形态。

产品整体概念清晰地体现了以顾客为中心的现代营销观念，其内涵和外延都反映了以消费者需求为标准、由消费者需求来决定的思维。

2. 产品分类

（1）根据耐用性和是否有形，产品可分为非耐用品、耐用品和服务。

（2）根据消费的购买者的习惯和特点，消费品一般区分为便利品、选购品、特殊品和非渴求物品四种。

（3）工业组织购买的工业用品分成三类：材料和部件、资本项目、供应品和服务。

## （二）产品组合

1. 产品组合及相关概念

产品组合指一个企业提供给市场的全部产品线和产品项目的组合或结构，即企业的业务经营范围；产品线是指产品组合中的某一产品大类，是一组密切相关的产品；产品项目指产品线中不同品种及同一品种的不同品牌。

产品组合的宽度是指产品组合中所拥有的产品线数目；产品组合的长度是指产品组合中产品项目的总数，以产品项目总数除以产品线数目即可得到产品线的平均长度；产品组合的深度指产品项目中每一品牌所含不同花色、规格、质量产品数目的多少，每一品牌的不同花色、规格、质量产品的总数目除以品牌总数，即为企业产品组合的平均深度；产品组合的关联度是指各条产品线在最终用途、生产条件、分销渠道或其他方面相互关联的程度。

2. 优化产品组合的分析

优化产品组合，通常是分析、评价和调整现行产品组合的过程。包括两个步骤：产品线销售额和利润分析，产品项目市场地位分析。

3. 产品组合的调整

产品组合决策就是企业根据市场需求、竞争形势和企业自身能力对产品组合的宽度、长度、深度和相关性方面做出的决策。当企业预测现有产品线的销售额和盈利率在未来可能下降时，就须考虑在现有产品组合中增加新的产品线，或加强其中有发展潜力的产品线，即扩大产品组合；市场不景气或原料、能源供应紧张时期，剔除那些获利小甚至亏损的产品线或产品项目，企业可集中力量发展获利多的产品线和产品项目，即缩减产品组合。

4. 产品线决策

（1）产品线延伸策略，指全部或部分地改变原有产品的市场定位，具体有向下延伸、向上延伸和双向延伸三种实现方式。

（2）产品线现代化决策，指对现有产品线的技术进行更新或改造。企业实施产品线现代化决策时，需要决定是逐步实现产品线的技术改造，还是以最快的速度、以全新的设备更换原有设备。

（3）产品线特色化决策指产品经理选择一个或少数产品项目打造独特特征，提升产品线形象；产品线削减决策指产品经理定期检查产品线中的产品项目，剔除使产品线总体利润减少的项目。

### （三）产品生命周期

1. 产品生命周期的概念及其阶段划分

产品生命周期是指，产品从投入市场到被市场淘汰所经历的全部运动过程，亦即产品的市场寿命周期或经济寿命周期。产品生命周期一般分为产品引入阶段、成长阶段、成熟阶段和衰退阶段。

2. 产品生命周期曲线的变异

产品生命周期除正态分布曲线外，还有再循环形态、多循环形态、非连续循环形态。

一般而言，产品种类具有最长的生命周期，产品形式比产品种类能够更准确地体现标准的产品生命周期历程，产品品牌相对于前两者而言则显示了较短的生命周期历程。

一般产品的生命周期，引入阶段短、研发成本较低，成长阶段也较短、销售额和利润迅速增长，而成熟阶段持续的时间较长，衰退阶段非常慢。高科技产品的生命周期，研发时间长、投入成本高，成长时间也较长，而成熟阶段短、市场衰退快。

3. 产品生命周期各阶段的特征与营销策略

（1）引入阶段的市场特征：消费者对该产品不了解，产品技术、性能还不够完善，新产品销量小；单位产品生产成本较高，利润较少，甚至出现经营亏损，价格策略较难选择；高效的分销渠道尚未形成；广告费用和其他营销费用开支较大；往往是独家生产和经营，竞争者极少。根据上述特征，引入阶段市场营销策略主要从价格和促销两方面来考虑，可采取快速掠取策略、缓慢掠取策略、快速渗透策略或缓慢渗透策略。

（2）成长阶段的市场特征：消费者逐渐了解新产品，产品趋于定型，技术工艺较为成熟，销售量增长很快；市场价格趋于下降，单位生产成本迅速下降，企业利润迅速上升；相比引入阶段，建立了比较理想的营销渠道；企业的促销费用水平基本稳定或略有提高，但占销售额的比率下降；由于利润的存在，大批竞争者蜂拥而入。成长阶段的营销策略：不断提高产品质量，发展产品的花色品种，挖掘产品的新用途；适时调整价格，以争取更多顾客；巩固原有渠道，增加新的渠道，开拓新的市场；加强促销环节，树立强有力的产品形象，建立品牌偏好，争取新的顾客。

（3）成熟阶段市场特征表现为：成长成熟期，渠道需求疲软，增长率缓慢；稳定成熟期，市场饱和，销售趋于稳定；衰退成熟期，销售水平显著下降，用户偏爱发生转移，产品出现全行业过剩，缺乏竞争力的企业逐渐淡出市场。鉴于上述特征，企业可在市场改良、产品改良和营销组合改良三种策略之间选择。

（4）衰退阶段的市场特征：销售量迅速下降，坚守的企业逐渐减少产品附加服务，价格下降到最低水平，削减促销预算，多数企业无利可图而退出市场。衰退阶段的营销策略可选择集中策略、维持策略或榨取策略。

## （四）包装与包装策略

### 1. 包装及其分类
包装是对商品设计、制作容器或外部包扎物的总称。按包装的层次可分为首要包装、次要包装、装运包装；按包装在流通过程中的作用可分为运输包装和销售包装。

### 2. 包装在营销中的作用
保护产品、促进销售和增加利润。

### 3. 包装设计与要求
（1）包装设计，就是依据科学、经济、牢固、美观和适销的原则，从包装形状、大小、构造、材料和文字说明进行的创造。
（2）包装设计既要满足消费者的要求，又要达到运输商、分销商的要求，还要符合政府的规定。

### 4. 装潢
装潢是指对产品包装进行装饰和艺术造型。包装装潢结构和图案设计要求：独特新颖，美观大方；表里一致，价值相称；科学合理，美观牢固。

### 5. 包装策略
（1）类似包装，企业将其生产的各种产品，在包装外形上采用相同的图案、近似的色彩、共同的特征，使顾客容易辨认。
（2）等级包装，将产品分成若干等级，使包装的价值和质量相称、表里一致。
（3）配套包装，把数种有关联的产品放在同一容器中。
（4）双重用途包装，产品用完后包装物可移作他用。
（5）附赠品包装，包装品本身是一个赠品或包装物里面带有赠品。
（6）变更包装，随着市场需求的变化改进更新包装。

## （五）新产品开发

### 1. 新产品的概念及种类
营销学视角的新产品是指在功能或形态上得到改进，与原有产品产生差异，并为顾客带来新利益的产品，包括全新产品、新产品线产品、增补产品、改进产品、再定位产品和廉价产品。

### 2. 新产品开发的必要性
（1）产品生命周期理论；
（2）消费需求的变化；

（3）科学技术的发展；
（4）市场竞争的加剧。

3. 新产品开发的程序

企业研制新产品的管理程序大致经历新产品构思、筛选、产品概念的形成与测试、初拟营销规划、商业分析、新产品研制、市场试销、商业性投放八个程序。

4. 新产品采用与扩散

（1）新产品的采用扩散受产品优点、适应性、简易性及明确性等特征的影响。

（2）消费者接受新产品一般要经过认知→兴趣→评价→试用→采用五个阶段。创新采用者、早期采用者、早期大众、晚期大众和落伍者这五种不同类型的顾客，对新产品的采用扩散也不尽相同。

## 三、练习题及答案

**（一）单项选择题**（在下列每小题中，选择一个最合适的答案。）

1. 企业在考虑营销组合策略时，首先需要确定生产经营什么产品来满足_____的需要。
   A. 组织　　　　　　　　　　　B. 公众
   C. 目标市场　　　　　　　　　D. 社会

2. 产品特征属于产品整体中的_____部分。
   A. 核心　　　　　　　　　　　B. 附加
   C. 形式　　　　　　　　　　　D. 特色

3. 向顾客提供基本效用和利益是产品整体概念中的_____。
   A. 有形产品　　　　　　　　　B. 附加产品
   C. 核心产品　　　　　　　　　D. 期望产品

4. 延伸产品指顾客购买形式产品和期望产品时附带获得的各种_____的总和。
   A. 功能　　　　　　　　　　　B. 利益
   C. 属性　　　　　　　　　　　D. 用途

5. 引入期选择快速掠取策略是针对目标顾客的_____。
   A. 求名心理　　　　　　　　　B. 求实心理
   C. 求新心理　　　　　　　　　D. 求美心理

6. 成长期促销策略的主要目标是在消费者心目中建立_____。
   A. 产品外观　　　　　　　　　B. 产品质量
   C. 产品信誉　　　　　　　　　D. 品牌偏好

7. 产品改良、市场改良和营销组合改良等决策适用于产品生命周期的_____。

A. 介绍期 B. 成长期
C. 成熟期 D. 衰退期

8. 产品组合的_____是指一个产品线中所含产品项目的多少。
   A. 宽度 B. 长度
   C. 关联度 D. 深度

9. 每种产品实质上是为了满足市场需要而提供的_____。
   A. 服务 B. 质量
   C. 效用 D. 功能

10. 企业生产的各种产品，在包装的图案、颜色上体现共同的特征，这种包装属于_____。
    A. 配套包装策略 B. 赠品包装策略
    C. 类似包装策略 D. 等级包装策略

11. 具备独有特征和（或）品牌标记的产品是_____。
    A. 便利品 B. 选购品
    C. 特殊品 D. 非渴求品

12. 新产品开发的_____阶段，营销部门的主要责任是寻找、激励及提高新产品构思。
    A. 概念形成 B. 筛选
    C. 构思 D. 市场试销

13. 电影院的客人看电影时，期望得到最新上映的影片、舒适的座椅、饮料小吃放置格、良好的音响条件，这些产品属于_____。
    A. 形式产品 B. 期望产品
    C. 延伸产品 D. 潜在产品

14. 企业原来主要的产品有洗衣机、电冰箱、电视机，最近又开发了各种型号的家用空调投放市场，该企业增加了产品组合的_____。
    A. 长度 B. 宽度
    C. 深度 D. 平均长度

15. 某企业生产3个产品项目的自行车，8个项目的摩托车，7个产品项目的轮胎，该企业产品组合的平均深度是_____。
    A. 18 B. 8
    C. 56 D. 6

16. 处于市场不景气或原料、能源供应紧张时期，_____产品线反而能使总利润上升。
    A. 增加 B. 扩充
    C. 延伸 D. 缩减

17. 汽车润滑油、食品、盐等产品属于_____。
    A. 非耐用品 B. 耐用品
    C. 服务 D. 都不是

18. 将多种或多种有关联的不同产品集中装于一个包装内的策略是_____。

A. 赠品包装 B. 类似包装
C. 配套包装 D. 改变包装

19. 所谓产品线双向延伸，就是原定位于中高档产品市场的企业掌握了市场优势后，向产品线的_____两个方向延伸。
   A. 前后 B. 左右
   C. 东西 D. 上下

20. 同一种商品采用不同级别的包装，以适应不同的购买力，这种包装决策叫_____。
   A. 类似包装 B. 复用包装
   C. 配套包装 D. 等级包装

【参考答案】
| 1. C | 2. C | 3. C | 4. B | 5. C |
| 6. D | 7. C | 8. D | 9. A | 10. C |
| 11. C | 12. C | 13. B | 14. B | 15. D |
| 16. D | 17. A | 18. C | 19. D | 20. D |

**（二）多项选择题**（下列各小题中正确的答案不少于两个，请准确选出全部正确答案。）

1. 引入阶段可选择的市场策略有_____。
   A. 快速掠取策略 B. 快速渗透策略
   C. 缓慢掠取策略 D. 缓慢渗透策略
   E. 营销组合改良策略

2. 衡量企业产品组合的变量有_____。
   A. 宽度 B. 高度
   C. 深度 D. 关联度
   E. 可操作性

3. 企业在产品引入期采取缓慢渗透策略的条件是_____。
   A. 消费者对价格很敏感 B. 产品已广为人知
   C. 竞争者容易进入 D. 市场容量较大
   E. 产品成本随生产规模而增加

4. 产品的稳定成熟期特点有_____。
   A. 市场饱和 B. 消费平稳
   C. 原有用户开始转向替代品 D. 产品销售稳定
   E. 销售增长率一般只与购买者的人数成比例

5. 衰退期可采取的市场策略有_____。
   A. 维持策略 B. 榨取策略
   C. 放弃策略 D. 转移策略

E. 集中策略

6. 新产品开发需要优选最佳产品概念，选择的依据是_____以及对企业设备、资源的充分利用等。
    A. 技术能力
    B. 未来的市场潜在容量
    C. 投资收益率
    D. 生产能力
    E. 销售成长率

7. 集合运输包装的是为了_____。
    A. 促进销售
    B. 适应运输
    C. 装卸现代化的要求
    D. 提高工作效率
    E. 降低成本

8. 集聚包装策略的作用是_____。
    A. 扩大产品销售
    B. 方便购买
    C. 利于新产品入市
    D. 便于携带
    E. 便于消费者接受新产品

9. 包装在营销中的作用是_____。
    A. 保护产品
    B. 美观
    C. 促进销售
    D. 增加利润
    E. 保护品牌

10. 包装策略包括_____。
    A. 类似包装
    B. 复用包装
    C. 配套包装
    D. 等级包装
    E. 附赠品包装

【参考答案】

1. ABCD   2. ACD    3. ABCD   4. ABDE   5. ABE
6. BCDE   7. BCDE   8. ABCDE  9. ACD    10. ABCDE

（三）判断题（判断下列各题是否正确。正确的在题干后的括号内打"√"，错误的打"×"。）

1. 所谓新产品，就是通过新发明创造的产品。（    ）
2. 产品就是顾客购买的有形物体。（    ）
3. 新产品的结构和使用方法越简单易懂，越有利于新产品的推广扩散。（    ）
4. 优化产品组合包括两个步骤：产品线销售额和利润分析、产品项目市场地位分析。（    ）
5. 产品组合深度就是使产品线丰满充裕，成为全新的产品线公司。（    ）
6. 向下延伸策略适用于有较大成长潜力的高档产品市场。（    ）
7. 产品构思阶段，营销部门只需激励公司人员发展产品构思。（    ）
8. 筛选是为了选出符合企业发展目标和长远利益的产品。（    ）

9. 成长期的营销策略核心是尽可能地延长产品的成长期。 （ ）
10. 若新产品在引入期的价格水平高，促销水平低，则该商品的市场策略应选择快速掠取策略。 （ ）
11. 整体产品包括五个层次，其中最基本的层次是形式产品。 （ ）
12. 消费者在购买商品时只能从实体产品中得到利益。 （ ）
13. 包装是产品的延伸，是整体产品的一部分。 （ ）
14. 综合性百货商店的产品组合既长且宽。 （ ）
15. 上海大众生产桑塔纳后，又推出帕萨特，这是向上延伸策略。 （ ）
16. 大多数时髦商品的产品生命周期属于波浪形循环形态。 （ ）
17. 在产品引入期，采用快速掠取策略是为了薄利多销，便于企业长期占据市场。 （ ）
18. 在产品生命成熟期，企业应该采用产品改良、市场改良和营销组合改良策略。 （ ）
19. 早期采用者是企业投放新产品的最好目标。 （ ）
20. 晚期大众通常在产品成熟阶段开始尝试购买新产品。 （ ）

【参考答案】
1. ×  2. ×  3. √  4. √  5. ×
6. ×  7. ×  8. √  9. √  10. ×
11. ×  12. ×  13. √  14. √  15. √
16. ×  17. ×  18. √  19. ×  20. √

## （四）填空题（请在各小题的画线处填入适当的词句。）

1. 菲利普·科特勒最新提出的产品整体概念应包括五个层次，即核心产品、形式产品、期望产品、延伸产品和_____。
2. 产品整体概念是建立在_____这样一个等式基础上的。
3. 消费品分成四种类型，即便利品、选购品、特殊品和_____。
4. 工业用品通常分为三类：材料和部件、_____以及供应品与服务。
5. 商业服务包括维修或修理服务和_____服务。
6. 产品组合的关联度是指各条产品线在最终用途、_____、分销渠道或其他方面相互关联的程度。
7. 产品组合决策就是企业根据_____、竞争形势和企业自身能力做出的各种可行方案的选择。
8. 产品线延伸策略，具体有_____、向下延伸和双向延伸三种实现方式。
9. 企业开展市场营销活动的思维视角不是从产品开始，而应从_____出发。
10. 每种新技术的"需求－技术生命周期"包括：引入阶段、_____、缓慢增长阶段、成熟阶段和衰退阶段。
11. 一般而言，产品种类、产品形式和产品品牌的生命周期各不相同，其中_____

_____具有最长的生命周期。

12. 营销人员寻找和搜集新产品构思的主要方法有五种：_____、强行关系法、多角分析法、聚会激励创新法和征集意见法。

13. 筛选产品构思要考虑_____、企业内部条件、销售条件及利润收益条件。

14. 在筛选阶段，要力求避免两种偏差。一种是漏选好的产品构思，失去了发展机会；另一种是采纳了_____，仓促投产，造成失败。

15. 从经济效益的角度对新产品概念进行商业分析，包括两个具体步骤：一是_____，二是推算成本与利润。

16. 新产品的_____过程，类似正态分布的曲线。

17. 顾客在选购过程中，对适用性、质量、价格和式样等基本方面要做认真权衡、比较的产品，被称作_____。

18. 产品组合决策就是企业根据市场需求、竞争形势和企业自身能力对产品组合的宽度、长度、深度和_____方面做出的决策。

19. 优化产品组合的过程，通常是分析、评价和_____现行产品组合的过程。

20. 包装按层次划分可分为首要包装、次要包装和_____。

【参考答案】

1. 潜在产品　　　　2. 产品=顾客价值　　　3. 非渴求品
4. 资本项目　　　　5. 商业咨询　　　　　　6. 生产条件
7. 市场需求　　　　8. 向上延伸　　　　　　9. 需求
10. 迅速成长阶段　　11. 产品种类　　　　　 12. 产品属性排列法
13. 市场成功的条件　14. 错误的产品构思　　　15. 预测销售额
16. 市场扩散　　　　17. 选购品　　　　　　 18. 关联度
19. 调整　　　　　　20. 装运包装

## （五）名词解释

1. 产品组合
2. 产品项目
3. 产品组合深度
4. 产品组合关联度
5. 产品生命周期
6. 装潢
7. 新产品

【参考答案】

1. 产品组合是指一个企业提供给市场的全部产品线和产品项目的组合或结构，即企业的业务经营范围。

2. 产品项目指产品线中不同品种及同一品种的不同品牌。

3. 产品组合的深度是指产品项目中每一品牌包含不同花色、规格、质量的产品数目的多少。

4. 产品组合的关联度是指各条产品线在最终用途、生产条件、分销渠道或其他方面相互关联的程度。

5. 产品生命周期是指某产品从进入市场到被市场淘汰最终退出市场的全部运动过程。

6. 装潢是指对产品包装进行装饰和艺术造型。

7. 新产品指在功能或形态等方面有部分改进或全部改变，从而具有新的功能和效用，并为顾客带来新利益的产品。

## （六）简答题

1. 简述产品整体概念的含义。
2. 简述产品组合的三种主要策略。
3. 简述成熟期的市场营销策略。
4. 简述新产品开发的程序。
5. 根据购买者的习惯和特点，消费品一般分为哪几种类型？
6. 产品生命周期由哪几个阶段构成的？其特点是什么？

【参考答案要点】

1. 产品整体概念的含义包括以下五个层次：
（1）核心产品，是指向顾客提供的产品的基本效用或利益；
（2）形式产品，是指核心产品借以实现的形式，由品质、式样、特征、商标及包装构成；
（3）期望产品，是指购买者在购买产品时期望得到与产品密切相关的一整套属性和条件；
（4）延伸产品，是指顾客购买形式产品和期望产品时附带获得的各种利益的总和，包括产品说明书、保证、安装、维修、送货、技术培训等；
（5）潜在产品，是指现有产品的可能的演变趋势和前景。

2. 产品组合策略主要有以下三种：
（1）扩大产品组合策略，包括开拓产品组合的宽度和加强产品组合的深度。根据市场需求变化及竞争格局增加产品线（扩大经营范围），或在所有产品线内增加新的生产项目。
（2）缩减产品组合策略，当市场不景气或竞争加剧时，立即删除那些获利小甚至亏损的产品线或产品项目。
（3）产品延伸策略，具体有向下延伸、向上延伸和双向延伸三种选择。

3. 成熟期有三种营销策略可供企业选择：第一种是市场改良策略，即是开发新市场、寻求新用户；第二种是产品改良策略，既是指改进产品的品质、服务，最后再投放市场；第三种是营销组合改良策略，是指改变定价、销售渠道及促销方式等组合要求来延长产品成熟期。

4. 新产品开发有以下八种主要程序：
（1）构思，即为满足一种新需求而提出的设想。

（2）筛选。选出符合本企业发展目标和长远利益、并与企业资源相协调的产品构思，摒弃那些可行性小或获利较少的产品构思。

（3）产品概念的形成与测试。新产品构思经筛选后，需进一步发展更具体、明确的产品概念。

（4）初拟营销规划。企业选择了最佳的产品概念之后，必须制定把这种产品引入市场的初步市场营销计划，并在未来的发展阶段中不断完善它。

（5）商业分析。从经济效益视角分析新产品概念是否符合企业目标，包括预测销售额和推算成本与利润。

（6）新产品研制。将通过商业分析后的新产品概念交送研发部门或技术工艺部门试制成为产品模型或样品，同时进行包装研制和品牌设计。

（7）市场试销。确定试销的地点、时间、经费及采取的一系列营销策略等。

（8）商业性投放。新产品试销成功后，正式批量生产，全面推向市场。

5. 根据购买者的习惯和特点，消费品一般分为：

（1）便利品，指顾客频繁购买或需要随时购买的产品。

（2）选购品，指顾客在选购过程中对适用性、质量、价格和式样等基本方面要认真权衡比较的产品。

（3）特殊品，指具备独有特征或品牌标记的产品。

（4）非渴求品，指消费者不了解或即便了解也不想购买的产品。

6. 产品生命周期包括引入、成长、成熟和衰退四个阶段，各个阶段的特点如下：

（1）引入阶段，是销售缓慢增长的时期。特点是生产批量小，制造成本高，生产不稳定；产品销量少，促销费用高；销售利润低，销售渠道少，市场竞争者少。

（2）成长阶段，是某种产品在市场上已打开销路后的销售增长阶段。在此阶段，产品在市场上已被消费者所接受，销售额迅速上升，成本大幅下降，企业利润得到明显改善。

（3）成熟阶段，指某种产品在市场上普遍销售以后的饱和阶段。在此阶段，大多数的购买者已经拥有这种产品，市场销售额从显著上升到逐步趋于缓慢下降的阶段，为了对抗竞争，维持产品的地位，营销费用日益增加，利润稳定或呈下降的趋势。

（4）衰退阶段，指某种产品在市场上已经滞销而被迫退出市场的衰亡阶段。在此阶段，销售额迅速下降，企业利润逐渐趋于零或呈负数，价格降为最低，多数企业退出市场，留在市场上的企业通常采取削减各种费用以维持微利或保本经营。

## （七）论述题

1. 试述产品生命周期理论对企业开展营销活动的启示。
2. 试述新产品市场扩散的反应类型及对营销活动的启示。

【参考答案要点】

1. 产品生命周期理论用于企业营销实践中，有以下几方面的启示：

（1）产品生命周期由需求与技术的生命周期决定，要求企业开展市场营销活动要从需求出发，任何产品都只是作为满足特定需要或解决问题的特定方式而存在，同时必须根据先进的科学技术开发新产品，设法运用科技创新延长产品生命周期。

（2）运用产品生命周期理论时，要善于区分产品种类、产品形式、产品品牌的生命周期。

（3）不同种类的产品，其生产周期表现的形态不尽相同，并非所有的产品都呈现S形曲线。同样的产品，可能在国内市场与国际市场上生命周期也不尽相同。

（4）影响企业产品生命周期的因素很多，有企业外部因素也有企业内部因素。如果仅就内部而言，企业产品生命周期相当于企业各种经营活动的因变量，企业经过营销努力，完全可能改变企业的产品生命周期。

2. 新产品的市场扩散过程中，由于社会地位、消费心理、产品价值观等多种因素的影响，不同顾客对新产品的反应有很大的差异，营销策略也不尽相同。

（1）创新采用者。富有个性，勇于冒险，性格活跃，消费行为很少听取他人意见，经济宽裕，社会地位较高，受过高等教育，易受广告等促销手段的影响，是企业投放新产品的理想目标。可用新潮、地位等理念引导消费与市场扩张。

（2）早期采用者。一般为年轻人群，对新事物比较敏感并有较强的适应性，经济状况良好，对早期采用新产品具有自豪感。这类消费者对广告及其他渠道传播的新产品信息很少有成见，媒体对他们有较大的影响力。企业可以主动加强促销宣传与沟通，使目标市场很快熟悉新产品。

（3）早期大众。一般较少保守思想，接受过一定的教育，有固定的收入；对"舆论领袖"的消费行为具有较强的模仿心理。通常是在征询了早期采用者的意见之后才采纳新产品。早期大众是市场主要群体，研究他们的心理状态、消费习惯，对提高产品的市场份额具有实质性的作用。

（4）晚期大众。较晚才跟上消费潮流的人，他们的工作岗位、受教育水平及收入状况往往比早期大众略差，对新事物、新环境多持怀疑态度或观望态度，往往在产品成熟阶段才加入购买。企业可通过产品改良、市场改良及营销组合策略改良来吸引和稳定该群体。

（5）落后的购买者。思想非常保守，怀疑任何变化，对新事物、新变化多持反对态度，固守传统消费行为方式，在产品进入成熟期后期以至衰退期才能接受。此类消费者不是新产品的主要营销对象，因此企业可以根据实际情况有选择地采用收缩或放弃策略。

### （八）案例简析

沃尔沃的产品组合升级

当地时间2016年5月18日，在位于瑞典哥德堡的沃尔沃汽车设计展厅里，应邀而来的中国访客被摆放在展台上的几双大小、款式各不相同的鞋子吸引了目光。沃尔沃汽车集团设计高级副总裁托马斯·英格拉特揭开了这些鞋子的秘密。他说，原本沃尔沃40、60、90三大系列看起来枯燥又无趣，现在这些正装皮鞋、商务休闲鞋与休闲运动鞋分别代表沃尔沃新一代90、60、40系列，它们有着不同的特性，但存在于同一个品牌当中。其中，代表着全新40系列车型的白色休闲鞋，意味着沃尔沃车型的产品属性正在发生改变——"它将打破沃尔沃只能'西服革履'的印象"。

在同一天，沃尔沃汽车集团正式推出全新CMA（Compact Modular Architecture）豪华紧凑型整车平台架构，并现场展示了基于这一架构打造的两款全新40系列概念车。

这无疑是沃尔沃88年历史中值得纪念的时刻。沃尔沃终于以出其不意的方式启动了全新的航程，两款全新40系列概念车让世人得以瞥见它未来的冰山一角。

"如果你的速度没有竞争对手快，就会处于弱势；如果你的速度只有竞争对手的一半，那你已经出局了。"对于沃尔沃的中国市场而言，亦是如此。中国市场的重要性，已经在几乎所有汽车品牌的历史上得到证明。沃尔沃刚推出的全新CMA豪华紧凑型车平台架构，集成了沃尔沃全球领先的智能化、新能源和自动驾驶等创新科技。

在官方规划中，未来沃尔沃在中国大型车上都将使用SPA可扩展整车平台架构，CMA平台架构则延续了SPA平台架构所具有的灵活性、扩展性和开放性，使得沃尔沃的设计师和工程师可以大胆探索新的设计方向。这意味着沃尔沃以往最为头痛的产品线问题将得以解决。沃尔沃的产品线较之于对手并不丰富，如果要兼顾全球市场同时维持良好运营，并不容易。一旦产品问题解决，沃尔沃在中国市场也会迎来逆转机会。

资料来源：宋家婷. 沃尔沃中国未竟之战，李书福的底牌到底是什么？.（2016-06-03）[2017-09-25］. 中国企业家网.

【简要评析】

沃尔沃汽车的产品组合策略方向，主要是加强产品组合深度，即在原有的产品组合内增加新40系列的产品项目，得以扩大产品组合。其优点是：

（1）满足不同偏好消费者多方面的需求，提高产品的市场占有率。随着汽车的普及率不断上升，市场上对不同类型的汽车需求也在不断增加，沃尔沃的这次产品革新是应对更宽更广的市场需求，也是对其竞争者的回击。

（2）充分利用企业信誉和商标知名度，完善产品系列，扩大经营规模。沃尔沃作为全球知名品牌，其认可度很高，但是汽车的产品组合一直很单一，这次全新40系列的出现可以完善沃尔沃的产品系列。

由于市场需求和竞争形势的变化，产品组合必然随之调整。如果企业不重视新产品的开发则可能出现不平衡的产品组合。

# 第十一章
# 品牌策略

## 一、学习目的与要求

通过本章学习，能够清楚地辨析品牌、商标的含义与区别，认识品牌注册在市场营销中的作用，掌握制定和实施品牌策略的原理与方法，能够应用品牌理论分析中国实施名牌战略面临的机会与挑战。

## 二、学习知识要点

### （一）品牌与品牌资产

1. 品牌的含义与作用

品牌是用以识别某个销售者或某群销售者的产品或服务，并使之与竞争对手的产品或服务区别开来的商业名称及其标志，通常由文字、标记、符号、图案和颜色等要素或其组合构成。品牌包括品牌名称和品牌标志两部分。品牌实质上代表着销售者（卖者）对交付给买者的产品特征、利益和服务的一贯性的承诺，包含了属性、利益、价值、文化、个性和用户六个层面的含义。

对营销者来说，品牌有助于促进产品销售，树立企业形象；品牌有利于保护品牌所有者的合法权益；品牌有利于约束企业的不良行为；品牌有助于扩大产品组合；品牌还有利于企业实施市场细分战略。对消费者来说，品牌便于消费者辨认、识别所需商品，有助于消费者选购商品；品牌有利于维护消费者利益；品牌有利于促进产品改良，使消费者受益。从国家层面来说，品牌有益于提升国家竞争力。

2. 品牌资产的构成与特征

戴维·艾克认为，品牌资产是与品牌、品牌名称和标志相联系的，能够增加或减少企业所销售产品或提供服务的价值和（或者）顾客价值的一系列品牌资产与负债。凯文·莱恩·凯勒认为，品牌应当利用强有力的、具有偏好性和独特性的联想，在消费者的记忆里建立高水平的品牌认知和积极的品牌形象，该形象能够形成影响消费者反应的知识结构，并创立各种基于顾客的品牌资产。品牌资产包括品牌认知和品牌形象两方面。我国学者符国群教授提出了"商标资产"的概念。

品牌资产是一种超过商品或服务本身利益以外的价值，通过为消费者和企业提供附加利益来体现其价值，并与某一特定的品牌紧密联系着。品牌资产由品牌知名度、品牌忠诚度、品牌联想、品牌的品质形象和附着在品牌上的其他资产五个方面构成。

品牌资产作为企业财产的重要组成部分，主要有以下几个基本特征：① 品牌资产具有无形性；② 品牌资产难以准确计量；③ 品牌资产在利用中增值；④ 品牌资产具有波动性；⑤ 品牌资产是营销绩效的主要衡量指标。

3. 品牌资产增值与市场营销过程

品牌资产增值是市场营销活动的重要结果，主要表现是溢价。

### （二）品牌设计、组合与扩展

1. 品牌运营是使品牌资产增值的活动过程

品牌运营从品牌定位开始，经过品牌设计、品牌传播、品牌组合、品牌更新、品牌扩展、品牌保护、品牌管理等环节直至使品牌增值的全过程，它是整合营销的一个重要组成部分。

（1）品牌定位是STP过程的重要组成部分。

（2）促销是企业将自己生产经营的产品和劳务等有关信息传递给消费者。品牌传播是整个品牌塑造过程中不可或缺的组成部分。促销的直接目的就是提升品牌形象。

2. 品牌设计原则

简洁醒目，易读易记；构思巧妙，暗示属性；富蕴内涵，情意浓重；避免雷同，超越时空。

3. 品牌组合与品牌族谱

（1）品牌归属策略。企业有三种可供选择的策略，一是企业使用属于自己的品牌，这叫作企业品牌或生产者品牌或自有品牌；二是他人品牌，包括中间商品牌和其他生产者品牌；三是企业对部分产品使用自己的品牌，而对另一部分产品使用中间商牌或者其他生产者品牌。

（2）品牌统分策略。统一品牌，即企业所有的产品（包括不同种类的产品）都统一使用一个品牌；个别品牌，是指企业对各种不同的产品分别使用不同的品牌；多品牌，通常是指企业同时为一种产品设计两种或两种以上互相竞争的品牌的做法；分类品牌，即指企业对所有产品在分类的基础上各类产品使用不同的品牌。

（3）复合品牌策略。包括：主副品牌策略，是指同一产品使用一主一副两个品牌的做法；品牌联合策略，是指对同一产品使用不分主次的两个或两个以上品牌的做法。

4. 品牌更新与品牌扩展

（1）品牌更新。品牌更新是对品牌重新定位和设计，以塑造品牌新形象的过程，实质是对品牌补充能量。

（2）品牌扩展。也称品牌扩张或品牌延伸，主要是指企业将某一知名品牌或某一具有市场影响力的成功品牌扩用到与成名产品或原产品完全不同的产品上，以凭借现有成功品牌推出新产品的过程。值得注意的是，品牌扩展策略是一把双刃剑。

（3）品牌授权与特许经营。品牌授权是一种契约性书面许可，允许一个品牌用于特定的时间和区域内的特定产品。品牌授权的方式有商品授权、促销授权、主题授权等。特许经营以运营同一品牌为核心，受许人（加盟者）可以在约定的期限内享有使用特许人的品牌及维系品牌的各种专有技术、管理方法或体系等，特许经营是品牌扩展的重要方式。

### （三）品牌保护与品牌管理

1. 商标的属性与品牌注册

（1）商标与品牌。品牌与商标都是用以识别不同生产经营者的不同种类、不同品质产品的商业名称及其标识。品牌是市场概念，是产品和服务在市场上通行的牌子，它强调与产品及其相关的质量、服务等之间的关系。商标属于法律范畴，它是经过注册获得商标专用权从而受到法律保护的商业名称及其标识。企业品牌注册成商标，即获得了商标专用权，并受到法律保护。

（2）商标的法律属性。商标权是指品牌注册申请人对经过商标主管机关核准注册的商标所享有的权利，包括商标的独占使用权、禁用权、转让权和使用许可权等。企业欲使自己的产品品牌长久延续，必须通过国家许可的方式获得商标专用权，以求得法律的保护。商标侵权就是指未经商标权人许可，在同一种商品或类似商品上使用与某商标雷同或近似的品牌，可能引起欺骗、混淆或讹误，损害原商标声誉的行为。

（3）品牌注册。品牌经政府有关主管部门核准后转化为商标，并独立享有其商标使用权。国际上对商标权的认定，有两个平行的原则，即"注册在先"和"使用在先"。

2. 驰名商标及其认定

驰名商标起源于《保护工业产权巴黎公约》。

（1）驰名商标的含义。我国《驰名商标认定和保护规定》的第二条给驰名商标下了个定义："驰名商标是在中国为相关公众所熟知的商标。"

（2）驰名商标的法律效力。驰名商标注册人除依法享有商标注册所产生的商标专用权外，还有权禁止他人在一定范围的非类似商品上注册或使用其驰名商标，甚至有权禁止他人将其驰名商标作为企业名称的一部分使用。驰名商标的专用权跨越国界，注册权超越优先申请原则。

（3）驰名商标的认定。根据《中华人民共和国商标法》（以下简称《商标法》）第十四条和《驰名商标认定和保护规定》第九条规定，企业在申请认定驰名商标时，可以作为证明商标驰名的证据材料有五类：证明相关公众对该商标知晓程度的材料；证明该商标使用持续时间的材料；证明该商标的任何宣传工作的持续时间、程度和地理范围的材料；证明该商标曾在中国或者其他国家和地区作为驰名商标受保护的材料；证明该商标驰名的其他证据材料。

3. 注册后的品牌保护

除了及时注册以外，品牌保护还包括：商标续展、注册互联网域名、打假等措施。

4. 品牌经理制与品牌管理

品牌管理的组织形式反映了在品牌运营活动中企业内部各部门、各机构的权力与责任及其相互关系，主要有职能管理制和品牌经理制两种。

（1）职能管理制。即在企业统一领导、组织与协调下，品牌管理的职责主要由企业各职能部门分别承担，各职能部门在各自的权责范围内行使权利、承担义务。

（2）品牌经理制。20世纪30年代由宝洁公司首创，核心理念就是"一个人负责一个品牌"。到第二次世界大战结束以后，品牌经理制被从事多品种经营的消费品生产企业视为品牌运营的规范组织形式。

## 三、练习题及答案

**（一）单项选择题**（在下列每小题中，选择一个最合适的答案。）

1. 品牌最基本的含义是品牌代表着特定的_____。
   A. 品牌价值          B. 品牌属性
   C. 商品价值          D. 商品属性
2. 品牌有利于企业实施市场细分战略，不同的品牌对应不同的_____。
   A. 消费者市场        B. 组织市场
   C. 生产者市场        D. 目标市场
3. 品牌有利于保护_____的合法权益。
   A. 品牌设计者        B. 生产者
   C. 品牌所有者        D. 销售者
4. 我国对商标的认定坚持_____原则。
   A. 注册在先          B. 使用优先辅以注册优先
   C. 使用在先          D. 注册优先辅以使用优先
5. 品牌资产是企业与_____长期动态关系的反映。
   A. 供应商            B. 中间商
   C. 顾客              D. 政府
6. 奔驰公司如果以奔驰名称推出廉价小汽车，会削弱_____。

A. 品牌属性与个性 B. 品牌利益与个性
C. 品牌价值与个性 D. 品牌文化与个性
7. 品牌运营就是从_____开始。
   A. 品牌设计 B. 品牌定位
   C. 品牌维护 D. 品牌传播
8. 复合品牌指对_____产品赋予两个或两个以上品牌。
   A. 同一种 B. 两种
   C. 多种 D. 同类
9. 企业欲在产品分销过程中占有更大的货架空间以为获得较高的市场占有率奠定基础，一般会选择_____策略。
   A. 品牌扩展 B. 分类品牌
   C. 多品牌 D. 复合品牌
10. 企业利用其成功品牌的声誉来推出改良产品或新产品，称之为_____。
    A. 品牌扩展 B. 品牌增值
    C. 品牌推广 D. 品牌传播
11. 我国现行的《商标法》规定，注册商标的有效期为_____，自核准注册之日起计算。
    A. 两年 B. 十年
    C. 十五年 D. 二十年
12. _____是一种超过商品或者服务本身利益以外的价值。
    A. 品牌资产 B. 品牌价值
    C. 企业资产 D. 企业形象价值
13. _____成为品牌资产的构成要素。
    A. 品牌联想 B. 品牌授权
    C. 品牌运营 D. 品牌使用权出让
14. 市场定位的实质就是_____。
    A. 产品定位 B. 差异化定位
    C. 品牌定位 D. 形象定位
15. 品牌是_____概念。
    A. 企业 B. 市场
    C. 经济 D. 营销
16. _____是品牌的法律形式。
    A. 驰名商标 B. 商标法
    C. 商标 D. 注册商标
17. 按照《保护工业产权巴黎公约》的规定，驰名商标在其成员国内受到法律保护。其中之一表现在，即使他人虽申请在先，驰名商标所有人也有权在_____内请求撤销注册商标。
    A. 三年 B. 七年
    C. 五年 D. 十年

18. 三叉星圆环是奔驰的_____。
    A. 品牌包装　　　　　　　　　　B. 品牌标志
    C. 品牌象征　　　　　　　　　　D. 品牌设计
19. _____行为是一种商标侵权行为。
    A. 品牌纠纷　　　　　　　　　　B. 争夺商标权
    C. 商标转让　　　　　　　　　　D. 假冒商标

【参考答案】
| | | | | |
|---|---|---|---|---|
| 1. D | 2. D | 3. C | 4. A | 5. C |
| 6. C | 7. B | 8. A | 9. C | 10. A |
| 11. B | 12. A | 13. A | 14. C | 15. B |
| 16. C | 17. C | 18. B | 19. D | |

## （二）多项选择题（下列各小题中正确的答案不少于两个，请准确选出全部正确答案。）

1. 品牌是一个集合概念，它包括_____。
   A. 品牌形象　　　　　　　　　　B. 品牌资产
   C. 品牌名称　　　　　　　　　　D. 品牌价值
   E. 品牌标志
2. 国际上对商标权的认定，有_____并行的原则。
   A. 注册在先　　　　　　　　　　B. 象征性使用在先
   C. 使用在先　　　　　　　　　　D. 使用优先辅以注册优先
   E. 注册优先辅以使用优先
3. 品牌反映的是一种企业与客户的关系，这种关系的深度与广度通常需要通过_____等多方面予以透视。
   A. 品牌知名度　　　　　　　　　B. 品牌包装
   C. 品牌联想　　　　　　　　　　D. 品牌忠诚
   E. 品牌品质形象
4. 企业采用统一品牌策略_____。
   A. 有利于吸引不同需求的消费者　　B. 有利于降低新产品宣传费用
   C. 有利于塑造企业形象　　　　　　D. 有利于显示企业实力
   E. 有利于塑造品牌核心价值
5. 按照复合在一起的品牌的地位或从属程度来划分，复合品牌策略一般可以分为_____。
   A. 多品牌策略　　　　　　　　　B. 主副品牌策略
   C. 分类品牌策略　　　　　　　　D. 统一品牌策略
   E. 品牌联合策略
6. 商标权包括_____。

A. 独占使用权 B. 禁用权
C. 发明创新权 D. 转让权
E. 使用许可权

7. 以下各方面蕴含了品牌含义的有_____。
   A. 品牌设计 B. 品牌标志
   C. 品牌价值 D. 品牌文化
   E. 品牌个性

8. 品牌定位是企业面对较多的竞争者，通过对_____等各方面的设计，是品牌在顾客心目中占据一席之地。
   A. 产品 B. 服务
   C. 情感诉求 D. 企业形象
   E. 产品包装

9. 品牌组合策略包括_____。
   A. 品牌归属策略 B. 品牌统分策略
   C. 复合品牌策略 D. 品牌更新策略
   E. 品牌延伸策略

10. 品牌有助于消费者_____。
    A. 识别商品 B. 选购商品
    C. 使用商品 D. 维护权益
    E. 保护商品

【参考答案】
1. CE    2. AC    3. ACDE    4. BCD    5. BE
6. ABDE  7. CDE   8. ABC     9. ABC    10. ABD

（三）判断题（判断下列各题是否正确。正确的在题干后的括号内打"√"，错误的打"×"。）

1. 品牌的实质是卖者对交付给买者的产品特征、利益和服务的暂时性承诺。（  ）
2. 品牌资产是通过为消费者和企业提供服务来体现其价值。（  ）
3. 联想电脑中的"联想"二字是品牌设计。（  ）
4. 品牌知名度有益于抑制竞争品牌影响力。（  ）
5. 品牌再识率反映的是消费者总体中知悉该品牌的数量及其比例。（  ）
6. 发达国家的企业都竞相在互联网上注册二级域名。（  ）
7. 法律保护的商标权是有时间限制的，中国和英国的法律规定都是10年。（  ）
8. 品牌联想能提供消费者选购的理由。（  ）
9. 品牌品质形象影响产品的获利能力。（  ）
10. 附着在品牌上的其他资产包括专利、专有技术、分销渠道等。（  ）
11. 奔驰品牌资产是一种有形资产。（  ）

12. 品牌设计雷同，将有助于提高消费者的品牌认知。（　　）
13. 李宁品牌是李宁公司的核心竞争力。（　　）
14. 低收入阶层是奔驰品牌定位的核心和集中表现。（　　）
15. 凡在市场上有一定知名度的商标都可以申请认定驰名商标。（　　）
16. 企业品牌注册成商标，即获得了商标专用权，并受到法律保护。（　　）
17. 品牌资产是一种超过商品或服务本身利益以外的价值。（　　）
18. 品牌经理制由于职权定位划分不清晰，因而对自己的角色比较模糊。（　　）
19. 注册商标可以有效地保护品牌。（　　）
20. 品牌是市场概念和法律概念的结合。（　　）

【参考答案】

1. ×　　2. ×　　3. ×　　4. √　　5. √
6. ×　　7. ×　　8. √　　9. √　　10. √
11. ×　　12. ×　　13. √　　14. ×　　15. ×
16. √　　17. √　　18. √　　19. √　　20. √

## （四）填空题（请在各小题的画线处填入适当的词句。）

1. 奔驰品牌暗示了购买或使用产品的_____类型。
2. 耐克品牌给消费者提供的附加利益越多品牌资产价值也就_____。
3. 品牌资产的运动过程具有_____。
4. 使用在先是指品牌或商标的专用权归属于该品牌的_____。
5. 品牌是市场概念，是_____在市场上通行的牌子。
6. 产品是否必须有品牌，要视品牌运营的_____测算而定。
7. 品牌重新定位策略是指全部或部分调整品牌原有_____的做法。
8. 驰名商标与一般商标相比，有其独特的_____特征。
9. 品牌忠诚度是消费者对某一品牌_____的衡量指标。
10. 品牌经理制在20世纪30年代问世于美国_____公司。
11. 品牌资产在利用中_____。
12. "驰名商标"是企业的重要_____。
13. 商标权中_____是基本的核心的权利。
14. 品牌管理水平的高低直接关系到_____投资和利用效果的好坏。
15. 假冒商标行为是指以获取非法利益为目的，_____侵犯他人注册商标专用权的行为。
16. 品牌标志通常由_____、标记、符号或者特殊颜色构成。
17. 海尔的统一品牌策略有利于推出_____。
18. 宝洁的多品牌策略有利于扩大_____。
19. 品牌保护的基本方法是_____。
20. _____是市场定位的核心。

【参考答案】
1. 消费者　　　　2. 越高　　　　　3. 波动性
4. 首先使用者　　5. 产品和服务　　6. 投入产出
7. 市场定位　　　8. 专属独占性　　9. 偏爱程度
10. 宝洁　　　　 11. 增值　　　　 12. 资产
13. 独占使用权　 14. 品牌资产　　 15. 故意
16. 图案　　　　 17. 新产品　　　 18. 产品组合
19. 品牌注册　　 20. 品牌定位

## （五）名词解释

1. 品牌名称
2. 品牌忠诚度
3. 品牌的品质形象
4. 品牌延伸
5. 品牌扩展
6. 品牌注册
7. 品牌知名度

【参考答案】
1. 品牌名称是指品牌中可以用语言称呼的部分，也称"品名"。
2. 品牌忠诚度是指消费者对某一品牌偏爱程度的衡量指标，它反映了对该品牌的信任和依赖程度。
3. 品牌的品质形象是指消费者对某一品牌的总体质量感受或在品质上的整体印象。
4. 品牌延伸主要是指企业将某一知名品牌或某一具有市场影响力的成功品牌扩用到与成名产品或原产品完全不同的产品上，以凭借现有成功品牌推出新产品的过程。
5. 品牌扩展是指利用某一成功的、具有影响力的品牌推出新产品。
6. 品牌注册是指经政府有关主管部门核准后转化为商标，并独立享有其商标使用权。
7. 品牌知名度是指品牌为消费者所知晓的程度，反映的是品牌的影响范围。

## （六）简答题

1. 简述品牌忠诚的价值表现有哪些。
2. 简述品牌资产的特征。
3. 简述品牌设计过程中应坚持的基本原则。
4. 简述目前品牌扩展受到品牌运营企业重视的原因。
5. 驰名商标与一般商标相比有什么不同？
6. 什么是附着在品牌上的其他资产？

【参考答案要点】

1. 品牌忠诚的价值表现有：

（1）降低营销费用。如果消费者对某品牌持有偏好，形成了品牌忠诚，有较高的信任度和依赖性，进而经常购买该品牌产品，就会使品牌拥有者节省广告等促销费用。

（2）易于吸引消费者，扩大市场规模。品牌忠诚度高，表明企业的生产经营活动得到了顾客的认可；顾客的连续重复性购买也是一种富有诱导性的示范；口碑甚佳又使老顾客成了义务宣传员。

2. 品牌资产是企业财产的重要组成部分，主要有以下特征：① 无形性；② 品牌资产在利用中增值；③ 品牌资产难以准确计量；④ 品牌资产具有波动性；⑤ 品牌资产是营销绩效的主要衡量指标。

3. 品牌设计过程中一般应遵循以下基本原则：① 简洁醒目，易读易记；② 构思巧妙，暗示属性；③ 富蕴内涵，情意深浓；④ 避免雷同，超越时空。

4. 品牌扩展受到企业重视并广泛应用，主要是因为：① 品牌扩展可以使品牌在利用中获得增值；② 有利于降低新产品的市场引入费用；③ 可以使新产品借助成功品牌的市场信誉顺利地进占市场。

5. 驰名商标与一般商标相比的不同是：驰名商标不同于一般商标，最为突出的就是它有独特的专属独占权，主要表现为两方面：一是驰名商标的专用权可以跨越国界，能在《保护工业产权巴黎公约》成员国范围内得到保护；二是驰名商标的注册权超越优先申请原则，即使驰名商标未注册，也在《保护工业产权巴黎公约》成员国内受到保护。

6. 附着在品牌上的其他资产是指那些与品牌密切相关的、对品牌的增值能力有重大影响的、不易准确归类的特殊资产，一般包括专利、专有技术、分销渠道等。

## （七）论述题

1. 试述品牌的作用。
2. 试述品牌联想的重要性。

【参考答案要点】

1. 品牌的作用主要体现在对营销者、消费者和提升国家竞争力三个方面。

（1）品牌对营销者的重要作用：① 品牌有助于促进产品销售；② 品牌有利于保护品牌所有者的合法权益；③ 品牌有助于约束企业的不良行为，督促企业着眼于消费者利益、社会利益和自身的长远利益，规范自己的营销行为；④ 品牌有助于扩大产品组合；⑤ 品牌还有利于企业实施市场细分战略。

（2）品牌对消费者的作用：① 品牌便于消费者辨认、识别所需商品，有助于消费者选购商品；② 品牌有利于维护消费者利益；③ 品牌有利于促进产品改良，满足消费者需求。

（3）品牌有利于提高国家竞争力。具有国际竞争力的企业数量多少，很大程度上决定一个国家的经济发展水平，也决定一个国家的经济竞争能力。中国发展经济、提升国家竞争力需要有影响力的品牌。

2. 品牌联想的重要性有以下几个方面：

（1）品牌联想成为品牌资产的构成要素。对品牌而言，不同的品牌会使消费者在脑海中产生不同的联想，进而形成不同的品牌印象，最终成为消费者选择品牌的重要依据。

（2）品牌联想能提供消费者选购的理由。消费者通过对不同品牌产生不同的联想，使品牌间的差异得以显露。广告宣传等传播品牌的主要目的就是试图使消费者从"产生联想→产生差别化认知→产生好感→产生购买欲望"。

（3）品牌联想的资产价值还能揭示品牌扩展的依据，能够创造有利于品牌为消费者所接受的正面态度与感觉。

## （八）案例简析

### QQ 汽车商标应该归属腾讯还是奇瑞？

提起"QQ"，人们会想到腾讯的"QQ"软件，也会想到奇瑞的"QQ"汽车。若"QQ"成为商标，应该归属腾讯还是奇瑞？

1. 两个"QQ"的诞生

1999 年 2 月，腾讯推出第一个即时通信软件——OICQ，后改名为腾讯 QQ，其标志是小企鹅。腾讯 QQ 诞生。2003 年 8 月，腾讯推出休闲游戏平台 QQ 游戏；同年 11 月，推出综合门户网站腾讯网。2005 年 5 月，推出社交网络平台 QQ 空间。作为一款基于 Internet 的即时通信（IM）软件，腾讯 QQ 支持在线聊天、视频通话、点对点断点续传文件、共享文件、网络硬盘、自定义面板、QQ 邮箱等多种功能，并可与多种通信终端相连。2010 年 3 月，腾讯 QQ 最高同时在线用户超过 1 亿；2014 年 3 月，腾讯 QQ 最高同时在线用户超过 2 亿。

2003 年 7 月，奇瑞推出定位于"年轻人第一辆车"的 QQ 车型。以年轻、快乐、经济为设计准则的奇瑞 QQ，拥有非常可爱的造型。圆润的车头搭配两个同样圆润的头灯，使得这款车让人一看便有种喜爱之情，另外，奇瑞 QQ 的前发动机舱盖前段微微翘起，就像一个正在抿嘴微笑的"小大人"，短小圆滑的车身更是将它的卖萌气质衬托得淋漓尽致。2003 年推出的第一批奇瑞 QQ 低配车型没有 ABS、没有车载 CD，甚至连安全气囊也没有配备，当时的它仅能满足人们代步的需求。这样一台外观讨人喜爱、空间够用、售价低廉的微型车刚一推出便立即"俘获"了众多年轻人的"芳心"，很多刚刚工作的年轻人的支付能力有限，又迫切地想成为有车一族，奇瑞 QQ 的出现恰好给了他们一个理想的选择。在疯狂的追捧下，2005 年奇瑞 QQ 便突破了月销万台的销量成绩。

值得一提的是，当时设计的这款车名为小精灵，奇瑞汽车公司为了将这款车的名字起的更加俏皮可爱，面向社会征集了大量方案，同时奇瑞方面自己也提出了诸如"青蛙王子"等方案。高手总是在民间，一名网友从这台车两个圆形的前大灯上获得灵感，结合当时流行的网络社交工具，将这台小车命名为 QQ，奇瑞方面得知后大喜过望，奇瑞 QQ 的名字也就此诞生了。

　　2. 奇瑞与腾讯的"QQ"汽车商标之争

　　2003年，奇瑞QQ轿车就曾在第12类汽车等商品上申请注册"QQ"商标，但腾讯随后在该商标的初审公告期间提出异议。腾讯代理人称，腾讯2003年的销售已达9亿元，所以在各个领域进行防御性注册。

　　2005年5月19日，腾讯在第12类汽车等商品上申请注册"QQ"商标，2008年3月7日获准注册。

　　2009年11月26日，奇瑞汽车以上述商标注册违反了我国《商标法》第十三条第一款（复制模仿驰名商标）、第二十八条（类似商品上的相同近似商标）、第三十一条（损害他人在先权利）为由向商标评审委员会提出撤销争议商标的申请。

　　资料来源：

　　[1] 黄菲菲，孙思娅，冯倩. 腾讯奇瑞开战争夺"QQ"商标.（2013-07-17）[2017-09-15]. 搜狐网.

　　[2] 骆倩雯. 11年商标争夺终定论"QQ汽车"归奇瑞.（2013-09-16）[2017-09-15]. 新浪网.

　　[3] 孙思娅，廖丰. QQ之争腾讯败诉法院：腾讯应避让奇瑞"在先权".（2014-09-15）[2017-09-15]. 凤凰网.

【简要评析】

　　（1）QQ汽车商标应当归属奇瑞。因为2008年腾讯注册成功QQ汽车商标，危害了奇瑞已经使用并有一定影响商标的情形。违反了我国《商标法》中复制模仿驰名商标、类似商品上的相同近似商标、损害他人在先权利等条款。而奇瑞提供的QQ汽车销售量和市场排名情况等材料与客观现实一致，公信力强，QQ汽车商标归属奇瑞符合法律规定。

　　（2）QQ汽车之争对奇瑞汽车品牌运营的启示有：

　　第一，及时注册商标。品牌注册成商标，使品牌转化为商标，获得商标专用权，受到法律保护。

　　第二，商标续展。我国法律保护的商标权是10年，在期满前12个月内按照规定办理续展手续，每次续展注册的有效期为10年，自该商标上一届有效期满次日起计算。

　　第三，申请认定驰名商标。当QQ汽车销量超过百万辆时，根据QQ汽车当时的市场排名，即可申请认定驰名商标，就可以在《保护工业产权巴黎公约》成员国范围内得到保护的商标权，受到成员国的法律保护。

　　第四，注册互联网域名。企业一旦有了域名，就在互联网上拥有自己的门牌号码，有了通往网络世界把握商机的一把钥匙。

　　第五，打假。假冒商标行为，一方面会使企业品牌标定下的产品销售业绩变少，另一方面还会破坏企业品牌形象。为了保护品牌，强有力的打假十分必要。

# 第十二章 定价策略

## 一、学习目的与要求

通过本章学习，了解影响定价的主要因素，掌握成本导向定价、需求导向定价和竞争导向定价等定价方法，懂得价格调整的基本策略，能够应用价格变动反应及价格调整原理分析中国特定行业的价格战。

## 二、学习知识要点

### （一）影响定价的主要因素

影响产品定价的因素包括定价目标、定价成本、市场需求、竞争者的产品和价格、政府的政策法规等。一般来说，产品定价的上限取决于市场需求，下限取决于该产品的成本费用等，在上限和下限内如何确定价格水平，则取决于一个企业的定价目标、政府的政策法规和竞争者同类产品的价格。

1. 定价目标
① 维持生存；② 当期利润最大化；③ 市场占有率最大化；④ 产品质量最优化。

2. 产品成本
从长远看，任何产品的销售价格都必须高于成本费用，即同生产、分销有关的直接成本和间接成本。

3. 市场需求
在其他条件（市场供给、相关商品价格）不变的情况下，市场需求增加，企业就有了制定较高价格的可能；反之，市场需求减少，企业也只能降价销售。营销者必须掌握产品的需求价格弹性，用以指导定价。需求弹性缺乏的产品，适宜提价以增加收入；需求弹性充足的产品，适宜降价以增加收入。

4. 竞争者的产品和价格

如果企业与竞争品质量相差无几，价格也应大体相同；如果本企业产品质量较高，价格可定得高一些；如果质量较低，价格就应定得稍低。

5. 政府的政策法规

我国与定价有关的法律法规有：《中华人民共和国价格法》《中华人民共和国反不正当竞争法》《关于商品和服务实行明码标价的规定》《制止牟取暴利的暂行规定》《价格违反行为行政处罚规定》《关于制止低价倾销行为的规定》等，企业定价时必须考虑这些法律法规。

### （二）确定基本价格的一般方法

一般来说定价决策有六个步骤，即选择定价目标、估算成本、测定需求的价格弹性、分析竞争产品与价格、选择适当的定价方法和选定最后价格。

1. 成本导向定价法

（1）成本加成定价法。指按照单位成本加上一定百分比的加成制定销售价格，公式为 $P=C(1+R)$。零售企业往往以售价为基础进行加成定价，加成率可以用零售价格或进货成本来衡量，最适加成与价格弹性成反比。

（2）增量分析定价法。分析企业接受新任务后是否有增量利润，增量利润等于接受新任务引起的增量收入减增量成本。

（3）目标定价法。指根据估计的总销售收入（销售额）和估计的产量（销售量）来制定价格。

2. 需求导向定价法

需求导向定价法是一种以市场需求强度及消费者感受为主要依据的定价方法，包括感知价值定价法、反向定价法和需求差异定价法。

（1）感知价值定价法，根据购买者对产品的感知价值制定价格，关键在于准确计算产品提供的全部市场感知价值。

（2）反向定价法，依据消费者能够接受的最终价格，计算自己经营的成本和利润后，逆向推算产品的批发价和零售价。

3. 竞争导向定价法

（1）随行就市定价法，指企业按照行业的平均现行价格水平定价，同质产品市场惯用这种定价方法。

（2）投标定价法，采购机构刊登广告或发函说明拟购品种、规格、数量等的具体要求，邀请供应商在规定的期限内投标。投标价格根据对竞争者报价的估计制定。

### （三）定价的基本策略

依据成本、需求和竞争等因素决定的是产品基础价格——产地价格，尚未考虑折扣、运费等的影响，在实践中还需运用定价策略修正或调整产品基础价格，以形成最终价格。

1. 折扣定价策略

企业为了鼓励顾客及早付清货款、大量购买、淡季购买，可酌情降低基本价格，这种价格调整叫作价格折扣。

（1）价格折扣的主要类型有：现金折扣、数量折扣、功能折扣、季节折扣和价格折让。

（2）影响折扣策略的主要因素：竞争对手及竞争实力、折扣的成本均衡性、市场总体价格水平下降情况。除了考虑以上因素，还应考虑企业流动资金的成本、金融市场汇率变化、消费者对折扣的疑虑等。

2. 地区定价策略

所谓地区定价策略就是决定卖给不同地区（包括当地和外地）的顾客，是分别制定不同价格还是相同价格，也就是说是否制定地区差价。包括：FOB原产地定价、统一交货定价、分区定价、基点定价和运费免收定价。

3. 心理定价策略

（1）声望定价，指企业利用消费者仰慕名牌商品或名店的声望所产生的心理，把价格定成整数或高价。

（2）尾数定价，利用消费者数字认知的某种心理，尽可能在价格数字上不进位、保留零头，使消费者产生价格低廉和卖主认真成本核算的感觉。

（3）招徕定价，零售商利用顾客求廉心理，将某些商品定价较低以吸引顾客。

4. 差别定价策略

所谓差别定价或需求差异定价，是指企业按照两种或两种以上不反映成本费用的比例差异的价格销售产品或服务。

（1）差别定价的主要形式有：顾客差别定价、产品形式差别定价、产品地点差别定价和销售时间差别定价。

（2）差别定价的适用条件：市场可以细分且各个细分市场表现出不同的需求程度；以较低价格购买的顾客不可能以较高价格把产品转卖；竞争者不可能在企业以较高价格销售的市场上低价竞销；细分市场和控制市场的成本费用不超过因实行差别价格得到的额外收入；差别价格不会引起顾客反感；差别价格的形式不违法。

5. 新产品定价策略

（1）撇脂定价，指在产品生命周期的最初阶段，把价格定得很高，以攫取最大利润。撇脂定价的适用条件：高价仍有足够的购买者，需求缺乏弹性；高价使需求减少一些，产量减少一些，单位成本增加一些，但不致抵消高价带来的利益；高价情况下依然可以独家经营，别无竞争者，如有专利保护的产品；高价能使人产生产品高档的印象。

（2）渗透定价，企业把其新产品价格定得相对较低，以吸引大量顾客、提高市场占有率。渗透定价的适用条件：需求价格极为敏感，即需求弹性大；企业的生产成本和经营费用会随着生产经营经验的增加而下降；低价不会引起过度竞争。

6. 产品组合定价策略

当产品只是产品组合的一部分时，必须对定价方法进行调整，使整个产品组合的利润最大化。

（1）产品大类定价。首先确定某种产品的最低价格，以吸引消费者购买产品大类中的其他产品；其次，确定产品大类中某种商品的最高价格，它在产品大类中充当品牌质量和收回投资的角色；最后，产品大类中的其他产品也分别依据其在产品大类中的角色不同而制定不同的价格。

（2）选择品定价。许多企业提供主产品的同时，会附带提供一些可选产品或服务，公司必须确定哪些作为选择对象，选择品定高价还是低价。

（3）补充产品定价。有些产品需要附属或补充品配合才能使用，许多制造商喜欢为主产品（如打印机）制定较低价格，给附属品（如墨盒、色带）制定较高价格。

（4）分部定价。服务性企业经常收取一笔固定费用，再加上可变的使用费。

（5）副产品定价。如果副产品价值低、处置费用昂贵，就会影响主产品定价——其价格必须能弥补副产品处置费用。

（6）产品系列定价，也称价格捆绑。企业打包出售一组产品或服务，目标是刺激产品线的需求，充分利用整体运营的成本经济性，同时努力提高利润净贡献。价格捆绑有纯粹捆绑、混合捆绑。

## （四）价格调整及价格变动反应

1. 企业降价与提价

（1）企业降价。降价的主要原因有：生产能力过剩；企业市场占有率下降；企业拥有成本优势。

（2）企业提价。提价的主要原因有：通货膨胀；产品供不应求；谋求竞争中的差异化优势。

2. 顾客对企业变价的反应

无论提价或降价，都必然影响购买者、竞争者、经销商和供应商的利益。

顾客对于某种产品降价，可能这样理解：① 这种产品的式样已经过时；② 这种产品有某些缺陷；③ 企业遇到财务危机；④ 价格还会下跌；⑤ 这种产品质量下降了。

提价通常会影响销售，但是购买者对某种产品提价也可能这样理解：① 这种产品畅销，不赶快就买不到了；② 这种产品很有价值；③ 卖主想尽量取得更多利润。

3. 竞争者对企业变价的反应

一个行业企业很少，产品同质性强，购买者颇具辨别力与知识，竞争者的反应就越发显得重要。

（1）了解竞争者反应的主要途径。企业可从以下两方面来估计、预测竞争者对本企业价格变动的可能反应：假设对手采取老一套的办法对付本企业价格变动；假设对手把本企业每一次价格变动都看作新挑战，并根据当时的利益做出反应。竞争者对本企业降价可能有以下判断：企业想偷偷侵占市场阵地；企业经营不善，力图扩大销售；企业想使整个行业价格下降，刺激整个市场需求。

（2）竞争者反应的主要类型：相向式反应、逆向式反应、交叉式反应。

4. 企业对竞争者变价的反应

（1）不同市场环境下的企业反应。在同质产品市场，如果竞争者降价，企业必须随之降价，否则顾客就会转而购买竞争者的产品；在异质产品市场，企业对竞争者变价的反应有更多选择余地，因为在这种市场上顾客选择卖主不仅考虑价格因素，而且考虑质量、服务、性能、外观、可靠性等，对于较小的价格差异可能并不在意。

（2）市场主导者的反应：维持价格不变、降价和提价。

（3）企业应变需要考虑的因素：产品在其生命周期中所处的阶段以及在企业产品投资组合中的重要程度，竞争者的意图和资源，市场对价格和价值的敏感性，成本费用随销量和产量的变化而变化的情况。

5. 中国企业的价格战

价格战是企业的一种重要的营销手段，是指一段时间内，某行业大量企业以集中的大幅度降低价格为主要竞争手段，导致该行业一批企业利润下滑、生存困难甚至破产倒闭的竞争态势。价格战的根源在于产品供过于求、同类产品过剩，各个企业之间产品雷同，外观、造型、质量与性能没有大的区别，同质化现象严重，售后服务不到位等。

（1）价格战的形式：进攻型价格战、狙击型价格战、防御型价格战。

（2）价格战的效果：价格战是一把双刃剑，既有积极效应，也有负面作用。

## 三、练习题及答案

**（一）单项选择题**（在下列每小题中，选择一个最合适的答案。）

1. 为促使中间商执行某种营销功能，制造商给它们的一种额外折扣称为_____。
    A. 现金折扣　　　　　　　　　　B. 价格折让

C. 功能折扣　　　　　　　　　　D. 季节折扣
2. 顾客只能一次买下一组产品或服务，不能分开购买，这种价格捆绑是_____。
　　A. 混合捆绑　　　　　　　　　　B. 全部捆绑
　　C. 纯粹的捆绑　　　　　　　　　D. 产品系列捆绑
3. 产品供不应求情况下，企业通常_____。
　　A. 提价　　　　　　　　　　　　B. 降价
　　C. 维持价格不变　　　　　　　　D. 推出新品牌
4. 随行就市定价法是_____市场的惯用定价方法。
　　A. 完全垄断　　　　　　　　　　B. 异质产品
　　C. 同质产品　　　　　　　　　　D. 垄断竞争
5. 企业把全国分为若干价格区，对于销售给不同价格区的顾客的某种产品，分别制定不同的地区价格，这是_____。
　　A. FOB 原产地定价　　　　　　　B. 分区定价
　　C. 统一交货定价　　　　　　　　D. 基点定价
6. 某服装店售货员把相同的女装以 1 000 元卖给顾客 A，以 800 元卖给顾客 B，该服装店的定价属于_____。
　　A. 顾客差别定价　　　　　　　　B. 产品形式差别定价
　　C. 产品地点差别定价　　　　　　D. 销售时间差别定价
7. 滑雪橇制造商在春夏季给零售商以_____，以鼓励零售商提前订货。
　　A. 功能折扣　　　　　　　　　　B. 数量折扣
　　C. 季节折扣　　　　　　　　　　D. 现金折扣
8. 在产品生命周期的最初阶段，把价格定得很高，以攫取最大利润，这种定价策略属于_____。
　　A. 撇脂定价　　　　　　　　　　B. 渗透定价
　　C. 招徕定价　　　　　　　　　　D. 分部定价
9. 产品的最低价格取决于_____。
　　A. 市场需求　　　　　　　　　　B. 产品成本
　　C. 企业的定价目标　　　　　　　D. 竞争者的产品与价格
10. 差别定价是企业按照两种或两种以上不反映_____的比例差异的价格销售产品或服务。
　　A. 产品价值　　　　　　　　　　B. 目标利润
　　C. 成本费用　　　　　　　　　　D. 市场价值
11. 企业对于卖给不同地区顾客的某种产品，都按照相同的厂价加相同的运费定价，这种定价策略属于_____。
　　A. 基点定价　　　　　　　　　　B. 统一交货定价
　　C. 分区定价　　　　　　　　　　D. FOB 原产地定价
12. 按照单位成本加上一定百分比的加成来制定产品销售价格的定价方法称之为_____定价法。
　　A. 成本加成　　　　　　　　　　B. 目标

C. 感知价值　　　　　　　　　　　D. 诊断
13. 投标过程中，投标商对其价格的确定主要是依据_____制定的。
    A. 市场需求　　　　　　　　　　B. 企业自身的成本费用
    C. 对竞争者的报价估计　　　　　D. 边际成本
14. 随行就市定价法指企业按照_____定价。
    A. 竞争者的平均价格水平　　　　B. 行业的平均现行价格水平
    C. 顾客的感知价值　　　　　　　D. 产品的成本费用
15. 如果企业产能、产量过剩，或面临激烈竞争，则会把_____作为主要的定价目标。
    A. 产品质量最优化　　　　　　　B. 市场占有率最大化
    C. 维持生存　　　　　　　　　　D. 当期利润最大化
16. 在产品系列定价中，企业出售一组产品的价格应_____单独购买其中每一产品的费用总和。
    A. 高于　　　　　　　　　　　　B. 等于
    C. 低于　　　　　　　　　　　　D. 不低于
17. 根据估计的总销售收入（销售额）和估计的产量（销售量）来制定价格的方法被称为_____。
    A. 目标定价法　　　　　　　　　B. 成本加成定价法
    C. 反向定价法　　　　　　　　　D. 随行就市定价法
18. 体育馆对于不同座位制定不同的票价，采用的是_____策略。
    A. 产品形式差别定价　　　　　　B. 产品地点差别定价
    C. 顾客差别定价　　　　　　　　D. 销售时间差别定价
19. 感知价值定价法的关键在于准确地计算产品所提供的全部_____。
    A. 人员感知价值　　　　　　　　B. 服务感知价值
    C. 市场感知价值　　　　　　　　D. 形象感知价值
20. 当领地有"强敌"入侵，为保全市场，企业往往采取_____价格战。
    A. 狙击型　　　　　　　　　　　B. 进攻型
    C. 游击型　　　　　　　　　　　D. 防御型

【参考答案】
1. C　　2. C　　3. A　　4. C　　5. B
6. A　　7. C　　8. A　　9. B　　10. C
11. B　　12. A　　13. C　　14. B　　15. C
16. C　　17. A　　18. B　　19. C　　20. D

（二）**多项选择题**（下列各小题中正确的答案不少于两个，请准确选出全部正确答案。）

1. 新产品定价策略包括_____等策略。

A. 渗透定价 B. 差别定价
C. 折扣定价 D. 撇脂定价
E. 产品组合定价

2. 价格战主要有_____几种形式。
A. 进攻型价格战 B. 建设型价格战
C. 围攻型价格战 D. 狙击型价格战
E. 防御型价格战

3. 成本导向定价法包括_____等几种具体方法。
A. 成本加成定价法 B. 目标定价法
C. 反向定价法 D. 增量分析定价法
E. 投标定价法

4. 企业定价目标主要有_____等。
A. 维持生存 B. 当期利润最大化
C. 市场占有率最大化 D. 产品质量最优化
E. 成本最小化

5. 差别定价的主要形式有_____差别定价。
A. 产品形式 B. 产品数量
C. 顾客 D. 产品地点
E. 销售时间

6. 企业提价主要有_____等原因。
A. 通货膨胀，物价上涨 B. 企业市场占有率下降
C. 产品供不应求 D. 企业成本费用比竞争者低
E. 生产能力过剩

7. 企业定价的一般方法有_____。
A. 需求导向定价法 B. 质量导向定价法
C. 利润导向定价法 D. 成本导向定价法
E. 竞争导向定价法

8. 产品组合定价策略主要有_____。
A. 统一交货定价 B. 选择品定价
C. 产品大类定价 D. 分部定价
E. 副产品定价

9. 市场领导者在遭到其他企业的进攻后，有_____等价格变动策略可供选择。
A. 提高产品质量 B. 提价
C. 维持价格不变 D. 降价
E. 降低服务水平

10. 地区定价策略主要有_____。
A. 基点定价 B. 统一交货定价
C. 价格折让 D. 运费免收定价
E. FOB 原产地定价

【参考答案】
1. AD　　　2. ADE　　3. AED　　4. ABCD　　5. ACDE
6. AC　　　7. ADE　　8. BCDE　　9. BCD　　10. ABDE

**（三）判断题**（判断下列各题是否正确。正确的在题干后的括号内打"√"，错误的打"×"。）

1. 一般来说，定价决策包括选择定价目标、选择适当的定价方法、估算成本、测定需求的价格弹性和选定最后价格等步骤。（　　）
2. 经销商同意参加制造商的促销活动，制造商卖给经销商的物品可以打折，叫作促销折让。（　　）
3. 价格战的根源在于产品供过于求、同类产品过剩，同质化现象严重，售后服务不到位等。（　　）
4. 需求价格弹性反映需求量与价格之间的敏感程度。（　　）
5. 价格战是市场营销的重要组成部分，它对企业只会产生积极的影响。（　　）
6. 企业调价后，众多竞争者的反应不一，有涨价的也有降价的，还有不变的，竞争者对调价的这种反应属于逆向式反应。（　　）
7. 产品定价的上限通常取决于企业的定价目标。（　　）
8. 基点定价是企业选定某些城市作为基点，然后按一定的厂价加上从基点城市到最远顾客所在地的运费来定价。（　　）
9. 当采取感知价值定价法时，如果企业过低地估计感知价值，便会定出偏低的价格。（　　）
10. 在同质产品市场上，如果竞争者降价，企业必须随之降价。（　　）
11. 企业对于不同季节、不同时期甚至不同钟点的产品或服务分别制定不同的价格称之为季节折扣。（　　）
12. 采用运费免收定价会使产品成本增加，不但给企业市场渗透带来困难，甚至难以在激烈的市场竞争中站住脚。（　　）
13. 在补充产品定价中，许多制造商喜欢为主产品制定较高价格，给附属品制定较低价格。（　　）
14. 在任何情况下，薄利一定多销。（　　）
15. 面对激烈的竞争，企业为了生存和发展，在任何时候都应始终坚持只降价不提价的原则。（　　）
16. 提价会引起消费者、经销商和企业推销人员的不满，因此提价不仅不会使企业的利润增加，反而导致利润的下降。（　　）
17. 价格战的出现有它的积极意义，同时也会带来意料不到的代价付出。（　　）
18. 需求导向定价法是一种以市场需求强度及消费者感受为主要依据的定价方法，包括随行就市定价法和反向定价法。（　　）
19. 如果企业的市场占有率下降之后很难得以恢复，市场领导者通常会维持价格不变。（　　）

20. 在企业难以估算成本而且打算和同行和平共处的情况下，企业往往采取随行就市定价法。（　　）

【参考答案】
1. ×　　2. √　　3. √　　4. √　　5. ×
6. ×　　7. ×　　8. ×　　9. √　　10. √
11. ×　　12. ×　　13. ×　　14. ×　　15. ×
16. ×　　17. √　　18. ×　　19. ×　　20. √

**（四）填空题**（请在各小题的画线处填入适当的词句。）

1. 企业对处在不同位置的产品或服务，分别制定不同价格，这种定价策略被称之为_____。
2. 价格捆绑包括纯粹捆绑和_____等形式。
3. 增量分析定价法是以_____为定价的基础。
4. 在价格战中，_____是企业主动采取的一种市场攻击行为，其表现为快速占领市场，尽可能地抢占对手的市场份额。
5. 不同顾客对同一种商品或服务的需求强度和商品知识有所不同，企业可采用_____定价策略，以不同的价格卖给不同的顾客。
6. 在采用分部定价时，服务性企业经常收取一笔固定费用，再加上可变的_____。
7. 你提价，他降价，或维持原价不变；你降价，他提价或维持原价不变。竞争者对企业调价的这种反应属于_____。
8. 市场营销学理论认为产品的最高价格取决于_____，最低价格则取决于产品的成本费用。
9. 如果企业按 FOB 价出售产品，那么产品从产地运输工具到目的地发生的一切风险和费用都将由_____承担。
10. 企业将同一产品以不同的价格卖给不同的顾客被称之为_____。
11. 在分销渠道中，批发商和零售商制定价格时多采取_____。
12. 为使消费者产生价格低廉和卖主经过认真的成本核算才定价的感觉，企业往往采用_____定价策略。
13. 如果企业产量过剩，或面临激烈竞争，或试图改变消费者需求，则需要把_____作为定价目标。
14. 成本加成定价法的公式为_____。
15. 企业可以在产品生命周期的_____阶段采用撇脂定价或渗透定价。
16. 许多制造商喜欢为主产品制定_____，给附属品制定较高价格。
17. 由于通货膨胀，物价上涨，企业的成本费用提高，因此许多企业不得不_____。
18. 投标价格通常根据对_____的估计制定，而不是按供货企业自己的成本费用来确定。

19. 目标定价法，是指根据估计的＿＿＿＿＿＿和估计的产量（销售量）来制定价格。

20. 一段时间内，某行业大量企业以集中的大幅度降低价格为主要竞争手段，并导致该行业一批企业利润下滑、生存困难甚至破产倒闭的竞争态势被称为＿＿＿＿＿＿。

【参考答案】

1. 产品地点差别定价　　2. 混合捆绑　　3. 增量成本
4. 进攻型价格战　　　　5. 顾客差别　　6. 使用费
7. 逆向式反应　　　　　8. 市场需求　　9. 顾客
10. 顾客差别定价　　　 11. 反向定价法　12. 尾数
13. 维持生存　　　　　 14. $P=C(1+R)$　15. 引入
16. 较低价格　　　　　 17. 提价　　　　18. 竞争者报价
19. 销售额　　　　　　 20. 价格战

## （五）名词解释

1. 成本导向定价
2. 招徕定价
3. 渗透定价
4. 地区定价
5. 价格战

【参考答案】

1. 成本导向定价法是一种主要以成本为依据的定价方法，包括成本加成定价法、增量分析定价法和目标定价法。

2. 招徕定价是零售商利用顾客求廉心理，将某些商品定价较低以吸引顾客。

3. 渗透定价是指企业把其新产品价格定得相对较低，以吸引大量顾客、提高市场占有率。

4. 地区定价就是企业将产品卖给不同地区（包括当地和外地）的顾客时，分别制定不同价格或遵循相同价格，也就是说是否制定地区差价。

5. 价格战是企业的一种重要的营销手段，是指一段时间内，某行业大量企业以集中的大幅度降低价格为主要竞争手段，并导致该行业一批企业利润下滑、生存困难甚至破产倒闭的竞争态势。

## （六）简答题

1. 影响企业定价的主要因素是什么？
2. 简述竞争导向定价法。

3. 价格折扣的主要类型有哪些？
4. 引起企业降价的原因有哪些？

【参考答案要点】

1. 影响产品定价的因素是多方面的，主要因素包括定价目标、产品成本、市场需求、竞争者的产品和价格、政府的政策法规等。一般来说，产品定价的上限通常取决于市场需求，下限取决于该产品的成本。在上限和下限内如何确定价格水平，则取决于一个企业的定价目标、政府的政策法规和竞争者的价格，其中竞争因素构成了对价格上限的最基本的影响，企业定价目标则提出了最低限价的问题。

2. 竞争导向定价法是一种以本企业主要竞争对手的价格为基础和依据的一种定价方法，包括随行就市定价法和投标定价法。随行就市定价法是指企业按照行业的平均现行价格水平定价，而投标定价法是根据对竞争者报价的预测制定价格。投标定价的目的在于赢得合同，所以一般低于对手报价，不与供货企业自己的成本费用发生关联。

3. 价格折扣的主要类型有：
（1）现金折扣。即企业给及时付清货款的顾客的一种减价。
（2）数量折扣。是企业给大量购买某种产品的顾客的一种减价，以鼓励购买更多。
（3）功能折扣。是制造商给批发商或零售商的一种额外折扣，促使它们执行某种营销功能（如推销、储存、服务）。
（4）季节折扣。是企业给购买过季商品或服务的顾客的减价。
（5）价格折让。包括旧换新折让和促销折让等。

4. 企业降价的主要原因有：
（1）生产能力过剩，需要扩大销售，又不能通过产品改进和加强销售等扩大市场。
（2）在强大竞争压力下，企业市场占有率下降。
（3）企业成本费用比竞争者低，企图通过降价掌握市场或提高市场占有率，从而扩大生产和销售量，进一步降低成本费用。

## （七）计算题

1. 某种品牌的牛仔裤从 100 元降到 80 元后，需求量由原来的 50 000 条增加到 70 000 条，试计算原价格条件下的需求弹性系数，并说明运用降价策略能否增加收益？

2. 某厂生产某种商品 10 000 件，固定总成本为 400 000 元，变动总成本为 600 000 元，预期利润率为 20%，试按成本加成定价法计算每件商品的销售价格。

3. 某数码商场从生产商那里购进一批智能手机，进货平均成本为 5 000 元。如果该商场的加成率为 20%，则数码商场按零售价加成确定的智能手机零售价是多少？

4. 某烤箱厂投资 100 万美元，期望取得 20% 的投资收益率。如果生产烤箱的固定成本为 30 万美元，平均变动成本为 10 美元，建成投产后预计年销售量为 5 万台，则按目标定价法确定的烤箱价格是多少？

5. 某生产商通过统计分析得：
需求函数　$Q = 1\ 000 - 4P$

成本函数 $C = 6\ 000 + 50Q$

如果公司以利润最大化为定价目标,则其价格为多少时可取得最大利润?最大利润是多少?

6. 在第5题中,公司如果以最大销售额为定价目标,则公司制定什么价格时可取得最大销售额?最大销售额是多少?

7. 设某企业产品的价格与需求量相互关系如表12-1所示。

表12-1 某企业产品的价格与需求量互动关系

| 价格（元） | 8 | 6 | 4 | 3 |
|---|---|---|---|---|
| 需求量（件） | 100 | 300 | 400 | 500 |

固定成本为800元,平均变动成本为一常数2元。试确定企业产品的价格多少较为合适?

8. 有甲、乙、丙三家企业都生产同一种手机,这种手机的平均市场价格为1 200元,现抽取一组用户作样本,采用直接感知价值评比法来确定其产品的价格,这组用户将100分在三家企业的产品之间分配,分配结果是:甲企业30分,乙企业50分,丙企业20分,则三家企业的手机价格分别是多少?

9. 在第8题中,如果运用诊断法来确定其产品的价格,要求用户对手机的四种属性（接收效果、通话质量、充电速度、坚实耐用）分别予以评价,对每一种属性在100内分配给三家企业进行评定,结果见表12-2。

表12-2 用户对三家企业手机属性的评价

| 属性 | 权数 | 甲企业手机 | 乙企业手机 | 丙企业手机 |
|---|---|---|---|---|
| 接收效果 | 35 | 25 | 50 | 25 |
| 通话质量 | 30 | 35 | 45 | 20 |
| 充电速度 | 20 | 20 | 60 | 20 |
| 坚实耐用 | 15 | 40 | 30 | 30 |

要求测算甲、乙、丙三家企业手机的价格。

10. 设某企业为一楼房建筑工程投标。根据楼房设计需求,估计建筑工程总费用为9 500万元。在预估可能的竞争对手及其所投标书后,提出了四种可行的报价,并估算其中标概率,见表12-3,根据每一报价下的期望利润,你认为企业应如何报价才能取得中标概率与可能利润二者的综合效果最好?

表12-3 某企业提出的投标估算值

| 标价（万元） | 成本（万元） | 中标概率 | 可得利润（万元） |
|---|---|---|---|
| 9 700 | 9 500 | 0.9 | 200 |

续表

| 标价（万元） | 成本（万元） | 中标概率 | 可得利润（万元） |
| --- | --- | --- | --- |
| 11 000 | 9 500 | 0.5 | 1 500 |
| 12 000 | 9 500 | 0.2 | 2 500 |
| 13 000 | 9 500 | 0.1 | 3 500 |

【参考答案】

1. 解：

设原来的价格为 $P_0$，需求量为 $Q_0$，变化后的价格为 $P_1$，需求量为 $Q_1$，$\Delta P$ 为价格的变动额，$\Delta Q$ 为需求量的变动额。

（1）原价格条件下的需求弹性系数为

$$E = \frac{\Delta Q}{\Delta P} \times \frac{P_0}{Q_0}$$

$$= \frac{70\,000 - 50\,000}{80 - 100} \times \frac{100}{50\,000}$$

$$= -2$$

（2）运用降价策略前后的收益计算如下。

降价前的收益：$R_0 = P_0 Q_0 = 100 \times 50\,000 = 5\,000\,000$（元）

降价后的收益：$R_1 = P_1 Q_1 = 80 \times 70\,000 = 5\,600\,000$（元）

由于 $R_0 < R_1$，所以运用降价策略后的收益增加。

另外，由于需求弹性系数 $|E| > 1$，需求富有弹性，价格下降的幅度小于需求量增加的幅度，因此降价会使收益增加。

2. 解：

单位商品成本 $C = \dfrac{400\,000 + 600\,000}{10\,000} = 100$（元）

根据 $P = C(1+R) = 100 \times (1 + 20\%) = 120$（元）

因此，每件商品销售价格为 120 元。

3. 解：

设该数码商场的进价为 $P_0$，零售价为 $P_1$，加成率为 $R$，则依据零售价加成关系有下式

$$P_1 = P_0 + P_1 R$$

整理后得

$$P_1 = \frac{P_0}{1-R} = \frac{5\,000}{1-20\%} = 6\,250（元）$$

即按零售价加成定价法确定的智能手机价格为 6 250 元。

4. 解：

根据目标定价法的原理，可得

$P = ATC + M/Q$ （$M$ 为包含固定成本在内的投资收益）

$\quad = AVC + TFC/Q + IS/Q$

= 10 + 300 000/50 000 + 1 000 000 × 20%/50 000
= 20（美元）

即按目标定价法确定的烤箱价格是每台 20 美元。

5. 解：

设利润为 $Z$，销售收入为 $R$。依据成本、收入和利润之间的关系，可建立下式

$$Z = R - C$$
$$= PQ - C$$
$$= P(1\,000 - 4P) - (6\,000 + 50Q)$$
$$= -56\,000 + 1\,200P - 4P^2$$

因此，利润是价格的二次函数。根据二次函数求极值的原理，欲使 $Z$ 最大，则

$$P = -\frac{1\,200}{2 \times (-4)} = 150$$

最大利润 $Z_{max} = -56\,000 + 1\,200 \times 150 - 4 \times 150^2 = 34\,000$

6. 解：

销售额 $R = PQ = P(1\,000 - 4P) = 1\,000P - 4P^2$

根据二次函数求极值的原理，欲使 $R$ 最大，则

$$P = -\frac{1\,000}{2 \times (-4)} = 125$$

最大销售额 $R_{max} = 1\,200 \times 125 - 4 \times 125^2 = 87\,500$

7. 解：

用直接比较每一价格水平下的利润来择优定价，计算过程如表 12-4 所示。

表 12-4　每一价格水平下的相关数据

| 价格（元） | 需求量（件） | 销售收入（元） | 变动成本（元） | 固定成本（元） | 总成本（元） | 利润（元） |
|---|---|---|---|---|---|---|
| 8 | 100 | 800 | 200 | 800 | 1 000 | -200 |
| 6 | 300 | 1 800 | 600 | 800 | 1 400 | 400 |
| 4 | 400 | 1 600 | 800 | 800 | 1 600 | 0 |
| 3 | 500 | 1 500 | 1 000 | 800 | 1 800 | -300 |

表 12-4 中的数据说明企业将价格定为 6 元较为合适。

8. 解：

（1）用简单平均法计算的手机的平均感知价值为

$$\bar{X} = \frac{1}{n}\sum_{i=1}^{n} x_i = \frac{1}{3} \times (50 + 30 + 20) \approx 33$$

（2）三家企业手机价格的分别为

甲企业的手机价格：$1\,200 \times \dfrac{30}{33} \approx 1\,091$（元）

乙企业的手机价格：$1\,200 \times \dfrac{50}{33} \approx 1\,818$（元）

丙企业的手机价格：$1\,200 \times \dfrac{20}{33} \approx 727$（元）

9. 解：

（1）用加权平均法计算各家企业的手机感知价值。加权平均法的公式为

$$\overline{X} = \dfrac{\sum w_i x_i}{\sum w_i}$$

甲、乙、丙企业手机的感知价值分别为：

$$\overline{X}_{甲} = \dfrac{\sum w_i x_i}{\sum w_i} = \dfrac{35 \times 25 + 30 \times 35 + 20 \times 20 + 15 \times 40}{35 + 30 + 20 + 15} = 29.25$$

$$\overline{X}_{乙} = \dfrac{\sum w_i x_i}{\sum w_i} = \dfrac{35 \times 50 + 30 \times 45 + 20 \times 60 + 15 \times 30}{35 + 30 + 20 + 15} = 47.50$$

$$\overline{X}_{丙} = \dfrac{\sum w_i x_i}{\sum w_i} = \dfrac{35 \times 25 + 30 \times 20 + 20 \times 20 + 15 \times 30}{35 + 30 + 20 + 15} = 23.25$$

（2）手机的平均感知价值为

$$\overline{X} = \dfrac{1}{n} \sum_{i=1}^{n} x_i = \dfrac{1}{3} \times (29.25 + 47.50 + 23.25) = 33.33$$

（3）依据感知价值确定的各企业手机价格分别为

甲：$1\,200 \times \dfrac{29.25}{33.33} \approx 1\,053$（元）

乙：$1\,200 \times \dfrac{47.50}{33.33} \approx 1\,710$（元）

丙：$1\,200 \times \dfrac{23.25}{33.33} \approx 837$（元）

10. 解：

$$期望利润 = 中标概率 \times 可得利润$$

期望利润同时考虑了中标可能性与利润两个因素，由题中数据计算的期望利润如表12-5。

表12-5　企业投标的期望利润

| 标价（万元） | 中标概率 | 可得利润（万元） | 期望利润（万元） |
| --- | --- | --- | --- |
| 9 700 | 0.9 | 200 | 180 |
| 11 000 | 0.5 | 1 500 | 750 |
| 12 000 | 0.2 | 2 500 | 500 |
| 13 000 | 0.1 | 3 500 | 350 |

从表 12-5 可见，报价 11 000 万元的期望利润最大，即 750 万元，意味着中标概率与可得利润二者综合效果最好，按期望利润最大原则，企业应选择报价 11 000 万元。

## （八）论述题

试述心理定价策略。

【参考答案要点】

心理定价策略主要包括声望定价、尾数定价和招徕定价三种定价策略。

（1）声望定价是指企业利用消费者仰慕名牌商品或名店的声望所产生的心理，把价格定成整数或高价。质量不易鉴别的商品定价适宜此法，因为消费者崇尚名牌，往往以价格判断质量，认为高价代表高质量。但价格也不能离谱，使消费者不能接受。

（2）尾数定价是利用消费者数字认知的某种心理，尽可能在价格数字上不进位、保留零头，使消费者产生价格低廉和卖主认真成本核算的感觉，使消费者对企业产品及定价产生信任感。

（3）招徕定价是零售商利用顾客求廉心理，将某些商品定价较低以吸引顾客。一些商店随机推出降价商品，每天、每时都有一至二种商品降价出售，吸引顾客经常光顾，同时也选购其他正常价格的商品。

## （九）案例简析

### Gucci 定价策略陷"短期逐利"困局

2016 年 10 月 16 日，奢侈品牌 Gucci 在华进行全面调价，调价幅度 10%。据悉，10 月初，Gucci 已经在欧洲市场对全线产品进行调价，涨幅约在 10~30 欧元，远低于国内的涨幅水平。值得一提的是，这是 Gucci 年度内第二次提价，与目前奢侈品大牌降价策略大相径庭。但在定价策略方面 Gucci 一直不走寻常路，2015 年 Gucci 是奢侈品打折促销最为凶猛的品牌，在北京、上海等地进行 5 折促销。时过境迁，随着 Gucci 业绩一路凯歌，打折救市的策略摇身变成了提价树立品牌。然而，在业内人士看来，Gucci 这种卖得好就涨价、卖不好就降价的定价策略，短期内或许可以收获营业额，但是对于品牌的长期价值而言百害而无一利。

Gucci 店员表示，此次提价主要是受原材料涨价、全球货币汇率变化等因素影响。

然而，财富品质研究院院长周婷对于 Gucci 给出的涨价理由并不认同，周婷表示，Gucci 提出的涨价因素不能忽视，但从近两年品牌价格波动情况分析不难发现，Gucci 年内两次涨价更多来自于销售情况乐观所致。

相较于 2016 年的高调涨价，Gucci 2015 年降价促销也是轰轰烈烈。2015 年夏季，

Gucci在上海、北京等市场进行史无前例打折促销季，大部分商品直接5折。夏季促销季的余温尚存，Gucci的冬季促销季再次来袭。一年内多次打折促销去库存，让许多消费者捞到便宜货的同时也对品牌产生了深深的质疑。

据了解，与夏季打折促销不同，Gucci的冬季促销显得有些冷清，消费者提出质疑，打折影响奢侈品的品牌定位，打折力度那么大，大家像买白菜一样抢，反而不想买了。

业内人士指出，打折促销对于奢侈品而言是把双刃剑，品牌一味追求短期利益，选择打折促销的方式去库存，最终会对品牌价值产生负面影响。

而对于一年内两次调价，Gucci方面称，提价是每年调整惯例，即品牌每年价格都会有不同程度的涨幅，主要是受到原材料、汇率等方面的影响。除此之外，消费心理战术也是一部分原因，品牌希望通过提价营造品牌升值印象。

通过翻阅Gucci财报可以发现，品牌的定价策略与财报销售数据直接挂钩，从业绩曲线图和定价策略不难看出，品牌基本遵循卖不好就打折，卖得好就涨价原则。

据悉，2016年第一季度，Gucci业绩涨幅为3.1%，远高于行业平均的1%。与此同时，Gucci最新财报中显示，其上半年利润增长7%，且第二季度正价商品收入增长70%。

Gucci首席执行官Marco Bizzarri则公开向媒体表示，Gucci未来的目标是完成60亿欧元的年销售目标，品牌未来会以两倍于行业的平均增速前进。

业内人士指出，今年Gucci的业绩不仅领跑开云集团，更是好于市场上很多奢侈品牌。或许正是业绩的突飞猛进，让Gucci可以有足够的底气在奢侈品一片唱衰论调时候高调提价。

涨价是因为业绩突飞猛进，那么打折促销是不是因为业绩下跌造成的呢？据了解，2014年开始，Gucci业绩一路狂跌。2014财年，Gucci品牌来自持续经营业务的营业利润大跌6.7%，从上年同期的11.32亿欧元跌至10.56亿欧元。不仅如此，Gucci业绩下滑延续到2015年第一季度，Gucci净利润暴跌5.7%，除美国和西欧市场外，中国和日本在内的亚太市场表现均不尽如人意。由于Gucci业绩一路下挫，其母公司开云集团一季度业绩也出现了2.6%的负增长，为近年来最差表现。

对此，周婷则指出，Gucci涨价和打折的原因更多是受到业绩影响，2014年Gucci业绩一路狂跌，导致2015年品牌5折甩库存。而2016年业绩有所好转，品牌则开始进行调价。无论是打折促销还是提价维护品牌，Gucci都只看到了短期眼前利润，而忽略了奢侈品安身立命的品牌价值。

面对其他奢侈品牌纷纷在华实施降价策略，以求可以实现全球价格一体化。Gucci任性涨价除了带来消费者对品牌的质疑之外，还有可能造成国内消费的进一步流失。

虽然Gucci两次涨价都有涉及欧洲市场，但只有10～30欧元的涨价幅度远低于国内10%的水平。普遍而言，海外奢侈品价格比国内要低大约40%，Gucci国内外涨价差则会进一步加大国内外价格差。

业内人士分析指出，2015年海外代购给奢侈品厂商带来的销售额高达340亿～500亿元人民币。中国市场逐渐沦为品牌的展示厅，越来越多的消费者通过海外途径购买奢侈品。而国内市场租金、人力成本等不断上涨，许多品牌开始采取全球价格一体化，希望可以留住国内消费者，Gucci显然还没有意识到这个问题的严重性。

周婷对此补充道："如今越来越多年轻一代的消费者，已经越来越轻品牌、重产品设计和品质，Gucci 盲目的打折和提价让会让消费者产生逆反心理。品牌不能只是简单的涨价或降价，需不断创新产品，树立良好品牌形象，改善经营和拓展策略。"

资料来源：节选自刘一博. Gucci 定价策略陷"短期逐利"困局 北京商报，2016-10-19（D01）.

【简要评析】

（1）从该案例来看，Gucci 降价和涨价更多是受到销售业绩的影响。2014 年 Gucci 的销售业绩一路狂跌，导致该品牌在 2015 年多次打折促销去库存，特别是夏季时在上海、北京等市场进行史无前例的打折促销，大部分商品都是以 5 折的价格销售。而 2016 年在销售业绩好转的情况下，一年内就进行了两次调价，尤其是 2016 年 10 月的调价幅度高达 10%，远高于国外的涨幅水平。总之，该品牌主要是根据销售业绩进行价格调整，基本遵循销量低就降价，销量高就涨价的原则，Gucci 任性的降价和涨价会让消费者产生逆反心理，损害了品牌形象。随着营销环境的变化，企业当然需要调整价格，以便更好地生存和发展。但是，企业不能盲目调价，应该在深入分析是否具备降价或涨价的条件后，再来决定调整产品的价格。

（2）对于 Gucci 这种"短期逐利"的价格调整策略，从短期来看，或许可以提高销量，增加销售收入，但从长期来看，则会损害品牌形象，贬低品牌价值。Gucci 的打折促销对于奢侈品而言是把双刃剑，企业一味追求短期利益，使用打折促销的方式去库存，最终会对品牌定位和品牌形象产生负面影响；2016 年，在竞争对手纷纷在华将其奢侈品牌降价以求实现全球价格一体化的情况下，Gucci 则在我国国内大幅度地提高产品的价格，而且由于国内的涨幅远远高于国外的涨幅而导致国内外价格差距进一步增大，Gucci 的任性涨价，除了带来消费者对品牌的质疑之外，还可能会造成国内消费者的流失。

总之，在营销实践中，企业不能只是单纯地使用定价策略，而是要与其他营销组合要素相匹配，以便更好地满足目标市场的需求，从而使企业获得良好的营销效益。

# 第十三章

# 分销策略

## 一、学习目的与要求

通过本章学习，了解分销渠道和物流的含义，明确影响分销渠道设计的主要影响因素以及批发商与零售商的基本类型，懂得分销渠道和物流管理的基本理论和方法，并能应用分销渠道理论分析中间商存在的必要性等营销现实问题。

## 二、学习知识要点

### （一）分销渠道的职能和类型

1. 分销渠道的含义与职能

所谓市场营销渠道，是指配合起来生产、分销和消费某一生产者的产品或服务的所有企业和个人。所谓分销渠道，通常指促使某种产品或服务能顺利地经由市场交换过程，转移给消费者（用户）消费使用的一整套相互依存的组织。其成员包括产品或服务从生产者向消费者转移过程中，取得这种产品或服务的所有权或帮助所有权转移的所有企业和个人。

分销渠道的主要职能包括：研究、促销、接洽、谈判、订货、配合、物流、融资、风险承担、付款、所有权转移和服务。

2. 分销渠道的类型

（1）分销渠道的层次。产品从生产者转移到消费者的过程中，任何一个对产品拥有所有权或负有推销责任的机构，都可视为一个渠道层次。市场营销学以中间机构层次的数目表述渠道的长度。

（2）分销渠道的宽度。指渠道中的每个层次使用的同种类型中间商的数目，包括密集分销、选择分销和独家分销三种。

## （二）分销渠道策略

### 1. 影响分销渠道设计的因素

影响分销渠道设计的因素主要有：顾客特性、产品特性、中间商特性、竞争特性、企业特性、环境特性。

### 2. 分销渠道的设计

（1）分析顾客需要的服务产出水平。
（2）确定渠道目标与限制。
（3）明确各种渠道备选方案。
（4）从经济性、控制性和适应性评估各种渠道备选方案。

### 3. 分销渠道的管理

分销渠道管理包括：选择渠道成员、激励渠道成员、评估渠道成员和渠道改进安排四个方面。

### 4. 窜货现象及其整治

窜货是指经销商置经销协议和制造商长期利益于不顾，进行产品跨地区降价销售。产生这种现象的原因主要有：某些地区市场供应饱和；广告拉力过大，渠道建设没有跟上；企业在资金、人力等方面不足，造成不同区域之间渠道发展不平衡；企业给予渠道的优惠政策各不相同，分销商利用地区差价窜货。

整治窜货的办法：签订不窜货乱价协议；外包装区域差异化；发货车统一备案，统一签发控制运货单；通过定区、定人、定客户、定价格、定占店率、定激励和定监督的措施，建立科学的内部分区业务管理制度。

### 5. 渠道策略的新发展

随着信息时代到来，互联网渗透到生活中的方方面面，也给企业的渠道策略创新带来机会。新分销渠道形式开始出现，如：通路"直销"，垂直渠道网络，水平渠道系统，多渠道系统，基于互联网的分销渠道等。

## （三）批发商与零售商

### 1. 批发和批发商

批发是指一切将产品或服务售给为了转卖或商业用途而购买的组织或个人的活动。批发商是指那些主要从事批发业务的公司，主要有三种类型：

（1）商人批发商，指自己进货，取得产品所有权后再批发出售的商业企业，也就是人们通常所说的独立批发商。这是批发商的最主要的类型。

（2）经纪人和代理商，专门从事购买、销售或二者兼备，但不取得产品所有权的企业或个人,主要职能在于促成交易和赚取佣金作为报酬。与商人批发商不同,他们对经营的产品没有所有权。

(3)制造商及零售商的分店和销售办事处,是买方或卖方自行经营批发业务。

2. 零售和商店零售商

零售是指所有向最终消费者直接销售产品或服务用于个人及非商业性用途的活动,而零售商指那些销售量主要来自零售的商业企业。

零售商类型千变万化,新组织形式层出不穷,一般可以分为商店零售商和无门市零售商两种类型。商店零售商主要有八种:专用品商店,百货商店,超级市场,便利店,超级商店、联合商店和特级商场,折扣商店,仓储商店,产品陈列室推销店。无门市零售商主要有六种:直复营销,直接销售,电话营销,自动售货,购物服务公司,电视购物与网上商店。

### (四)物流策略

1. 物流的含义与职能

物流是指通过有效地安排商品的仓储、管理和转移,使商品在需要的时间到达需要的地点的经营活动。物流的职能是将产品由生产地转移到消费地,从而创造地点效用。

从市场营销观点来看,物流规划应以市场为起点,并将所获信息反馈到原料的需求来源。

2. 物流的目标

(1)顾客服务产出与投入。企业一般根据竞争者的现行顾客服务水平确定自己的服务水平。在维持现有服务水平下,如果没有任何投入因素的重新组合能进一步降低成本,则现有物流系统就可以称为有效的物流系统,企业应致力于总系统的物流成本最低。

(2)协调职能部门的矛盾。企业的各种物流活动,应从整个物流系统考虑物流策略,不应只着眼于各个职能部门。

(3)物流目标。企业物流目标就是对产品做适时适地传送,适当兼顾最佳顾客服务与最低配送成本。

3. 物流的规划与管理

每一个物流系统,都包括仓库数目、区位、规模、运输政策以及存货政策等构成的一组决策。物流系统的总成本用数学公式表示为 $D=T+FW+VW+S$。选择和设计物流系统,要对各种系统的总成本加以检验,选择成本最小的物流系统。一般来讲有以下几种选择:(1)单一工厂,单一市场;(2)单一工厂,多个市场;(3)多个工厂,多个市场。

4. 存货与运输策略

(1)存货策略。需要考虑成本与服务之间的平衡,做好订购点决策和订购量决策。

(2)运输策略。企业选择何种运输工具会影响到产品定价、准时交货率和物品到达目的地时的情况，关系到顾客的满意程度，通常要在铁路运输、水运、卡车运输、管道运输和空运之间做出决策。

5. 物流现代化

物流现代化涵盖物流管理的多个环节，需要多种技术支撑，包括条形码、电子货币、电子收款机、电子数据交换和电子标签等。

6. 物流职能的外包

第三方物流又叫合同制物流，是指生产经营企业为集中精力搞好主业，把原来自己处理的物流活动以合同方式委托给专业物流服务企业，同时通过信息系统与物流服务企业保持密切联系，以达到对物流全程的管理和控制的一种物流运作与管理方式。

第四方物流是把在全球供应链上有关物流、现金流、商流、信息流的管理与技术服务，统筹外包给可以提供一站式整合服务的提供者。

## 三、练习题及答案

**（一）单项选择题**（在下列每小题中，选择一个最合适的答案。）

1. 渠道设计问题的中心环节是确定进入_____的最佳途径。
   A. 零售商                    B. 目标市场
   C. 供应商                    D. 消费者
2. 独家分销是指制造商在某一地区，仅选择_____推销产品。
   A. 一家中间商                B. 两家中间商
   C. 多家零售商                D. 一家批发商
3. 生产者对各种可能的渠道备选方案进行评估时，_____是最为重要的评估标准。
   A. 适应性                    B. 控制性
   C. 灵活性                    D. 经济性
4. 通路"直销"是生产厂家或经销商绕过一些中间环节，直接供货给_____。
   A. 最终消费者                B. 零售终端
   C. 批发商                    D. 使用者
5. 设计渠道的第一步，营销人员必须了解目标顾客需要的_____。
   A. 服务时间                  B. 服务地点
   C. 服务产出水平              D. 空间便利
6. 分销渠道的起点是_____。
   A. 供应商                    B. 生产者
   C. 辅助商                    D. 消费者
7. 将产品或服务售给为了转卖或商业用途而购买的组织或个人的活动属于_____。

A. 批发 B. 代理
C. 零售 D. 经销

8. 市场营销学以中间机构层次的数目表述渠道的_____。
   A. 宽度 B. 长度
   C. 深度 D. 关联度

9. 物流以企业销售预测为开端，并以此为基础来规划生产水平和_____。
   A. 销售水平 B. 市场规模
   C. 成本费用 D. 存货水平

10. _____就是企业预期达到的顾客服务水平以及中间商应执行的职能。
    A. 渠道目标 B. 渠道规划
    C. 渠道水平 D. 渠道方案

11. 批发商的最主要的类型是_____。
    A. 商人批发商 B. 经纪人
    C. 代理商 D. 制造商销售办事处

12. 容易造成渠道之间冲突的分销渠道系统是_____。
    A. 管理型渠道系统 B. 公司型渠道系统
    C. 水平渠道系统 D. 多渠道系统

13. 物流的主要职能是将产品由其生产地转移到消费地，从而创造_____。
    A. 时间效用 B. 形式效用
    C. 地点效用 D. 占有效用

14. 消费品中的选购品和特殊品较宜于采取_____策略。
    A. 密集分销 B. 独家分销
    C. 选择分销 D. 直销

15. 经销商置经销协议和制造商长期利益于不顾，进行产品跨地区降价销售的行为就是_____。
    A. 窜货 B. 渠道冲突
    C. 反向营销 D. 营销近视

16. 非标准化产品或单位价值高的产品一般采取_____。
    A. 直销 B. 广泛分配路线
    C. 密集分销 D. 自动售货

17. 当顾客人数较多时，生产者倾向于利用每一层次都有许多中间商的_____。
    A. 短渠道 B. 长渠道
    C. 宽渠道 D. 窄渠道

18. 在生产者对中间商进行激励时，如果出现激励不足的情况，其结果是_____。
    A. 销量提高，利润下降 B. 销量降低，利润下降
    C. 销量提高，利润上升 D. 销量降低，利润上升

19. 由两家或两家以上的企业横向联合，共同开拓新的营销机会的渠道系统被称为_____。
    A. 垂直渠道系统 B. 多渠道系统

C. 水平渠道系统　　　　　　　　D. 管理型渠道系统

20. 为补偿渠道工作的成本费用而对资金的取得与支出属于分销渠道职能中的_____。
    A. 融资职能　　　　　　　　　B. 谈判职能
    C. 接洽职能　　　　　　　　　D. 物流职能

【参考答案】

| 1. B | 2. A | 3. D | 4. B | 5. C |
| 6. B | 7. A | 8. B | 9. D | 10. A |
| 11. A | 12. D | 13. C | 14. C | 15. A |
| 16. A | 17. B | 18. B | 19. C | 20. A |

## （二）多项选择题（下列各小题中正确的答案不少于两个，请准确选出全部正确答案。）

1. 生产者必须对各种可能的渠道备选方案进行评估，评估标准包括_____。
   A. 适应性　　　　　　　　　　B. 销售额
   C. 成本　　　　　　　　　　　D. 控制性
   E. 经济性

2. 分销渠道的成员不包括_____。
   A. 生产者　　　　　　　　　　B. 商人中间商
   C. 消费者　　　　　　　　　　D. 供应商
   E. 辅助商

3. 运输策略是一种重要的物流策略。目前可供企业选择的运输方式有_____。
   A. 铁路运输　　　　　　　　　B. 水运
   C. 卡车运输　　　　　　　　　D. 管道运输
   E. 空运

4. 从顾客特性来看，渠道设计会受到_____等因素的影响。
   A. 顾客人数　　　　　　　　　B. 地理分布
   C. 企业资金　　　　　　　　　D. 购买频率
   E. 平均购买数量

5. 生产者可借助某些权力来赢得中间商的合作，这些力量是_____。
   A. 奖赏力　　　　　　　　　　B. 感召力
   C. 法定力　　　　　　　　　　D. 强制力
   E. 生产力

6. 通常分销渠道可提供_____等服务产出。
   A. 批量大小　　　　　　　　　B. 等候时间
   C. 空间便利　　　　　　　　　D. 产品差异
   E. 产品齐全

7. 外包装区域差异化主要包括_____，可以一定程度上控制窜货乱价。
   A. 文字标识　　　　　　　　B. 商标颜色差异化
   C. 外包装颜色差异化　　　　D. 外包装印刷条形码
   E. 商标差异化
8. 对渠道成员的管理，主要是对中间商进行_____。
   A. 选择　　　　　　　　　　B. 控制
   C. 激励　　　　　　　　　　D. 定期评估
   E. 协调
9. 多渠道系统为制造商提供了_____等方面的利益。
   A. 减少渠道冲突　　　　　　B. 降低渠道成本
   C. 提高渠道控制力　　　　　D. 更好地适应顾客要求
   E. 扩大产品的市场覆盖面
10. 影响渠道设计的主要因素有_____。
    A. 竞争特性　　　　　　　　B. 顾客特性
    C. 产品特性　　　　　　　　D. 企业特性
    E. 中间商特性

【参考答案】
1. ADE　　2. DE　　3. ABCDE　　4. ABDE　　5. ABCD
6. ABCE　　7. ABD　　8. ACD　　9. BDE　　10. ABCDE

（三）**判断题**（判断下列各题是否正确。正确的在题干后的括号内打"√"，错误的打"×"。）

1. 接洽是分销渠道的主要职能之一，主要是进行关于所供应的物品的说服性沟通。（　　）
2. 产品组合的关联性越强，越应该使用性质不同的渠道。（　　）
3. 在产品从生产者转移到消费者的过程中，任何一个对产品拥有所有权或负有推销责任的机构，都可视为一个渠道层次。（　　）
4. 判别一个渠道方案好坏的标准，主要考虑其能否导致较高销售额。（　　）
5. 消费品中的便利品和产业用品中的供应品通常采取选择分销。（　　）
6. 生产者直接销售给集中于同一地区的 400 个顾客所花的费用，远比给分散在 400 个地区的 400 个顾客要多。（　　）
7. 每一位生产者确定渠道目标时，都没有必要考虑顾客、产品、中间商、竞争者、企业政策和环境等因素。（　　）
8. 单位价值低的产品，企业应通过中间商销售而不是依靠推销人员。（　　）
9. 一个涉及长期承诺的渠道方案，只有在经济性和控制性方面都很优越的条件下才可予以考虑。（　　）
10. 产品组合的宽度越大，则越倾向于使用独家分销或有选择地使用代理商。（　　）

11. 易腐烂的产品通常需要直接营销。（　　）
12. 商人中间商与代理中间商对经营的产品都拥有所有权。（　　）
13. 从市场观点来看，物流规划应从工厂开始考虑，并将所获得的信息反馈到原料的需求来源。（　　）
14. 物流是市场营销的一部分，包括产品运输、保管、装卸、包装。（　　）
15. 企业的物流目标是对产品适时、适地的传送，兼顾最佳顾客服务与最低配送成本。（　　）
16. 如果存货、仓储和运输等都能降低各自的成本，那么总系统的物流成本就一定能降到最低限度。（　　）
17. 在招募中间商时，大部分生产者都可以毫不费力找到特定的商店，并使之加入渠道系统。（　　）
18. 第四方物流与第三方物流是一样的，都是对特定物流活动进行控制和管理。（　　）
19. 空间便利是渠道为顾客购买提供的方便程度。（　　）
20. 生产者的渠道设计会受到竞争者所使用渠道的影响。（　　）

【参考答案】

| 1. × | 2. × | 3. √ | 4. × | 5. × |
| 6. × | 7. × | 8. √ | 9. √ | 10. × |
| 11. √ | 12. × | 13. √ | 14. × | 15. √ |
| 16. × | 17. × | 18. × | 19. √ | 20. √ |

（四）填空题（请在各小题的画线处填入适当的词句。）

1. 水平渠道系统由两家或两家以上的企业横向联合，共同开拓新的_____的渠道系统。

2. 非标准化产品（如顾客订制的机器）通常由推销员_____。

3. 经纪人和代理商是专门从事购买、销售或二者兼备，但不取得_____的企业或个人。

4. 产品组合的_____越强，越应使用性质相同或相似的渠道。

5. 传统意义上的直销，是生产厂家直接将产品销售给_____。

6. 零售商类型千变万化，新组织形式层出不穷，一般可以分为商店零售商和_____两种。

7. 专长力是指生产者因拥有某种_____而对中间商构成的控制力。

8. 据埃森哲的定义，_____提供者是"整合本身与其他组织之资源、能力与技术，来（为其客户）设计、建构其供应链并提供广泛的解决方案"。

9. 经销商每次从发出订单到收货、验货所发生的成本，如物品费用（邮票、订单表格、信封等项支出）及人工费用等属于_____成本。

10. 超级市场的特点是规模巨大、成本低廉、薄利多销和_____。

11. 一般情况下，生产者为了赢得中间商的合作，应该注重运用感召力、专长力、法定力和奖赏力，而尽量避免使用_____。

12. 生产者和消费者参与了将产品及其_____转移到消费领域的工作，因此也属于分销渠道的成员。

13. 为某种产品决定运输方式，要考虑速度、频率、可靠性、运载能力、可用性和_____等。

14. 分销渠道的宽度是指渠道中的每个层次使用的同种类型_____的数目。

15. 为了在任何地方产生可度量的反应和达成交易而使用一种或多种广告媒体的互相作用的市场营销系统被称为_____。

16. 促使某种产品或服务能顺利地经由市场交换过程，转移给消费者（用户）消费使用的一整套相互依存的组织构成了_____。

17. 基于互联网的分销渠道是指应用互联网提供产品或服务，使用计算机或其他技术手段的目标客户通过_____手段进行并完成交易。

18. 第三方物流是指生产经营企业为集中精力搞好主业，把原来自己处理的物流活动以_____委托给专业物流服务企业，同时通过信息系统与物流服务企业保持密切联系，以达到对物流全程的管理和控制的一种物流运作与管理方式。

19. 物流以企业_____为开端，并以此为基础规划生产水平和存货水平。

20. 制造商在某一地区，仅仅通过少数精心挑选的、最合适的中间商来推销产品的分销策略是_____。

【参考答案】

1. 营销机会　　　2. 直接销售　　　3. 产品所有权
4. 关联性　　　　5. 消费者　　　　6. 无门市零售商
7. 专业知识　　　8. 第四方物流　　9. 订货
10. 自我服务　　　11. 强制力　　　12. 所有权
13. 成本　　　　　14. 中间商　　　15. 直复营销
16. 分销渠道　　　17. 电子　　　　18. 合同方式
19. 销售预测　　　20. 选择分销

## （五）名词解释

1. 分销渠道
2. 零售
3. 物流
4. 窜货
5. 密集分销

【参考答案】

1. 分销渠道是指产品或服务在从生产者向消费者转移过程中，取得这种产品或服务的所有权或帮助所有权转移的所有企业和个人。

2. 零售是指所有向最终消费者直接销售产品或服务，用于个人及非商业性用途的活动。

3. 物流是指通过有效地安排商品的仓储、管理和转移，使商品在需要的时间到达需要的地点的经营活动。

4. 窜货是指经销商置经销协议和制造商长期利益于不顾而进行的产品跨地区降价销售。

5. 密集分销是指制造商尽可能通过许多负责任的、适当的批发商和零售商推销产品。

## （六）简答题

1. 市场营销渠道与分销渠道有什么区别？
2. 从渠道宽度方面考虑，企业的分销策略有哪些？
3. 简述分销渠道的设计。
4. 企业如何对分销渠道进行管理？

【参考答案要点】

1. 市场营销渠道是指配合起来生产、分销和消费某一生产者的产品或服务的所有企业和个人，而分销渠道是指促使某种产品和服务能顺利地经由市场交换过程，转移给消费者（用户）消费使用的一整套相互依存的组织。市场营销渠道包括参与某种产品供产销过程的所有有关企业和个人，如供应商、生产者、商人中间商、代理中间商、辅助商以及最终消费者（用户）等，而分销渠道不包括供应商和辅助商。

2. 从渠道宽度方面考虑，企业的分销策略通常有三种：① 密集分销，即制造商尽可能通过许多负责任的、适当的批发商和零售商推销产品。② 选择分销，即制造商在某一地区，仅仅通过少数精心挑选的、最合适的中间商来推销产品。③ 独家分销，即制造商在某一地区，仅选择一家中间商推销产品。通常双方协商签订独家经销合同，规定经销商不得经营竞争者的产品，以便控制经销商的业务经营，调动其经营积极性。

3. 分销渠道的设计一般要经过以下步骤：

（1）分析顾客需要的服务产出水平。

（2）确定渠道目标与限制。

（3）明确各种渠道备选方案。

（4）评估各种可能的渠道备选方案。

4. 企业对分销渠道的管理包括以下几方面：

（1）选择渠道成员。选择渠道成员时通常应该评估其经营时间的长短及成长记录、清偿能力、合作态度、声望等。

（2）激励渠道成员。生产者应该注意避免出现激励过分和激励不足的情况，还可以借助强制力、奖赏力、法定力、专长力和感召力来赢得中间商的合作。

（3）评估渠道成员。生产者除了针对绩效责任签订契约和发布销售配额，还应定期采用一定的方法测量中间商绩效。

（4）渠道改进安排。渠道系统要定期改进，以适应市场动态。

## （七）论述题

1. 影响分销渠道设计的因素有哪些？
2. 试述窜货的原因及其整治。

【参考答案要点】

1. 影响分销渠道设计的主要因素有：

（1）顾客特性。渠道设计受顾客人数、地理分布、购买频率、平均购买数量以及对不同促销方式的敏感性等因素影响。

（2）产品特性。产品的体积和重量、单位价值、新颖性、工艺与非工艺特点以及产品耐用性、经久性都是影响渠道选择的变量。

（3）中间商特性。设计渠道时要考虑执行不同任务的中间机构的优缺点，并从成本、可获得性以及提供的服务等方面对中间商进行评估。

（4）竞争特性。生产者的渠道设计受竞争者所使用渠道的影响。

（5）企业特性。要综合考虑企业总体规模、资金实力、产品组合、渠道经验和营销政策来设计分销渠道。

（6）环境特性。渠道设计还受到经济发展状况、社会文化变革、竞争结构、技术以及政府管理等环境因素的影响。

2. 窜货是指经销商置经销协议和制造商长期利益于不顾，进行产品跨地区降价销售。产生窜货现象的原因主要有：某些地区市场供应饱和；广告拉力过大，渠道建设没有跟上；企业在资金、人力等方面不足，造成不同区域之间渠道发展不平衡；企业给予渠道的优惠政策各不相同，分销商利用地区差价窜货。

对窜货的整治可以采取以下措施：企业内部业务员与企业之间、客户与企业之间签订不窜货乱价协议；外包装区域差异化；控制运货单；建立科学的内部分区业务管理制度，可以采取"七定"的措施，即定区、定人、定客户、定价格、定占店率、定激励、定监督。

## （八）案例简析

### 李宁公司的渠道危机

李宁公司的分销渠道改造正在持续深化，目前仍需关注特许经销商的库存情况。从历史记录来看，每年的第一季度是渠道网络调整期。李宁公司2017年第一季度末销售门店数量为6 352家，较2016年第四季度末净减少88家。在这88个门店中，公司的直营店铺和特许经销商店铺分别占41家和47家。李宁公司2016年的线下渠道逐渐开始按照运动品类进行细分改造,预期将执行至2019年,以提升购物体验和整体形象。李宁公司2017年门店数量规划为净增加300~450家,其中约100~150家为直营店铺,约200家为特许经销商店铺。

李宁公司的发展轨迹犹如一条"n型"曲线。从1990年成立开始,李宁公司一直维持高速增长状态,营业额一路攀升到2010年的94.78亿元,然后犹如一列失控的过山车掉头直下。2012年下半年李宁公司巨亏20亿元,2014年上半年报亏5.86亿元,比2013年同期亏损扩大4亿元。亏损不是一日造成的。李宁公司连续20年高增长的背后,积累了大量问题,以往的快速增长掩盖了这些问题,但并没有解决它们。当经营环境发生变化的时候,这些问题被突然引爆,李宁公司的利润大幅下滑。回顾李宁公司的历史,以下三大因素,将它从"高增长的轨道"推到了"下坡路"。

1. 品牌转型失败

20世纪90年代,在消费市场初启的背景下,李宁公司遵循低成本竞争战略,以耐克、阿迪达斯追随者的姿态切入体育用品市场,这帮助它取得初期的成功,奠定了其中国头号体育品牌的江湖地位。

一个突出的问题是:李宁以耐克为师,产品设计、品牌LOGO和营销口号也与耐克极为相似,李宁的品牌定位引来两个问题:"耐克是李宁的天花板吗?""当耐克战略下沉的时候李宁怎么办?"

李宁公司抓住2008年北京奥运带来的全民健身热潮,进行激进的扩张,在"奥运红利"的刺激下,收获了丰厚的商业利润。李宁公司这一时期的成功在于抓住了市场潮流,向中国消费者提供质优价廉的产品,但是并没有在设计、研发、管理、渠道、品牌、营销等方面形成足够强大的竞争优势,因此,当它希望突破以往的追随者姿态,改变"中国的耐克"的品牌形象,吸引年轻一代消费群体的时候,时任李宁公司CEO的张志勇于2010年对目标市场和品牌定位等做出了重大调整,然而,这次激进的品牌转型计划并没有成功。由于李宁的品牌形象并没有跟上年轻人的需求,加之渠道模式陈旧,李宁成了一个打着年轻人牌的"老化品牌"。此外,为了向国际高端运动品牌靠拢,张志勇还采取了提价的方式。非但目标群体"90后"没有买账,连原来"70后""80后"的消费群体也流失,销售业绩快速下降。

2. 模式陈旧

李宁公司采取的是传统的批发模式,直接面对的客户是各级中间商而非终端消费者,因而缺乏对市场变化的敏感度和对消费者需求的洞察力,市场反应速度过慢,产品积压严重。

李宁公司采取"直营门店+加盟门店"的市场布局方式,这一模式的优势在于借助经销商的力量迅速抢占市场,挟制竞争对手,劣势在于经销商各自为政,难以系统化管理。由于多数经销商属于单店经营,店铺形象陈旧、运营、销售水平欠佳,导致过季产品的大量积压。

从2012年开始,李宁公司重塑业务模式,控制经销商数量,同时扩张直营网络。2014年上半年,在关闭437家特许经销商店铺的同时,新开张193家直营店铺,直营店铺销售占比提升了7%。截至2014年6月,李宁有特许经销商店铺4 552家,直营店铺

1 119家。

3. 管理粗放

由于特许经销商占比过高，李宁公司的企业文化和管理理念难以渗透到各级经销商，以至于对渠道缺乏管控力，无法及时反馈和掌握动态的市场信息快速反应。

李宁公司曾致力于筹建"零售及营销运营平台"，在全部直营门店和部分经销商门店推行IT整合管理平台，每周举行"快速反应/快速铺货执行委员会会议"，检测产品到店覆盖率、货品陈列、零售折扣及售罄率，掌握存货变动，调整营销方式和陈列布局，但是成效还需时间的检验。

李宁公司已经成立二十多年了，这并不是一个短的时间。然而不得不接受的事实是，在当今这个急剧变化的世界中，李宁公司已经走过高速成长的好年景，提前步入了缓慢的中年。人到中年万事休。身后，年轻一代正在朝气蓬勃地涌来；前面，得势一代仍然把持去路。

对于李宁而言，安踏为代表的本土竞争对手正后来居上，与挡在前面的耐克、阿迪达斯形成夹击之势，它能够从包围中杀出一条生路，在"n"型曲线之外，勾勒出另一条"S"曲线吗？

资料来源：

[1] 光大证券研究所. 李宁一季报：电商增速放缓，渠道仍在调整. (2017-05-02) [2017-09-06]. 搜狐网.

[2] 杜博奇. 李宁的"中年危机". (2014-10-30) [2017-09-06]. 财富中文网.

[3] 吴怡. 李宁拯救李宁：转型进入深水区. (2017-05-02) [2017-09-06]. 时代在线网.

【简要评析】

从该案例来看，李宁公司在分销渠道方面存在不少问题，在营销实践活动中，企业应该明确分销渠道与市场营销的关系，遵循科学的分销渠道设计程序，采取合理的措施来管理分销渠道。

（1）分销渠道与其市场营销战略不匹配。当李宁公司改变目标市场战略，以"90后"这一消费者群体作为目标市场时，产品的研发、设计、品牌、渠道等与目标市场营销战略严重脱节，尤其是在分销渠道方面，从零售终端来看，大部分店铺的形象陈旧，店家的经营、销售水平欠佳，难以有效地为追求时尚和个性的"90后"消费者群体提供服务，满足其需求。分销渠道作为营销组合中的一个重要的要素，企业在制定渠道策略时应该以营销战略为依据，并且要与产品策略、价格策略和促销策略形成良好配合，使产品能顺利进入目标市场，完成产品的交换，实现企业的营销目标。

（2）没有设计出一个有效的分销渠道系统。渠道设计是一个广义的概念，它既包括构建全新的分销渠道，又包括对原来的分销渠道进行调整。李宁公司最初采用传统的批发模式，在没有认真分析目标顾客期望的服务水平以及顾客、中间商和企业等因素的情况下，匆忙将其调整为"直营门店+加盟门店"的渠道模式，重新设计出来的分销渠道不但没有能消除原来批发模式中市场反应速度慢的弊端，反而还出现了过季产品大量积压和对中间商的掌控力不足等问题。李宁公司失败的渠道调整说明，企业应该重视渠道设计。当企业认为有必要进行渠道设计时，营销人员应该先了解目标顾客需要的服务产出水平，在考虑影响分销渠道的因素后确定渠道目标。然后，从几个渠道备选方案，根据评估标准从中选择出一个相对较好的渠道方案。

（3）分销渠道管理不善。在决定采用垂直渠道系统中的特许经营模式后，李宁公司并没有对零售商进行精心的挑选后再授予特许经营权，也没有对这些零售商采取提供店面设计和管理、销售方面的培训等激励渠道成员的措施，以至于后来在发现零售商与企业的管理理念不一致、大多数零售商店铺的形象差、零售店的运营效率和销售水平低下等一系列问题后，采取了不断地关闭特许经销商店铺的做法，损害了李宁的品牌形象。企业应该对设计好的分销渠道进行管理，要按照一定的选择标准挑选出合适的中间商配备到分销渠道中。为了使中间商与本企业高度合作完成渠道目标，企业还要根据中间商的需求使用各种激励方式对中间商进行适当的激励。企业还需要定期对中间商的绩效进行评估，使分销渠道能长期稳定地运行下去。

# 第十四章
# 促销策略

## 一、学习目的与要求

通过本章学习，了解促销的含义与作用，明确促销组合的基本内容以及各种促销方式的主要特点，掌握广告的设计思路、人员推销的基本策略以及公共关系和销售促进的主要活动方式，能够应用促销组合理论分析中国企业促销实践中存在的问题。

## 二、学习知识要点

### （一）促销与促销组合

1. 促销的含义与作用

（1）促销是促进产品销售的简称，是企业通过人员和非人员的方式，沟通企业与消费者之间的信息，提升品牌形象，引发、刺激消费者的购买欲望，使其产生购买行为的活动。促销包含以下几方面的含义：促销的实质与核心是沟通信息；促销的目的是提升品牌形象，引发、刺激消费者产生购买欲望；促销的方式有人员促销和非人员促销两类。

（2）促销作用：传递信息，强化认知；突出特点，诱导需求；指导消费，扩大销售；培育偏爱，稳定销售。

2. 促销组合及促销策略

促销组合就是企业根据产品的特点和营销目标，在综合考虑各种影响因素基础上对各种促销方式的选择、编配和运用。

促销策略可分为推式策略和拉式策略两大类，在制定促销策略时主要应考虑促销目标、产品因素、市场条件和促销预算四大方面。

## (二)广告和公共关系

### 1. 广告策略

(1)广告含义、目标与类型。广告是广告主以促进销售为目的,付出一定的费用,通过特定的媒体传播商品或劳务等有关经济信息的大众传播活动。广告目标有告知目标、劝说目标和提示目标三种,可以根据目标、传播区域、表现形式及媒体划分广告的类型。

(2)广告媒体。广告媒体也称广告媒介,是广告主与广告接受者之间的连接物质。主要的广告媒介有:报纸、杂志、广播、电视、互联网、邮寄广告、基于地点的广告、附着在产品、服务和赠品上的广告等,各有其优缺点和适应性。选择广告媒体,一般要考虑以下影响因素:产品的性质,消费者接触媒体的习惯,媒体的传播范围,媒体的影响力,媒体的费用。

(3)广告的设计原则:真实性、社会性、针对性、感召性、简明性和艺术性。

### 2. 公共关系策略

(1)公共关系的含义。"公共关系"又称公众关系,是指企业在从事市场营销活动中正确处理企业与社会公众的关系,以便树立品牌及企业的良好形象,从而促进产品销售的一种活动。公共关系能够支持广告传播活动,但公共关系并不等同于广告,公共关系不支付费用,也不能控制媒体报道内容。公共关系关注的是企业及品牌形象,而不是为具体的企业产品或服务创造需求。

(2)公共关系的基本特征。公共关系是一定社会组织与其相关的社会公众之间的相互关系;公共关系的目标是为企业广结良缘,在社会公众中创造良好的企业形象和社会声誉;公共关系的活动以真诚合作、平等互利、共同发展为基本原则;公共关系是一种信息沟通,是创造"人和"的艺术;公共关系是一种长期活动。

(3)公共关系的活动方式。公共关系核心是"内求团结,外求发展",其活动方式主要有宣传性公关、征询性公关、交际性公关、服务性公关和赞助性公关。

## (三)人员推销与销售促进

### 1. 人员推销策略

人员推销是企业运用推销人员直接向推销对象推销商品或服务的一种促销活动。推销人员、推销对象和推销品构成推销的三个基本要素。

(1)人员推销的优缺点。优点:信息传递双向性,推销目的双重性,推销过程灵活性,友谊协作长期性。缺点:一是支出较大,成本较高;二是对推销人员的要求较高。

(2)推销人员的素质:态度热忱,勇于进取;求知欲强,知识广博;文明礼貌,善于表达;富于应变,技巧娴熟。

(3)人员推销的形式、对象与策略。人员推销的基本形式:上门推销、柜台推销和会议推销。人员推销的对象就是人员推销活动中接受推销的主体,包含消费者、生产用户和中间商三类。人员推销的基本策略包括试探性策略、针对性策略和诱导性策略。

2. 销售促进策略

（1）销售促进概念与特点。销售促进又称营业推广，它是指企业运用各种短期诱因鼓励消费者和中间商购买、经销（或代理）企业产品或服务的促销活动。有如下特点：即期促销效果显著；属于辅助性促销方式；具有强烈的呈现和产品（品牌）贬低两个相互矛盾的特征。

（2）销售促进的方式。向消费者推广的方式主要有有奖销售、现金折扣、免费试用、连带促销、POP、赠送样品、赠送代金券、包装兑现、廉价包装、赠品印花等，目的是鼓励老顾客继续购买、激发新顾客试用。向中间商推广的方式主要有购买折扣、津贴补助、经销奖励、经销商销售竞赛、免费咨询服务、经销商人员培训、展览会、联合促销等等，目的是促使中间商积极经销本企业产品。互联网时代的免费实质是企业与用户之间的价值交换，基于大数据的互联网促销还有奖励使用，其具体做法有补贴促销与返现促销。

（3）销售促进的控制。

开展销售促进时须注意选择适当的方式，确定合理的期限，禁忌弄虚作假，注重推广中后期宣传。此外，还应注意确定合理的推广预算，科学测算销售促进活动的投入产出比。

## （四）直复营销与新媒体营销

1. 直复营销

（1）直复营销的概念和种类。直复营销是指销售者为了从现实或潜在顾客那里得到电话、邮件或亲自拜访的反应，使用一种或多种媒体对目标群体施加直接影响以促进产品和服务交易的所有活动的总称，属于直接渠道。具体方式包括：直接邮寄、目录营销、电话营销、直接反应电视营销、直接反应广播营销、直接反应印刷媒介营销、网络营销，可以单独或组合运用。

（2）直复营销的优缺点。优点：针对性强、市场细分与选择精准、个性化、及时性、灵活性、重复使用率高、成本低和易于测量结果。缺点：对消费者而言，侵犯消费者隐私，可能欺诈消费者，后续服务兑现率低；对企业而言，欺诈等导致企业或品牌形象下降，客户信息失真，成本费用增加，易使顾客产生逆反。

（3）直复营销的策略：一步到位法和两步到位法。

（4）直复营销新模式——互联网为基础的直复营销。

2. 大数据与互联网营销

（1）大数据、移动网络推动了互联网营销。

（2）官网自营。企业在官网开通互联网通道、发布品牌及产品信息、提供官方应用程序下载、设立产品论坛等，目的就是充分利用官网的公信力和吸引力，形成自营渠道，实现销售产品或服务的目的。

（3）微博营销。微博基于公开平台架构，允许用户创作和发布信息并附加多媒体内容，可发展为企业的自媒体。当用户绑定银行账户后，微博用户可直接登录淘宝平台完成交易、支付等功能，让购物和信息分享更为方便快捷。

（4）微信营销。微信营销是指企业借助微信功能，通过提供用户需要的信息，推广自己的产品，从而实现点对点的营销。主要有微信公众号营销和微信群营销两类。

（5）搜索引擎营销。搜索引擎营销（Search Engine Marketing，SEM）就是根据用户或顾客使用搜索引擎检索信息的机会，尽可能将营销信息传递给目标用户或顾客的过程。依据搜索是否付费，可分为免费搜素与付费搜索，无论哪种搜索都是提供信息沟通和互动交流的方式，只是付费搜索是根据出价多少确定特定搜索词的排名顺序，如竞价排名广告。

（6）视频营销。视频营销是指企业借助网络视频平台，宣传企业品牌、产品及服务的一种传播手段。主要模式有四种：广告推送模式，如视频网站的片头贴片、片尾贴片和暂停贴片；广告植入模式，利用自制的微电影等形式将品牌或产品价值信息点植入到视频短片中；用户创造内容模式，如在优酷、土豆等平台上征集、票选由网友创造的视频作品，通过网友与品牌企业的互动，加深对品牌印象；病毒式传播视频，即通过发布极具吸引力和传播力的视频，融合产品和品牌广告信息，期望用户自发传播，最终在用户中形成病毒式的快速传播。

## 三、练习题及答案

**（一）单项选择题**（在下列每小题中，选择一个最合适的答案。）

1. 促销工作的实质是_____。
   A. 沟通信息　　　　　　　　　B. 销售产品
   C. 诱导需求　　　　　　　　　D. 提升形象
2. 促销的目的是引发刺激消费者产生_____。
   A. 购买欲望　　　　　　　　　B. 购买能力
   C. 购买决定　　　　　　　　　D. 购买活动
3. 整合营销传播理论的内涵是以_____为核心的。
   A. 消费者　　　　　　　　　　B. 媒体
   C. 公共关系　　　　　　　　　D. 产品
4. 日常生活中常见的商家打折、买赠等属于促销策略中的_____。
   A. 广告　　　　　　　　　　　B. 销售促进
   C. 人员推销　　　　　　　　　D. 公共关系
5. 对单位价值较低的日常用品，通常采用_____策略。
   A. 人员推销　　　　　　　　　B. 公共关系
   C. 推动式　　　　　　　　　　D. 拉引式
6. 销售促进是一种_____的促销方式。
   A. 常规性　　　　　　　　　　B. 辅助性
   C. 经常性　　　　　　　　　　D. 连续性
7. 人员推销活动的客体是_____。

A. 推销对象 B. 推销品
C. 推销人员 D. 推销条件

8. 公共关系的目标是使企业_____。
   A. 出售商品 B. 盈利
   C. 广结良缘 D. 占领市场

9. 直复营销是指企业与_____直接沟通以产生反应或交易的一种营销形式。
   A. 媒体 B. 中间商
   C. 目标顾客 D. 网络

10. 公共关系_____。
    A. 是一种短期促销战略 B. 直接推销产品
    C. 需要大量的费用 D. 树立企业形象

11. 一般日常生活用品，适合于选择_____媒介做广告。
    A. 人员 B. 专业杂志
    C. 电视 D. 公共关系

12. 工业品的促销，以_____为主要形式。
    A. 销售促进 B. 公共关系
    C. 广告 D. 人员推销

13. 对于进入成长期的产品，广告的目标为_____。
    A. 告知 B. 劝说
    C. 提示 D. 竞争

14. 广告宣传时，突出宣传目标顾客最重视的产品属性，属于广告设计原则中_____的要求。
    A. 感召性 B. 社会性
    C. 针对性 D. 简明性

15. 企业召开消费者座谈会属于公共关系中的_____。
    A. 征询性公关 B. 交际性公关
    C. 服务性公关 D. 赞助性公关

16. 公关活动的主体是_____。
    A. 一定的组织 B. 顾客
    C. 政府官员 D. 推销员

17. 人员推销的缺点主要表现为_____。
    A. 成本低，顾客量大 B. 成本高，顾客量大
    C. 成本低，顾客有限 D. 成本高，顾客有限

18. 公共关系是一项_____的促销方式。
    A. 长期 B. 偶然
    C. 短期 D. 一次性

19. 下列各因素中，不属于人员推销基本要素的是_____。
    A. 推销员 B. 推销品
    C. 推销环境 D. 推销对象

【参考答案】
1. A    2. A    3. A    4. B    5. D
6. B    7. B    8. C    9. C    10. D
11. C   12. D   13. B   14. A   15. B
16. A   17. D   18. A   19. C

## （二）多项选择题（下列各小题中正确的答案不少于两个，请准确选出全部正确答案。）

1. 促销的具体方式包括_____。
   A. 市场细分              B. 人员推销
   C. 广告                  D. 公共关系
   E. 销售促进

2. 促销策略从总的指导思想上可分为_____。
   A. 组合策略              B. 单一策略
   C. 推式策略              D. 拉式策略
   E. 复合品牌策略

3. 影响促销组合和促销策略制定的因素较多，主要应考虑有_____。
   A. 消费者状况            B. 促销目标
   C. 产品因素              D. 市场条件
   E. 促销预算

4. 人员推销活动的三个基本要素是_____。
   A. 购买欲望              B. 购买力
   C. 推销人员              D. 推销对象
   E. 推销品

5. 下列与新媒体营销相关的营销平台包括_____。
   A. 微信                  B. 微博
   C. 社交网络              D. 视频分享
   E. 位置营销

6. 根据广告目标，商品广告可以分为_____。
   A. 开拓性广告            B. 说明性广告
   C. 提醒性广告            D. 悬念性广告
   E. 劝告性广告

7. 人员推销的优点有_____。
   A. 信息传递双向性        B. 推销目的唯一性
   C. 推销过程灵活性        D. 推销目的双重性
   E. 友谊协作长期性

8. 直复营销的形式包括_____。
   A. 直接邮寄              B. 电话营销

C. 目录营销 D. 网络营销
E. 销售促进
9. 推销员应具备的知识包括_____。
A. 企业知识 B. 产品知识
C. 市场知识 D. 心理学知识
E. 财务知识
10. 广告的设计原则包括_____。
A. 真实性 B. 社会性
C. 针对性 D. 艺术性
E. 广泛性

【参考答案】
1. BCDE  2. CD    3. BCDE  4. CDE   5. ABCDE
6. ACE   7. ACDE  8. ABCD  9. ABCDE 10. ABCD

**（三）判断题**（判断下列各题是否正确。正确的在题干后的括号内打"√"，错误的打"×"。）

1. 人员促销亦称直接促销，它主要适合于消费者数量多、比较分散情况下进行促销。（　）
2. 销售促进适合于在长期性的促销活动中使用。（　）
3. 促销组合是促销策略的前提，在促销组合的基础上，才能制定相应的促销策略。（　）
4. 人员推销的双重目的是相互联系，相辅相成的。（　）
5. 广告是一种常规性的促销方式。（　）
6. 衰退期的广告目标是劝说目标。（　）
7. 公共关系的目标是促进产品销售。（　）
8. 拉式策略一般适合单位价值较高、性能复杂、需要做示范的产品。（　）
9. 对单位价值较低、流通环节较多、流通渠道较长、市场需求较大的产品常采用拉式策略。（　）
10. 柜台推销适合于贵重商品的推销。（　）
11. 公共关系需要为媒体的报道支付酬金。（　）
12. 对消费品进行促销时，广告是效果最好的促销形式。（　）
13. 事件赞助就是事件营销。（　）
14. 广告的生命在于真实。（　）
15. 整合营销就是整合所有企业内部资源进行促销。（　）
16. 销售促进会形成品牌贬低。（　）
17. 直复营销就是运用多种媒体对目标客户直接影响以促进销售的活动总称。（　）
18. 促销的作用就是提升企业实际的销量。（　）

19. 产品生命周期的不同阶段，促销的目标及策略是不同的。                （    ）
20. 新媒体营销在互联网科技时代是不可取代的重要趋势。              （    ）

【参考答案】

| | | | | |
|---|---|---|---|---|
| 1. × | 2. × | 3. √ | 4. √ | 5. √ |
| 6. × | 7. × | 8. × | 9. √ | 10. √ |
| 11. × | 12. × | 13. × | 14. √ | 15. × |
| 16. √ | 17. √ | 18. × | 19. √ | 20. √ |

## （四）填空题（请在各小题的画线处填入适当的词句。）

1. 直接促销也称为_____。
2. 促销的核心是_____。
3. 引发、刺激消费者产生购买欲望是促销的_____。
4. _____是促销组合的结果。
5. _____策略一般适合于单位价值较高的产品，性能复杂、需要做示范的产品。
6. 在确定促销预算时，除了考虑营业额的多少外，还应考虑_____的要求、产品寿命等其他影响促销的因素。
7. 对工业品或生产资料促销时，因购买者购买批量较大，市场相对集中，应以_____为主要形式。
8. 整合营销传播理论的内涵是以_____为核心。
9. 消费品在投入期以_____为主要促销形式。
10. 推销对象有消费者、生产用户和_____三类。
11. _____作为一种信息传播活动，在企业促销中是应用最广的促销方式。
12. 广告媒体中四种最常用的媒体是报纸、_____、广播和电视。
13. 一则广告每送达 1 000 人所花费的广告费用，称为_____。
14. 微信的优势在于其_____的深度沟通。
15. 附着在产品、服务和赠品上的广告也称为_____。
16. 适合于在某一特定时期、一定任务条件下的短期性促销活动中使用的方式是_____。
17. 购买折扣、资助和经销奖励是促销活动中向_____推广的方式。
18. 飞机场、学校、公交站等广告是基于_____的广告。
19. _____是直复营销的重要载体，也是新媒体营销中企业与顾客互动的重要载体。

【参考答案】

1. 人员促销　　　　2. 沟通信息　　　　3. 目的
4. 促销策略　　　　5. 推式　　　　　　6. 促销目标

7. 人员推销　　　8. 消费者　　　9. 广告
10. 中间商　　　11. 广告　　　12. 杂志
13. 千人成本　　14. 点对点　　15. 植入广告
16. 销售促进　　17. 中间商　　18. 地点
19. 互联网

### （五）名词解释

1. 人员促销
2. 促销
3. 广告
4. 促销组合
5. 销售促进

【参考答案】

1. 人员促销，亦称直接促销或人员推销，是企业运用推销人员向推销对象推销商品或服务的一种促销活动。
2. 促销是企业通过人员和非人员的方式，沟通企业与消费者之间的信息，提升品牌形象，引发、刺激消费者的购买欲望，使其产生购买行为的活动。
3. 广告是广告主以促进销售为目的，付出一定的费用，通过特定的媒体传播商品或劳务等有关经济信息的大众传播活动。
4. 促销组合就是企业根据产品的特点和营销目标，综合各种影响因素，对各种促销方式的选择、编配和运用。
5. 销售促进又称营业推广，它是指企业运用各种短期诱因鼓励消费者和中间商购买、经销（或代理）企业产品或服务的促销活动。

### （六）简答题

1. 简述销售促进的特点。
2. 企业选择广告媒体，一般要考虑哪些影响因素？
3. 推销人员应具备哪些素质？
4. 直复营销的优点有哪些？

【参考答案要点】

1. 销售促进有如下特点：① 销售促进的即期促销效果显著；② 销售促进是一种辅助性促销方式；③ 销售促进具有强烈呈现和产品或品牌贬低两个相互矛盾的特性。
2. 企业选择广告媒体，一般要考虑如下影响因素：① 产品的性质；② 消费者接触媒体的习惯；③ 媒体的传播范围；④ 媒体的影响力；⑤ 媒体的费用。
3. 推销人员一般应具备如下素质：① 态度热忱，勇于进取；② 求知欲强，知识广博；

③ 文明礼貌，善于表达；④ 富于应变，技巧娴熟。

4. 直复营销的优点主要表现在：一是针对性强，二是市场细分与选择精准，三是个性化，四是及时性，五是灵活性，六是重复使用率高，七是成本低，八是易于测量结果。

## （七）论述题

1. 试述怎样对销售促进实施控制？
2. 结合某类或某种产品，阐述微信营销的优势。

【参考答案要点】

1. 销售促进可通过以下途径进行控制：
（1）选择适当的方式。一个特定的销售目标可以采用多种促销工具来实现，所以应对多种销售促进工具进行比较选择和优化组合，以实现最优的促销效果。
（2）确定合理的期限。时间过长会使消费者感到习以为常，失去了刺激需求的作用，甚至会产生疑问或不信任感；时间过短会使部分顾客来不及接受销售促进的好处，收不到最佳的促销效果。
（3）禁忌弄虚作假。销售促进本来就有贬低商品或品牌的副作用，如果不严格约束虚假欺诈的行为，那将会丧失声誉，损害企业的长期发展。
（4）注重推广中后期宣传。开展销售促进活动，不仅要注重推广前期的宣传，还要注重推广中后期的宣传，强化促进销售的承诺兑现，增强顾客的信任与好感。
（5）科学测算销售促进活动的投入与产出。
2. 微信营销是指企业借助微信功能，通过提供用户需要的信息，推广自己的产品，从而实现点对点的营销。微信营销具有以下优势：
（1）潜在客户数量多。
（2）营销成本低廉。
（3）营销信息到达率高。
（4）做到精准营销。
（5）支持数据传播多元化。
（6）信息生成、接收人性化。

## （八）案例简析

### 苏宁易购：千军万马做电商

微店是苏宁易购千军万马做电商的第一步。从 2014 年年底鼓励员工开设微店起，苏宁易购的微店内所有的商品均来自苏宁易购，员工根据自己的兴趣爱好个性化运营微店。

苏宁互联网转型离不开员工的高参与和强创新,微店不仅能全面激活员工个性化运营、社交化传播的活力,还能帮助员工零风险兼职创业、额外创收,调动个体积极性,形成苏宁转型推动力。同时借助微店实现准确的数据分析,苏宁将为微店主和顾客提供更精准和个性化商品推荐。

  微店计划是苏宁O2O融合深化的一部分,可以为平台带来流量和增量市场,有利于线上线下形成闭环,可以突破销售场地、销售品类和时间的限制,推广社交零售模式,同时基于大数据分析,可以为消费者提供精准化服务,苏宁18万员工每个微店的经营者既是售前咨询又可以做售后服务。例如,某苏宁的员工下载了苏宁微店的App,随即根据自己的兴趣爱好,进行个性化装修,选择苏宁易购的商品分享到微信、微博,就成了利用业余时间开微店的兼职老板。周围朋友喜欢什么护肤品品牌、最近有什么购物计划,她都能了如指掌,在这些朋友打算购物时,第一时间分享促销信息,更易斩获订单。4个月之后,她的微店就有好友近千人,月入佣金数百元。借助微店的流量、销量、品牌等大数据分析与平台生产商资源,苏宁易购还将实现更精准和个性化的商品推荐,甚至推出定制化的商品。这些都是凭单个微店拿不到的资源优势。不过,有店主反映,仅靠天天刷屏,让促销信息占领微信朋友圈,很快积累的用户就会不堪其扰而将好友拉黑。同时,基于平台的微店众多,要想从中脱颖而出,就需真正做到个性化定位营销。初期创业者自然缺乏营销经验,怎么打造差异化的产品定位,也是微商发展的桎梏枷锁。无论是品牌商还是渠道商,微店都只是线下实体和线上销售渠道的补充。无论是线下零售的年代还是如今线上线下O2O融合的时代,苏宁与各大品牌商(专卖店、网上商城)均保持着良好的合作共赢关系。

  苏宁员工微店的商品都是经过苏宁易购认证的,这也就意味着一切苏宁微店的产品,苏宁就要负责到底。打开苏宁员工微店的页面,只要点击商品链接,就会直接跳转到苏宁易购页面,也就是说苏宁员工微店拓宽了苏宁易购的销售渠道,而对于消费者来讲,这跟在苏宁易购官网购物并无区别,苏宁易购为苏宁微店计划的开展提供了强有力的后台支撑。表面上看,苏宁微店是C2C个性化的店铺,实际上又是B2C,商品、服务和流量推广都由苏宁易购来提供。微店卖家能从卖家平台搜索苏宁易购主站自营商品,并对其进行上架、下架、分享等操作,苏宁微店的订单信息、售后物流和支付都跟苏宁易购保持一致,在产品品质、售后等方面更有保障。对于普通的微信用户来说,微信平台是一个沟通交流的社交平台,很多人因为开微店在朋友圈刷屏而被朋友屏蔽。而对于传统家电卖场去开微店这一策略,超五成网友不看好家电企业开微店。主要原因包括害怕买到假货;与京东、淘宝等相比,价格不占优势;品类少,买不到自己想要的东西等。当然,对于企业微店的信誉度,大多数消费者给予了很高的评价,认为企业微店可以享受到正规的货源和统一的售后具有很强的优势。目前中国的家电行业整体上已进入竞争非常充分的红海阶段,无论是品牌商还是经销商,市场占有率和行业利润率方面都面临着瓶颈。电子商务在PC端渠道的资源越来越稀缺,越来越昂贵。通过千万个移动端的微店做分销,一方面可以扩大目标人群的覆盖率,进一步推高大平台的交易额;另一方面,通过去中心化流量聚合的方式,将帮助苏宁易购整个大平台实现线上线下互通、沉淀粉丝,构建密集的分销网络,从而拓宽市场份额及占有率。

  我们也要看到,移动端渠道虽然尚未到饱和阶段,且蕴含一定的流量,看似有比较广阔的空间，但是目前也是群雄逐鹿的混战状态。

微商发展提速，家电圈正在迈入全民微商时代。

资料来源：苏宁易购：千军万马做电商. 现代家电, 2015, (22): 62-63.

【简要评析】

（1）以电脑为终端的计算机信息网络以及以智能手机、平板电脑等移动通信工具为终端的移动互联网传播媒介，被称为"新媒体"。科技的进步极大地推动了新媒体应用的发展。凭借便利快捷，在人们的生活中越来越广泛。

（2）互联网的迅猛发展，大量并持续增长的网民群体，使得新媒体的用户持续增加，具有极大的营销潜力。

（3）新媒体用户年龄趋近于中青年，其购买力也不断在增强。

（4）现代人的生活越来越依赖新媒体所提供的平台，从搜索信息到购买物品，已经培养出成熟的消费习惯，平台的力量在不断增强。

（5）新媒体平台诸如微信、微博、SNS、LBS、视频分享等在不断地发展成熟，改变并占据了人们的生活，更多的人愿意花更多的时间在新媒体平台上。借助新媒体获取信息，利用网络平台选购商品已成为中青年人的购物习惯，新媒体营销市场前景良好。

总之，新媒体应用与现代消费者的生活黏度很强，消费者愿意花相当的时间和精力在新媒体应用上，时间即价值，新媒体应用蕴含了极大的营销机遇和潜力，在未来互联网迅速发展的时代，能否利用好新媒体应用也是营销活动中极其重要的环节。苏宁积极利用新媒体，鼓励员工开微店拓展公司营销渠道，是一个很好的尝试，并已取得了一定的成功，有助于苏宁在家电零售市场占据竞争优势地位。

# 第十五章
# 营销计划、组织与控制

## 一、学习目的与要求

通过本章学习,掌握营销计划的作用与内容、市场营销组织的主要类型,了解处理营销部门与其他职能部门关系的技能以及市场营销控制的主要方法,能够应用市场营销计划、组织与控制的理论分析和处理企业营销管理的绩效问题。

## 二、学习知识要点

### (一)营销计划的制定与实施

营销计划是管理营销过程,指导、协调营销活动的依据。

1. 营销计划的制定

营销计划包括以下六个组成要件:

(1)提要或概述。用于简短介绍营销项目、主要目标和相关建议,以便有关决策者快速了解、掌握计划的思路和主要内容。

(2)现状与分析。描述市场、产品、竞争、分销和宏观环境等背景和现状,对企业做出 SWOT 分析,指出面临的基本问题及营销努力的战略方向。

(3)决定目标。制定目标体系,注意目标之间的层次性、因果性和一致性,明确目标的主次关系,同时将目标量化。

(4)选择营销战略。主要说明实现营销目标的路径与构想,包括目标市场、定位和营销组合。

(5)拟定执行方案。即营销战略的"落地",明确做什么、何时做、谁来做、花费多少以及达到什么效果等,可用图表等形式表达。

（6）控制。说明如何检查、落实计划的执行与进度，列举可能遇到的突发事件，提出应急预案。

2. 营销计划的实施
（1）营销计划的实施步骤：制定行动方案、调整组织结构、完善规章制度和协调关键流程。
（2）影响计划实施中的问题与原因。营销计划执行过程中可能出现计划脱离实际、长期目标和短期目标冲突、对新计划的排斥、缺乏具体明确的行动方案等问题，应分析具体原因，有针对性地加以排除和解决。

## （二）营销组织与机构

营销组织是制定、实施营销计划的职能部门。

1. 营销组织的演变
现代企业的营销部门是随着营销观念认识的深化和管理实践的需要演变而来。典型的营销组织大致经历了五种形态：单纯的推销部门、具有辅助性职能的推销部门、独立的营销部门、现代营销部门和现代营销企业。

2. 营销部门的组织形式
现代企业的营销部门不论以何种形式组建和行使职能，都必须体现"以顾客为中心"的思想。曾经出现过的组织形式有：职能型组织、地区型组织、产品（品牌）管理型组织、市场管理型组织和产品/市场管理型组织。

3. 营销组织的设置原则
整体协调和主导性原则、精简以及适当的管理跨度与层级原则、有效性原则。

## （三）营销控制

营销控制包括年度计划控制、盈利控制、效率控制和战略控制。

1. 年度计划控制
主要检查营销效果是否达到年度计划的要求，对销售额、市场占有率和费用等进行控制，确保年度计划规定的销售、利润和其他目标的实现。年度计划控制的内容包括：销售分析、市场占有率分析和营销费用率分析。

2. 盈利控制
盈利控制是为了确认各产品、销售区域、顾客群和渠道等的实际盈利能力和利润贡献。

3. 效率控制

效率控制的任务是提高诸如人员推销、广告、促销和分销等的效率。

4. 战略控制

战略控制是审计企业战略、计划是否有效抓住了机会，目的是确保企业的目标、政策、战略和措施等与营销环境相匹配。

## （四）营销审计

营销审计又叫"营销稽核"，通过对营销环境、目标、战略和营销过程进行全面、系统、独立和定期的检查，发现机会，找出问题，提出正确的短期和长期方案，以保证营销计划的实施或不够完善的计划得到修正。

1. 营销环境审计

包括宏观环境审计和微观环境审计。

2. 营销战略审计

包括目标、机会、竞争、内部条件和资源、企业实力和不足的分析研判。

3. 营销组织审计

检查营销主管的权责范围及适应程度，分析营销组织的结构、目标是否适应，营销部门与其他职能部门的关系是否协调；检查营销人员的培训、激励、监督和评价方法。

4. 营销系统审计

检查营销信息系统、营销计划系统、营销控制系统的有效性和适应性。

5. 营销年度计划审计

检查销售计划执行情况、市场占有率、费用率、资金运用状况、对顾客反应和变化的追踪措施。

6. 盈利水平审计

分析不同产品、市场、地区、渠道和营销组织的盈利状况，分析营销活动费用开支的合理性。

## 三、练习题及答案

**（一）单项选择题**（在下列每小题中，选择一个最合适的答案。）

1. 营销计划书中，_____部分用于简短介绍营销项目、活动的主要目标及相关建议，是整个营销计划精神所在。
   A. 提要或概述　　　　　　　　　　B. 现状与分析
   C. 营销目标　　　　　　　　　　　D. 营销战略

2. 营销计划书中，_____部分主要说明企业及环境趋势、特点，介绍相关品牌、产品和服务及其营销现状，所在行业、市场的有关数据和资料等。
   A. 提要或概述　　　　　　　　　　B. 项目背景
   C. SWOT 分析　　　　　　　　　　D. 问题与战略方向

3. SWOT 分析时，_____主要说明来自于组织外部能左右企业未来的有利或不利因素。
   A. 机会和威胁　　　　　　　　　　B. 优势和劣势
   C. 机会和劣势　　　　　　　　　　D. 优势和威胁

4. 定位的实质是_____，这是吸引现有或潜在顾客的基础。
   A. 专一化　　　　　　　　　　　　B. 集中化
   C. 差异化　　　　　　　　　　　　D. 形象化

5. 当出现计划脱离实际时，以下做法不正确的是_____。
   A. 将基层人员纳入计划管理过程
   B. 由专业计划人员协助营销人员共同讨论制定
   C. 加大资金投入力度
   D. 加强计划人员和基层人员的信任

6. 20 世纪 30 年代前，西方国家的企业基本都以_____为主导，推销部门对产品种类、规格、数量等问题，几乎没有话语权。
   A. 生产观念　　　　　　　　　　　B. 产品观念
   C. 推销观念　　　　　　　　　　　D. 营销观念

7. 如果一个企业经营的产品差异大、品种数量多，超过职能型组织架构所能控制范围，就适于建立_____。
   A. 混合型组织　　　　　　　　　　B. 产品（品牌）管理型组织
   C. 地区型组织　　　　　　　　　　D. 市场管理型组织

8. _____的主要优点是企业可围绕特定用户一体化开展营销，该类组织有时被认为是实现"以顾客为中心"的现代营销观念的"唯一办法"。
   A. 职能型组织　　　　　　　　　　B. 产品（品牌）管理型组织
   C. 地区型组织　　　　　　　　　　D. 市场管理型组织

9. 以下关于矩阵型营销组织的特点，说法不正确的是_____。
   A. 管理成本低　　　　　　　　　　B. 内部易冲突
   C. 如何组织销售力量不明确　　　　D. 适用于规模大、业务广的企业
10. 当管理跨度越_____、层级越_____时，组织结构越扁平。
    A. 大　多　　　　　　　　　　　　B. 大　少
    C. 小　少　　　　　　　　　　　　D. 小　少
11. 管理层级过_____时，易造成信息失真与传递过慢，可能影响决策及时性和正确性。
    A. 少　　　　　　　　　　　　　　B. 集
    C. 多　　　　　　　　　　　　　　D. 散
12. 有利于组织建设"精兵简政"的以下做法是_____。
    A. 因事设职　　　　　　　　　　　B. 因职设人
    C. 增加层级　　　　　　　　　　　D. 减少层级
13. 以下关于战略控制说法错误的是_____。
    A. 战略控制是审计企业战略、计划是否有效抓住了机会
    B. 战略控制目的是确保企业目标、政策、战略和措施与营销环境相适应
    C. 战略控制不需要定期进行
    D. 原目标和战略"落伍"时，有必要通过"营销审计"反思
14. 以下不属于评价销售队伍效率的是_____。
    A. 销售人员的性别、年龄比例　　　B. 每次推销访问平均所费时间
    C. 每次推销发展的新客户数量　　　D. 销售队伍成本占总成本百分比
15. 以下不属于评价广告效率的是_____。
    A. 广告引起顾客注意、联想的程度　B. 受广告影响的人群占受众的比重
    C. 是否使用网络广告　　　　　　　D. 广告前后顾客对品牌的态度
16. 以下不属于评价分销效率的是_____。
    A. 分销网点的覆盖面
    B. 各级、各类渠道成员作用和潜力
    C. 存货控制、仓库位置和运输方式的效果
    D. 是否采用直销
17. 以下不属于营销组织的审计的是_____。
    A. 检查营销组织的结构、目标是否适应
    B. 检查营销部门与其他职能部门关系是否协调
    C. 检查生产能力、技术水平、原材料来源、信贷和融资能力
    D. 检查营销人员的培训、激励、监督和绩效评估方法
18. 以下关于营销审计，说法错误的是_____。
    A. 营销审计不应出了问题时才用　　B. 营销审计工作由营销计划部门开展
    C. 营销审计范围覆盖整个营销环境　D. 营销审计需要定期进行
19. 以下不属于目标方面审计的是_____。
    A. 营销目标是否符合宏观经济状况

B. 营销目标是否张贴于醒目位置
C. 营销目标能否和企业资源、应变能力平衡
D. 营销目标是否区分轻重缓急、确定优先次序

20. 以下不属于营销系统审计的内容是_____。
    A. 检查营销信息系统的有效性　　B. 检查营销计划系统的有效性
    C. 检查营销控制系统的有效性　　D. 检查营销弹性系统的有效性

【参考答案】

| 1. A | 2. B | 3. A | 4. C | 5. C |
| 6. A | 7. B | 8. D | 9. A | 10. B |
| 11. C | 12. D | 13. C | 14. A | 15. C |
| 16. D | 17. C | 18. B | 19. B | 20. D |

**（二）多项选择题**（下列各小题中正确的答案不少于两个，请准确选出全部正确答案。）

1. 营销计划中，_____是较为基础的类型。
    A. 新产品计划　　　　　　B. 广告计划
    C. 年度营销计划　　　　　D. 人员招聘计划
    E. 财务计划
2. 制定营销计划时，现状分析所涉及的宏观环境分析包括_____。
    A. 政治环境分析　　　　　B. 经济环境分析
    C. 社会环境分析　　　　　D. 技术环境分析
    E. 部门环境分析
3. SWOT 分析时，WO 扭转型战略方向主要是_____。
    A. 抓住机会　　　　　　　B. 利用优势
    C. 避免威胁　　　　　　　D. 完善条件
    E. 防御保守
4. 营销计划中，选择营销战略主要考虑和决定的核心问题包括_____。
    A. 现状分析　　　　　　　B. 目标市场
    C. 定位　　　　　　　　　D. 营销组合
    E. 促销策略
5. 营销组合策略主要包括_____。
    A. 计划策略　　　　　　　B. 产品策略
    C. 价格策略　　　　　　　D. 渠道策略
    E. 促销策略
6. 以下可能导致计划脱离实际的有_____。
    A. 专业计划人员制定的计划，成本费用太高
    B. 专业计划人员忽视过程和实施细节，使计划显得笼统和形式化

C. 专业计划人员不了解实践中的具体问题,计划偏离实际
D. 基层人员反对执行计划
E. 专业计划人员与基层人员缺乏交流,基层人员不能完全理解计划内涵

7. 以下可能造成市场占有率波动的有_____。
   A. 主动减少了一些不盈利产品    B. 新竞争者进入市场
   C. 原材料价格上涨              D. 推出创新的产品设计
   E. 在市场上争取到较多的客户

8. 年度计划控制步骤包括_____。
   A. 确定月份或季度目标          B. 监督计划的实施
   C. 发现偏差找出原因            D. 进行资金投入
   E. 采取补救或调整措施

9. 营销控制中的效率控制包括对_____等方面的控制。
   A. 销售队伍效率                B. 促销效率
   C. 分销效率                    D. 广告效率
   E. 生产效率

10. 以下属于营销环境审计中的微观环境审计的有_____。
    A. 企业的产品及市场的规模、成长率
    B. 顾客对企业声誉、产品质量、服务方式、销售队伍和价格的反应
    C. 对手的优势所在、市场占有率和营销的动向
    D. 企业所需的关键性原材料的来源与前景
    E. 企业各项服务设施,如运输、仓库和装备的成本和更换情况

【参考答案】
1. AC          2. ABCD       3. AD        4. BCD       5. BCDE
6. BCE         7. ABCDE      8. ABCE      9. ABCD      10. ABCDE

(三) **判断题** (判断下列各题是否正确。正确的在题干后的括号内打"√", 错误的打"×"。)

1. 营销计划是管理营销过程,指导、协调营销活动的基本依据。 (　　)
2. 以最低成本获得最大的销量,在实践中不难实现。 (　　)
3. 营销计划目标设定时,若加上数量、时间等量化指标,不利于计划执行和控制。
 (　　)
4. 不同细分市场,顾客的偏好、对营销刺激的反应和盈利潜力等各有特点。 (　　)
5. 成功的定位应能突出优势,与对手有明显的、可感知到的差异,以便得到目标市场喜欢和信任。 (　　)
6. 营销计划通常由基层人员负责拟定、专业人员操作执行。 (　　)
7. 一般而言,新战略、新计划不符传统和思维习惯,易遭抵制。 (　　)
8. 现代营销企业中,营销不再只是某些部门、职能的称谓,而是整个企业的一种经

营哲学。( )
9. 矩阵组织管理成本较低，内部也不易发生冲突。( )
10. 组织层级越多，信息流通越快，越易提高工作效率。( )
11. 企业具体情况很多，营销机构不可能、也没必要按一种模式进行组织架构设置。( )
12. 满足市场、创造满意的顾客，是企业根本的宗旨和责任。( )
13. 市场占有率分析不反映企业的竞争地位。( )
14. 一家企业销售额增长，主要是绩效较竞争者有所提高的缘故。( )
15. 正常情况下，市场占有率上升表示营销绩效提高，竞争中处于优势；反之，说明竞争中失利。( )
16. 机会程度高的企业，市场占有率一般高于机会程度低的竞争者，否则其效率就有问题。( )
17. 营销计划中，预算主要阐述执行计划所需费用、用途和理由。( )
18. 若企业对具体执行计划的营销人员习惯于根据其短期绩效进行奖励，营销人员则有可能选择长期行为。( )
19. 推销部门常看重销量，有时趋向于短期行为，而营销部门则关注于长期效果、考虑长期需要。( )
20. 当营销业绩与年度计划指标之间差距太大时，可以断定一定是营销战略出了问题。( )

【参考答案】
1. √    2. ×    3. ×    4. √    5. √
6. ×    7. √    8. √    9. ×    10. ×
11. √   12. √   13. ×   14. ×   15. √
16. √   17. ×   18. ×   19. √   20. ×

（四）填空题（请在各小题的画线处填入适当的词句。）

1. ＿＿＿＿＿＿＿＿是管理营销过程，指导、协调营销活动的基本依据。
2. 营销计划需要提交上级主管和相关部门审阅，他们不一定阅读全文，可通过阅读＿＿＿＿＿＿＿＿，快速了解、掌握计划的思路和主要内容。
3. 营销计划书中，＿＿＿＿＿＿＿＿部分重点是厘清"我们现在怎样，正在哪里，将要面对什么"等基本情况。
4. 一份完整的营销计划书中，＿＿＿＿＿＿＿＿部分主要说明实现营销目标的途径与构想。
5. ＿＿＿＿＿＿＿＿是企业或品牌、产品准备进入的细分市场。
6. ＿＿＿＿＿＿＿＿重点明确企业提供的利益和创造的顾客价值，以及与竞争者相比有何不同，以便向目标市场展示自己更值得信任和购买。
7. 控制部分作为营销计划的最后部分，一般还包括＿＿＿＿＿＿＿＿，主要列举可能遇到的突发事件或其他不利事态，发生概率和危害大小，以及防范、应对和善后措施。

8. 当新旧战略和计划之间差异越大时，实施中阻力越_____。

9. _____是制定、实施营销计划的职能部门，在许多企业，常常不只是一个机构或科室。

10. 营销部门可有不同的组织形式，现代企业中，不论以何种形式组建和行使营销职能，都必须体现以_____为中心的思想。

11. _____又称管理梯度，指一个组织属下不同层级的数目，是一个"纵向"的概念。

12. 当管理的职能、范围不变，一般来说，管理跨度与管理层级是互为_____关系。

13. _____主要检查营销效果是否达到年度计划的要求，对销售额、市场占有率、费用等指标进行控制，确保年度计划所规定的销售、利润和其他目标能够实现。

14. _____主要用来衡量造成销售差距的不同因素的影响程度。

15. _____用于确认各个产品、销售区域（地区）、顾客群和渠道等的实际盈利能力和利润贡献。

16. 为评估和控制营销效果，有的企业专门设置_____岗位，他们一般在财务管理和营销方面受过良好专业训练，能承担复杂财务分析及营销预算的制定工作。

17. 测量_____时，可从各种刺激顾客兴趣和试用的方法及效果、每次促销活动成本、对整个营销效果的影响等方面进行衡量。

18. _____用于审计企业战略、计划是否有效地抓住了机会，目的是确保企业目标、战略、政策和措施等与营销环境相匹配。

19. _____是营销控制的工具，有利于企业主动适应营销环境变化，及时调整营销战略和计划，节约营销资源，规避营销风险和提高营销绩效。

20. 营销审计工作通常由企业内部相对独立、富有经验的_____开展。

【参考答案】

1. 营销计划　　　　2. 提要　　　　3. 项目背景
4. 选择营销战略　　5. 目标市场　　6. 定位
7. 应急预案　　　　8. 大　　　　　9. 营销组织
10. 顾客　　　　　 11. 管理层级　　12. 反比
13. 年度计划控制　 14. 销售差距分析 15. 盈利控制
16. 营销控制员　　 17. 促销效率　　18. 战略控制
19. 营销审计　　　 20. 营销审计机构

## （五）名词解释

1. SWOT 分析法
2. 5W2H 框架
3. 管理跨度

4. 市场管理型组织
5. 营销审计

【参考答案】

1. SWOT 分析法通过对企业内部的优势（Strengths）、劣势（Weaknesses）及外部的机会（Opportunities）和威胁（Threats）评价，用以明确企业自身状况，形成竞争优势定位及营销努力的方向。

2. 5W2H 框架指在考虑执行方案时，可从何人（或团队）负责（Who）、工作起始和完成时间（When）、实施地点或场合（Where）、具体任务（What）、预期效果（Why）、工作内容和方式（How）、资源配置和经费使用（How Much）七个方面，进行系统思考。

3. 管理跨度又称管理宽度或管理幅度，指领导者能有效直接指挥的部门或员工数量，是一个"横向"的概念。

4. 市场管理型组织是按顾客特有的购买习惯和偏好细分，由一个总市场经理管辖若干细分市场经理，各市场经理负责所辖市场的年度和长期销售利润计划的营销组织类型。

5. 营销审计又叫"营销稽核""营销审核"，通过对营销环境、目标、战略和营销过程进行全面、系统、独立和定期检查，发现机会，找出问题，提出正确的短期和长期方案，以保证营销计划的实施或不够完善的计划得到修正。

## （六）简答题

1. 有效实施营销计划需注意哪些事项？
2. 典型的营销组织，大致经历哪些发展形态？
3. 营销组织的设置原则有哪些？
4. 营销控制包括哪些内容？

【参考答案要点】

1. 有效实施营销计划需注意的事项有：

（1）有明确的行动方案。以帮助理解营销计划的关键性环境、项目和措施，并正确地把任务、责任落实到部门和个人。

（2）可能需要调整组织结构。注意组织结构与任务、责任相一致，与自身特点、环境相适应，根据战略和计划适时调整、优化组织结构。

（3）要有完善的规章制度。明确与计划有关的环节、岗位和人员的责权利，制定并发布具体奖惩措施，建章立制进行约束和管理。

（4）注意协调关键流程。界定相互间工作关系，构建作业流程，保障操作层相互配合。

2. 典型的营销组织，大致经历以下发展形态：

（1）单纯的推销部门。其任务是完成销售，兼管一些调研、广告和促销等活动，对产品种类、规格、数量等几乎没有话语权。

（2）具有辅助性职能的推销部门。以推销观念为指导，经常开展一些调研、广告和促销活动。

（3）独立的营销部门。营销管理从推销部门中独立出来，营销和推销成为平行的管理部门。

（4）现代营销部门。推销部门和营销部门在隶属关系上合二为一，统一由营销副总经理负责，管辖所有营销机构和推销部门。

（5）现代营销企业。一个市场（顾客）导向型组织，管理人员和员工在同一体系中，通过信息共享，共同围绕服务顾客展开活动。

3. 营销组织的设置原则有：

（1）整体协调和主导性原则。营销机构应能协调企业与环境，尤其是和市场、顾客间关系，并能比竞争者更好地完成这一任务。

（2）精简及适当的管理跨度与层级原则。组织建设要"精兵简政"，人员要精干，内部层级不宜太多。内部层级少，信息流通快，还能密切员工间关系，利于交流沟通，提高积极性和工作效率。

（3）有效性原则。必要时间内，完成规定任务；以最少工作量，获取最大成果；很好地吸取经验教训，业务不断创新；维持机构协调，及时适应环境变化。

4. 营销控制包括以下内容：

（1）年度计划控制。检查营销效果是否达到年度计划要求，对销售额、市场占有率、费用等进行控制，确保年度计划规定的销售、利润和其他目标实现。

（2）盈利控制。从产品、地区、顾客群、分销渠道和订单规模等方面，分别衡量它们的盈利能力。

（3）效率控制。主要任务是提高人员推销、广告、促销、分销等效率。

（4）战略控制。确保企业目标、政策、战略和措施与营销环境相适应。

## （七）论述题

1. 论述制定营销计划的一般流程。
2. 试述营销部门的主要组织形式。

【参考答案要点】

1. 制定营销计划大致包括六方面内容：

（1）提要或概述。用于简短介绍计划的主要目标和建议，是整个计划精神所在。

（2）现状与分析。描述现状，通过SWOT分析指出面临问题，以及对未来的主要假设。

（3）决定目标。设定目标体系，注意目标之间的层次性、因果性和数量化，避免各层级目标之间的冲突。

（4）选择营销战略。主要说明实现营销目标的途径与构想，经上级主管批准同意，营销战略将成为有关部门、环节安排工作的参考和依据。

（5）制定执行方案。将营销战略转换为一整套可操作的思路、步骤和要求，结合进度安排，考虑每个行动项目和相关人员职责。常用5W2H模式来设计执行方案。

（6）控制。说明怎样检查计划落实、方案执行情况，提出突发事件的应急方案。

2. 营销部门的主要组织形式如下:
(1)职能型组织。作为一种最常见的架构,在营销副总领导下,由所有营销人员组成。
(2)地区型组织。以活动区域分布为基础,设立若干区域部,每个部负责管理该区域的全部经营活动。
(3)产品(品牌)管理型组织。生产多种产品或拥有多个品牌的企业,在总产品(品牌)经理之下,按产品线(品牌)、品种分层管理。
(4)市场管理型组织。由一个总市场经理管辖若干细分市场经理,各市场经理负责所辖市场的年度和长期销售利润计划。
(5)产品/市场管理型组织。面向不同市场、生产多种产品的企业,建立起既有产品(品牌)经理、又有市场经理的矩阵组织。

## (八)案例简析

平台化组织变革:从"公司+雇员"到"平台+个人"

如果管理大师德鲁克还健在,他一定会重新思考组织体系,因为传统"公司+雇员"这种持续一百多年的组织体系,正被互联网时代平台化组织颠覆。

互联网经济还没充分融入各行业前,"公司+雇员"体系最大好处是结构稳定、分工明确、效率高、成本低,上下级关系明确,下级对上级提出的要求、标准须服从,但在互联网时代,这样的组织模式开始显现"疲态"。

1. 变化:从"火车模式"变成"动车模式"

无论是美国资本市场排名靠前的互联网公司,还是中国的BATJ(百度、阿里巴巴、腾讯、京东),无一例外都是平台化模式。而倒退10年,占据美国资本市场前列的几乎全是零售、石油、银行、电信这些传统行业。

所谓平台化模式,就是去掉中间层,把整个组织变成根据业务需要成立的自由团队。传统"公司+雇员"的组织形态可理解为"火车模式",靠领头者能力;而平台化组织则是"动车模式",靠每节车厢共同驱动。

平台化的企业,用户群都是数亿规模,比如淘宝卖家超过1 000万、用户超过4亿,滴滴平台聚合几亿用户及1 500万以上司机,这是传统行业无法企及的数字。

2. 特点:小步快跑,低成本试错

韩都衣舍是一家典型的平台型服装企业,创始人赵迎光运用互联网思维,一定程度解决了传统服装企业试错成本高的问题。

互联网卖服装,只要模特穿着衣服摆拍几张时尚照片,挂到网店上,借助页面推荐、导流等,就能引起目标买家注意。消费者对产品感不感兴趣,透过后台流量数据,以及客服在天猫上的答复等就能了解大致。服装、拍摄、推广、客服……这些费用总共加起来成本不超1 000元，意味着韩都衣舍用1 000元左右成本，就能完成传统门店单品60万元所要达到的目的。

设计师设计出来的服装要不要批量生产上市，决定权不在产品经理，而在"小前端"的团队负责人手里。韩都衣舍的组织架构非常扁平，拥有7大后台赋能平台，包括摄影、淘内运营、海外运营、生产、储运、客服、其他职能，共同为300个左右的"小前端"服务。

3. 决策：一线员工做决策，领导者做投资

目前，韩都衣舍拥有16个自有品牌、4个合资品牌、10个代运营品牌，无论是合资还是代运营，都由小组自己决定。小组成员少则3人，多则15人，不同业务线的同事按编制自由组团，业务骨干为组长，撰写出商业计划书提交给公司类似风险投资机构团队，风投团队决定投资之后，小组就可运营。

而风投团队责任在于，根据团队市场表现，做出是否继续出资支持决策，比如分配初始金，对明星团队调拨更多奖金，进行B轮、C轮投资；协调绩效不佳的团队成员加入其他团队，更好地分配资源，同时避免内部冲突和资源浪费。

4. 治理：应该用"共治理"的方式应对不确定性

像韩都衣舍这样的平台化企业，300多个"小前端"拥有着很大的决策权，7大后台赋能平台为这300个"小前端"做支持服务，凭借韩都衣舍这个大品牌，孵化出多个子品牌，这就是所谓的"富生态"。但"富生态"最大问题是实时出现的"不确定性"，而应对方式是采用"共治理"的手段。

但是，目前"共治理"却是一个亟待解决的难题。比如以滴滴、Uber为代表的打车软件企业，本身已经用诸多制度、技术方式治理平台上数以千万计的司机，但政府作为监管方，在"共治理"方面却只面对平台方。

面对这些全新变化，对企业管理者而言提出更高要求，以前管理者是给指令，下面人做执行，但现在管理者变为"辅导员"，引导员工思考，大家一起研究分析，共同做决定。

5. 观察：平台化组织迭代升级

很多年轻的服装设计师渴望有自己的原创品牌，让年轻人穿在身上。韩都衣舍为这些设计师提供了平台化支持。在公司内部，设计师很多是刚毕业的大学生，没有任何经验，韩都衣舍自己培养，给他们机会创业、试错。在这个平台上能够成就自我价值，甚至比自己单独创业风险更低，成功率更高，设计师们更愿意留在这样的平台工作。

平台化企业的诱惑力在于，不只能够成就设计师这一类人群的创业梦想，数据分析、产品营销、销售……各个环节都有机会。除了原创品牌，韩都衣舍也有买手品牌，买手们经过大量市场调研，准确把握当下流行趋势，对大品牌在不侵权的前提下进行改动，既与大牌有一定相似度，又有韩都衣舍自身特点。

资料来源：朱耘. 平台化组织变革：从"公司+雇员"到"平台+个人". 中国经营报, 2016-10-31 (C07).

【简要评析】

（1）平台原指生产中为支持某些作业而设置的可升降或移动的工作台，后泛指实施某种工作时所需的环境或条件。随着应用范围拓展，学者们也给出不同于工程学科的定义。

陈威如、余卓轩在《平台战略》中认为：平台是随双边市场研究兴起的概念，是连接两个或多个特定群体，为其提供互动机制以满足所有群体需求，并利用群众关系形成网络效应的现实或虚拟空间；而徐晋在《平台经济学》中指出：平台是传统隐形交易市场显化的过程，本质是市场的具化。

（2）网络时代，传统的企业战略和营销组织架构被颠覆，管理跨度及管理层级的设置不应一成不变，营销组织的结构本身要有一定弹性，组织形式和机构设置是手段不是目的。企业已没有"放之四海而皆准"所谓的"万能型"组织架构及模式供参考，唯独围绕消费需求、立足环境状况、把握时代背景、结合自身能力进行管理创新，在动态环境下不断打造动态能力，才能形成新的可持续竞争优势。

（3）作为双边市场理论的核心，平台包含组件、工艺、知识、人员与关系等共享资产集，通过解决各方接入（关键），提供通用功能促进其联系（内容），构建外部性内部化收益（机制），实现整体利益最大化（目的）。平台化组织所构建的双边市场，更大价值在于利用双边关系发挥网络外部性，构建无限增值可能。当平台只有少数用户时，用户很难寻找足够资源及理想合作伙伴。当平台达到一定规模，才能形成对不同主体间互补性需求的连接，以及对新用户加入平台的吸引，进而不断发挥其平台更大的网络外部性。

# 第十六章 国际市场营销

## 一、学习目的与要求

通过本章学习，了解国际市场营销、国际贸易与国内市场营销的联系和区别，掌握国际市场营销环境的构成内容及其分析方法，能够针对目标市场国的特征选用适宜的细分标准细分市场，选择恰当的进入国际市场的方式，做出科学合理的营销战略与策略。

## 二、学习知识要点

### （一）国际市场营销概述

1. 国际市场营销的含义

国际市场营销是指企业跨越国界并以国际市场为目标市场的营销行为和过程。国际市场营销的主体是各种类型的国际市场营销企业，对象是国际区域乃至全球的消费者，客体是产品和服务，根本目的是获得最大化的利润。

2. 国际市场营销与国内市场营销

国际市场营销与国内市场营销并无根本的不同，市场营销的基本原则对二者都适用。相对而言，国际市场营销毕竟是跨国界、异国性、多国性的营销，将面临更加复杂的环境、更为激烈的竞争，并承受更多的风险。

3. 国际市场营销与国际贸易

国际市场营销与国际贸易都是跨国界的交易活动，但二者也存在着明显的区别：

（1）角度不同。国际贸易从跨国界交易活动的总体上研究国与国之间的贸易关系，国际市场营销则站在企业角度从微观上研究企业跨国界的商品交易问题。

（2）范围不同。国际贸易涉及的是国际商品流通或商品交易问题，而国际市场营销涉及的则是跨国界商品交易的具体策略以及与此相关的问题。

（3）流向不同。国际贸易涉及本国产品向外国销售和本国购买外国产品两个流向，而国际市场营销一般只涉及本国产品如何向国际市场销售的单一流向。

（4）对象不同。国际贸易的对象是外国厂商或政府，国际市场营销的对象则是外国的最终消费者。

4. 国际市场营销的发展阶段

国际市场营销的发展可分为五个阶段：国内营销、出口营销、跨国营销、多国营销和全球营销。

5. 国际市场营销的动因

企业从事国际市场营销的根本动因可以归结于经济利益。具体有以下几种：寻求扩张、规避风险、利用资源和政府政策。

### （二）国际市场营销环境

1. 国际经济技术环境

（1）国际金融环境，主要是指与汇率有关的环境因素。

（2）国际贸易环境，包括国际贸易政策、经济全球化与世界贸易组织、世界多极化与区域经济合作。

（3）国际技术环境，包括知识经济和知识产权保护。

2. 国际社会文化环境

各国社会文化的差异决定了消费者在购买方式、消费偏好、需求指向都具有较大差别。开展国际市场营销需要仔细研究各国的社会文化差异，包括社会结构、语言文字、宗教信仰、价值观念、教育水平、民风民俗等方面。

3. 国际政治法律环境

（1）政治环境，包括政治体制、行政体制、政治稳定性和国际关系。

（2）法律因素，包括国际公约、国际惯例和涉外法规。

### （三）国际目标市场选择与进入

1. 国际目标市场选择

（1）国际市场细分与目标市场选择。国际市场可按不同的标准进行细分，如按经济发展水平、按国别和地区、按商品性质、按人均国民收入，还可以按家庭规模、性别、年龄、文化程度、宗教、种族、气候等。在市场细分基础上决定企业的目标市场，主要依据市场规模、市场增长速度、交易成本、竞争优势和风险程度进行选择。

（2）国际目标市场的估测。企业在初步选定目标市场后，还要对市场潜力、市场占有率、经营收益、投资收益与风险进行认真评估，最终确定目标市场并为进入目标市场打下坚实的基础。

2. 进入国际市场的方式

企业应根据本国及所进入国家的政治、经济情况以及自身的资源选择进入方式。

（1）贸易进入方式。贸易进入是企业通过向国际目标市场出口产品而进入国际市场的方式。贸易进入又分为间接出口和直接出口两种方式。间接出口是指通过独立中介机构进行的出口活动，是企业开始走向国际市场最常用的方式；直接出口指生产企业自行承担一切出口业务。

（2）合约进入方式。合约进入是企业通过与国外企业签订技术转让、服务技能、管理技术、委托生产等合约而进入国际市场的方式。合约进入又分许可证贸易、特许经营、合约管理、合约生产等方式。

（3）股权进入方式。股权进入是企业通过直接投资拥有外国公司部分或全部股权，在国外进行投资生产销售产品而进入国际目标市场的方式。股权进入可采取合资经营或独资经营两种形式。

### （四）国际市场营销战略与战略联盟

1. 国际市场营销战略

企业在国际市场营销中，除了运用成本领先、差异化以及聚焦战略外，还应当考虑以下几个方面的战略：

（1）大市场营销战略。在国际营销中，针对国际上贸易或非贸易壁垒的封闭的市场，国际营销企业应运用政治权力和公共关系两个基本手段，以获得目标国政府、利益集团、企业以及相关社会公众的合作和支持。大市场营销的三个基本步骤是：探测权力结构，设计总体战略，制定实施方案。

（2）标准化营销战略与本土化营销战略。标准化营销战略（又称普适化营销战略），设定目标国市场营销环境与跨国公司总部所在国或核心国市场营销环境没有太大差别，或者说忽略目标国市场与跨国公司总部所在国市场在营销环境上的差异化或异质性。在目标国市场上，采用与所在国无差异的营销组合来满足各目标国市场的需求。本土化营销战略（又称适应性营销策略）针对各目标国本土的具体营销环境，将目标市场视为异质性市场，采用差异化的营销组合来满足这些市场的需求。

（3）多元化营销战略与归核化营销战略。多元化营销战略的基本思想是：企业在原有某种业务的基础上，开发新的一种或多种业务，从而形成企业在两个或多个业务领域发展的格局。所谓业务，指营销的产品以及相应的市场和技术。企业可采用经营不同产品，但与市场、技术方面保持关联或无关来进行。归核化原意是指摄影中的重新聚焦或再聚焦。归核化战略的基本思想是：剥离非相关业务，回归核心业务，培育企业的核心竞争力。归核化战略实施的主要方式是：收缩归核和扩张归核。收缩归核主要指企业规模和经营范围的收缩，扩张归核是基于资源归核基础上的扩大核心业务投入和规模。

2. 国际战略联盟

国际战略联盟是不同国家的两个或两个以上的企业，为实现某一战略目标而建立的合作性共同体，是国际企业有效应对激烈的国际竞争的组织创新，本质是协同竞争。

按合作的组织形式，国际战略联盟可分为非股权联盟和股权联盟；按合作领域的差别，国际战略联盟可分为技术联盟、市场联盟和生产联盟。

国际战略联盟要获得成功，必须做好以下几方面的工作：① 选择合作伙伴；② 决定组织构架；③ 协调战略目标；④ 创新企业文化。

### （五）国际市场营销策略

1. 国际市场营销产品策略

国际市场营销的产品必须适应国际目标市场的需求，产品策略主要有产品延伸策略、产品适应策略和产品创新策略。

2. 国际市场营销渠道策略

国际营销企业的产品从本国转移到国外市场的最终消费者，形成国际市场营销渠道。根据不同国度的市场状况，可采用窄渠道策略、宽渠道策略、短渠道策略和长渠道策略。

3. 国际市场营销定价策略

（1）影响国际市场营销定价的因素主要有：成本、国外法规、国际市场供求及竞争、经济周期与通货膨胀、汇率变动等。

（2）国际市场营销的定价策略主要有：统一定价策略、多元定价策略、控制定价策略和转移价格策略。

4. 国际市场促销策略

很多国内市场促销策略同样适用于国际市场，但由于国际市场营销环境的复杂性，国际市场促销策略的运用比国内市场要复杂得多。国际市场的促销策略主要有人员推销、公共关系、销售促进和广告宣传。

## 三、练习题及答案

### （一）单项选择题（在下列每小题中，选择一个最合适的答案。）

1. 国际市场营销的_____是满足国际消费者的需求。
   A. 目的                              B. 基础

C. 本质 D. 核心
2. 出口营销是国际市场营销的_____。
   A. 预备阶段 B. 初级阶段
   C. 成长阶段 D. 高级阶段
3. 国际市场中心论的理念出现在_____。
   A. 跨国营销阶段 B. 出口营销阶段
   C. 多国营销阶段 D. 全球营销阶段
4. 从本质上来说，国际市场营销与国际贸易_____。
   A. 二者商品流向相同 B. 二者对象相同
   C. 二者研究角度相同 D. 都是跨国界的商品交易活动
5. 国际战略联盟是国际企业有效应对激烈的国际竞争的组织创新，本质是_____。
   A. 协调竞争 B. 协同竞争
   C. 联合竞争 D. 协议竞争
6. 国际竞争已不仅仅是产品和品牌的竞争，更是制定_____的竞争。
   A. 经济准则 B. 知识经济
   C. 技术标准 D. 知识产权
7. 成功战略联盟的基础是_____。
   A. 创新的企业文化 B. 完善的组织构架
   C. 优秀的战略伙伴 D. 正确的战略目标
8. 在国际社会文化环境中，_____决定了人们的社会角色与社会关系形态。
   A. 民风民俗 B. 社会结构
   C. 宗教信仰 D. 教育水平
9. 对企业生产上要求规模经济、市场需求具有同质性的产品，在国际市场营销中往往采用_____。
   A. 产品延伸策略 B. 产品创新策略
   C. 产品适应策略 D. 产品扩张策略
10. 企业在国际市场上的各个经营环节中选择较多的中间商来销售企业的产品，这种国际市场营销渠道策略是_____。
    A. 窄渠道策略 B. 长渠道策略
    C. 短渠道策略 D. 宽渠道策略
11. 企业对国外子公司的定价不加干预，各子公司完全根据当地市场情况做出价格决策的定价策略是_____。
    A. 统一定价策略 B. 控制定价策略
    C. 多元定价策略 D. 转移价格策略
12. 对比较复杂的产品组合采用得较多的促销手段是_____。
    A. 人员推销 B. 公共关系
    C. 销售促进 D. 广告宣传
13. 国际战略联盟产生的动因包括防御、追赶、维持和_____。
    A. 整合 B. 归核

C. 独立 　　　　　　　　　　　　　D. 重构

14. 可口可乐公司聘请国人做促销宣传、肯德基推出中国炒米饭，这些企业开展的国际市场营销战略属于_____。
    A. 标准化营销战略　　　　　　　B. 大市场营销战略
    C. 多元化营销战略　　　　　　　D. 本土化营销战略

15. 目标国市场存在两个以上集团钩心斗角、相互制衡的权力结构类型属于_____。
    A. 派系权力结构　　　　　　　　B. 链式权力结构
    C. 金字塔结构　　　　　　　　　D. 联合权力结构

16. 在国际旅馆业中，一般采用的合约进入方式为_____。
    A. 许可证贸易　　　　　　　　　B. 特许经营
    C. 合约管理　　　　　　　　　　D. 合约生产

17. 国际贸易涉及的是_____问题。
    A. 商品流通　　　　　　　　　　B. 市场预测
    C. 售后服务　　　　　　　　　　D. 产品开发

18. 国际市场营销的根本目的是_____。
    A. 市场占有率最大化　　　　　　B. 市场增长率最大化
    C. 产品质量最优化　　　　　　　D. 利润最大化

19. 企业产品如果有外商前来洽谈购买，或企业生产规模很大并且出口额也很大时，往往采取_____的方式。
    A. 间接出口　　　　　　　　　　B. 直接出口
    C. 合约出口　　　　　　　　　　D. 特许经营

20. 在国际市场中，为了选择目标市场，首先要根据各国顾客不同需要的购买行为，对国际市场进行_____。
    A. 开发　　　　　　　　　　　　B. 预测
    C. 决策　　　　　　　　　　　　D. 细分

【参考答案】
1. D　　2. B　　3. A　　4. D　　5. B
6. C　　7. C　　8. B　　9. A　　10. D
11. C　　12. C　　13. D　　14. D　　15. A
16. C　　17. A　　18. D　　19. B　　20. D

**（二）多项选择题**（下列各小题中正确的答案不少于两个，请准确选出全部正确答案。）

1. 企业可以采取_____形式实现独资经营。
    A. 许可证贸易　　　　　　　　　B. 购并
    C. 兴建　　　　　　　　　　　　D. 特许经营
    E. 合约

2. 非关税壁垒具有_____。
   A. 灵活性  B. 隐蔽性
   C. 针对性  D. 区域性
   E. 具体性
3. 企业扩张包括_____。
   A. 产品扩张  B. 服务扩张
   C. 技术扩张  D. 贸易扩张
   E. 资本扩张
4. 选择目标市场的依据主要包括_____。
   A. 市场规模  B. 风险程度
   C. 市场增长速度  D. 竞争优势
   E. 交易成本
5. 东道国的涉外法规是每个进入东道国的企业必须遵守的,这些涉外法规主要包括_____。
   A. 基本法律  B. 进口限制
   C. 国际公约  D. 非关税壁垒
   E. 关税政策
6. 汇率变动会直接影响企业的国际市场营销,主要表现在_____。
   A. 影响企业的产品开发  B. 影响产品的进口和出口
   C. 影响国际投资的流向  D. 影响企业的分销渠道
   E. 影响企业的财务经营状况
7. 扩张归核的主要内容是对核心业务进行_____。
   A. 集中  B. 整合
   C. 扩展  D. 改造
   E. 更新
8. 国际市场营销人员主要来源于_____。
   A. 企业的外销人员  B. 国外当地人员
   C. 母公司所在国移居国外的人员  D. 国内当地人员
   E. 企业推销业绩高的员工
9. 广告限制因素包括_____。
   A. 资金限制  B. 产品限制
   C. 法律限制  D. 媒体限制
   E. 观众限制
10. 国际广告管理方式包括_____。
    A. 重点管理  B. 集中管理
    C. 分散管理  D. 集中管理与分散管理相结合
    E. 重点管理与分散管理相结合

【参考答案】
1. BC    2. ABC    3. ABCE    4. ABCDE    5. ABDE
6. BCE    7. BDE    8. ABC    9. CDE    10. BCD

**（三）判断题**（判断下列各题是否正确。正确的在题干后的括号内打"√"，错误的打"×"。）

1. 随着产品和服务的范围越来越广泛，一切实体产品、资本、技术以及其他服务，都属于国际市场营销的范畴。（  ）
2. 国内市场营销与国际市场营销相比，面临的环境更加复杂多变，更难以把握。（  ）
3. 相较于国际市场营销，国际贸易则站在企业的角度，从微观上研究企业跨国界的商品交易问题。（  ）
4. 在多国营销阶段，企业不再持国际市场中心论的理念，转变为国际区域中心论。（  ）
5. 政府出于对国家竞争力及国家安全的考虑，会鼓励所有企业的国际市场营销行为。（  ）
6. 企业国际市场营销的动因在于深层面上实现生产要素的合理配置。（  ）
7. 目前，世界上绝大多数国家都实行浮动汇率制度。（  ）
8. 如果一国货币升值，会减少国际市场的需求，进而减少出口的规模。（  ）
9. 自由贸易政策强调产品在国内外市场上自由贸易，国家对出口产品不加干预和限制，对进口产品也不给予特权和优惠。（  ）
10. 探求以家庭为购买单位的市场营销问题对企业作用不大。（  ）
11. 国际竞争已不仅仅是产品和品牌的竞争，更是制定技术标准的竞争。（  ）
12. 经济体制的差异决定了国家的政治主张和经济政策的差异，进而影响和制约国际市场营销活动。（  ）
13. 跨国界的营销活动，其调查研究远比国内困难，访问调查的合作率不高，而花费的时间和费用却很多。（  ）
14. 国际公约通常由某些国际性组织归纳成文，并加以解释，并被许多国家所认可。（  ）
15. 高收益往往伴随高风险，原则上目标市场应选择风险较大的市场。（  ）
16. 企业产品如果有外商前来洽谈购买，或企业生产规模很大并且出口额也很大时，往往采取间接出口的方式。（  ）
17. 贸易进入方式的经营风险相对较小，对产品结构调整，生产要素组合的影响都不大。（  ）
18. 特许经营是许可证贸易的一种特殊方式，特许人授予持证人以完整的品牌概念和生产运作系统。（  ）
19. 多元化营销战略具有专业化强、资源集中的优点，从而为众多世界500强的公司使用。（  ）

20. 普适化营销战略的前提是将各目标国市场视为同质性的市场。（  ）

【参考答案】
1. √   2. ×   3. ×   4. ×   5. ×
6. √   7. √   8. √   9. ×   10. ×
11. √  12. ×  13. √  14. ×  15. ×
16. ×  17. √  18. √  19. ×  20. √

## （四）填空题（请在各小题的画线处填入适当的词句。）

1. _____是国际市场营销的根本目的。
2. 多国营销的进一步发展，称为_____。
3. _____是直接依据知识和信息生产、分配和使用的经济。
4. _____是两国或多国之间缔结的关于确定、变更或终止它们的权利与义务的协议。
5. 扩张归核是基于_____的基础上，扩大核心业务的投入和规模。
6. _____由于产业基础较弱，生产技术落后，产品竞争力弱，往往采取贸易保护政策。
7. 间接出口是指通过_____进行的出口活动，是企业开始走向国际市场最常用的方式。
8. 企业的产品进入国际市场初期，_____通常是促销的先导，它可以帮助产品实现预期定位，也有助于树立企业的品牌形象。
9. _____主要指企业规模的收缩和经营范围的收缩，其基本内容是业务出售、业务外包、业务分立。
10. _____是一种对现有产品不加任何变动，直接延伸到国际市场的策略。
11. 本土化营销战略针对各目标国本土的具体营销环境，将目标国市场视为_____，采用差异化的营销组合来满足这些市场的需求。
12. 产品创新策略的核心是_____，即在产品功能、外观、包装、品牌上都针对目标市场进行新产品的开发。
13. 影响企业国际市场营销的政治环境包括政治体制、_____、政治稳定性和国际关系。
14. 当国际营销企业直接与国外零售商或产品用户交易时，这种营销渠道策略称为_____。
15. 各种货币间的换算比率被称作_____。
16. 世界贸易组织的前身是_____。
17. 企业产品如果有外商前来洽谈购买，或企业生产规模很大并且出口额也很大时，常采用_____的方式。
18. 纵观各国贸易政策，基本上分为自由贸易和_____两种类型。
19. 国际目标市场的估测中，通过已公布的资料或企业组织调查获取的资料，对目前市场需求的状况进行的估计是_____估计。

20. 当进入一些_____较强的市场时，公共关系好坏直接关系到能否进入市场并在进入后能否取得较好的经济效益。

【参考答案】
1. 获取利润　　　　2. 多区域营销　　　　3. 知识经济
4. 国际公约　　　　5. 资源归核　　　　　6. 发展中国家
7. 独立中介机构　　8. 广告　　　　　　　9. 收缩归核
10. 产品延伸策略　　11. 异质性市场　　　12. 产品全面创新
13. 行政体制　　　　14. 短渠道　　　　　15. 汇率
16. 关税与贸易总协定　17. 直接出口　　　　18. 保护贸易
19. 现有市场潜力　　20. 封闭性

## （五）名词解释

1. 国际市场营销
2. 宽渠道策略
3. 合约管理
4. 本土化营销战略
5. 国际战略联盟

【参考答案】
1. 国际市场营销是指企业跨越国界并以国际市场为目标市场的营销行为和过程。
2. 宽渠道策略是指企业在国际市场上的各个经营环节中选择较多的中间商来销售企业的产品。
3. 合约管理是通过签订合约的方式，由企业向外国企业提供管理知识和专门技术，并提供相应的管理人员，参与指导外国企业的经营管理。
4. 本土化营销战略指针对各目标国本土的具体营销环境，将目标国市场视为异质性市场，采用差异化的营销组合来满足这些市场的需求。
5. 国际战略联盟是指不同国家的两个或两个以上的企业，为实现某一战略目标而建立的合作性共同体。

## （六）简答题

1. 简述国际市场营销的动因。
2. 简述股权进入的一般形式。
3. 简述国际战略联盟产生的动因。
4. 简述国际市场营销定价策略。

【参考答案要点】

1. 国际市场营销的动因主要有以下几个方面：

（1）企业扩张动因。企业在国内市场充分发展的基础上，往往具有向外扩张的冲动，这是资本的本性所决定的。

（2）规避风险动因。开展国际市场营销可以在本国经济不景气时，积极开拓国际市场，寻求有利的市场机会，可在一定程度上避开国内市场饱和与竞争过度给企业带来的损失。

（3）利用资源动因。既可以是获得国外廉价的劳动力的原因，也可能是获得国外先进技术、雄厚资本的原因，还可能是获得国外先进的管理经验的原因。通过国际市场营销，促进企业在全球范围内有效配置资源。

（4）政府政策动因。政府通过政策鼓励企业开展国际市场营销，可以加速企业成长壮大，平衡进出口贸易，参与国际分工，从而促进本国经济发展。

2. 股权进入一般可采取以下两种形式：

（1）合资经营。合资经营方式是本国企业与国外一个或一个以上企业按一定比例共同投资兴办企业，共同生产经营并承担经营风险，获取经营收益的方式。

（2）独资经营。独资经营方式是企业在国外单独投资兴办企业，独立经营，自担风险，自负盈亏。可采取购并或兴建实现独资经营。

3. 从企业业务的市场地位和业务单位对母公司的战略价值来考察，国际战略联盟产生的动因主要有四个方面：

（1）防御。企业为了保持自身的竞争优势或领先地位的核心业务而与其他企业建立战略联盟。

（2）追赶。企业为了支持没有取得领先地位的核心业务而与其他企业建立战略联盟。

（3）维持。企业为了保持已取得领先地位的边缘业务而与其他企业建立战略联盟。

（4）重构。企业为了支持没有取得领先地位的边缘业务而与其他企业建立战略联盟。

4. 国际市场营销的定价策略包括：

（1）统一定价策略，指企业的同一产品在国际市场上采用同一价格。

（2）多元定价策略，指企业对同一产品采取不同价格的策略。

（3）控制定价策略，指企业对同一产品采取适当控制价格。

（4）转移价格策略，指企业通过母公司与子公司、子公司与子公司之间转移产品时确定某种内部转移价格，以实现全球利益最大化的策略。

## （七）论述题

1. 试述国际市场营销与国际贸易、国内市场营销的区别。
2. 试述企业进入国际市场的方式。

【参考答案要点】

1.（1）国际市场营销与国际贸易的区别主要表现在以下四个方面：① 角度不同。国际贸易从跨国界交易活动的总体来研究国与国之间的贸易关系，国际市场营销则站在企业的角度，从微观研究企业跨国界的商品交易问题。② 范围不同。国际贸易涉及的是国际商品流通或商品交易的问题，而国际市场营销涉及的则是这种跨国界的商品交易的具体策略以及与此相关的问题。③ 流向不同。国际贸易涉及本国产品向外国销售和本国购买外国产品这一卖一买两个方面，而国际市场营销涉及的一般只是本国产品如何向国际市场销售这一单一流向的交易。④ 对象不同。国际贸易的对象是外国厂商或政府，一般不涉及最终购买者，国际市场营销的对象则是外国的最终消费者。

（2）国际市场营销与国内市场营销的区别主要表现在以下三个方面：① 面临更加复杂的环境。国内市场营销活动在本国进行，国际市场营销面对的是国际市场，面临更加复杂多变和难以把握的环境。② 承受更多的风险。国际市场营销要承受比国内市场营销更多的风险。③ 面对更为激烈的竞争。进入国际市场的企业都是各国实力强大的企业，参与的国际竞争比国内市场的竞争更为激烈。

2. 企业应根据本国及所进入国家的各种政治、经济情况以及自身的各种资源适当选择进入方式：

（1）贸易进入方式，指企业通过向国际目标市场出口产品而进入国际市场的方式，主要有间接出口和直接出口两种。

（2）合约进入方式，指企业通过与国外企业签订技术转让、服务技能、管理技术、委托生产等合约而进入国际市场的方式，又分为许可证贸易、特许经营、合约管理、合约生产等方式。

（3）股权进入方式，指企业通过直接投资拥有外国公司部分或全部股权，在国外进行投资生产销售产品而进入国际目标市场的方式，一般可采取合资经营和独资经营两种形式。

## （八）案例简析

### 努力拓展国际市场　云烟国际的信心哪里来

2015 年，云南中烟工业有限责任公司（以下简称云南中烟）国际市场销量首次迈上 200 万件的新台阶，全年实现销量 215 万件，同比增长 8.6%，占中国烟草国际市场总销量的 23.8%，继续保持中国烟草国际市场销量第一；实现利润总额 2.57 亿元，同比增长 116.2%，国有资本保值增值率为 109.8%。

"十三五"国际市场发展战略规划中，云南中烟确定的目标是：到 2020 年，国际市场销量达到 650 万件，国际市场销售收入达 90 亿元，成为中国烟草最具竞争力的国际企业。

面对国内卷烟市场提税顺价、原料成本持续增高和国际市场竞争日益激烈的三重压力，云南中烟怎样持续交出不俗的成绩单？如何通过 5 年努力，将国际市场年销量从 215 万件提升到 650 万件？

"改革给了我们参与国际竞争的底气和信心。"云南烟草国际有限公司（以下简称云烟国际）总经理杨雪梅说。

1. 两统一两整合深化改革

按照"两统一、两整合"改革部署，2014年7月，云南中烟正式启动国际市场营销统一工作，由其所属的云烟国际全面整合红塔集团、红云红河集团原有国际市场营销资源以及境外商业公司，作为云南中烟拓展国际市场的主体，全面负责云南中烟国际市场营销工作。

与国内烟草专卖不同，国门外的烟草市场是一个完全以竞争取胜的江湖。在这个烟草江湖中，中式卷烟起步晚，没有响当当的品牌，市场份额很小；而烟草大咖占领市场的方式已从产品竞争上升至品牌运营和资本运作。

作为中国烟草走出去的排头兵，云南烟草如何在国际市场争得一席之地？

云烟国际牢牢抓住国际市场营销统一改革的契机，通过建立新的运作机制和管理体系，依靠文化引领、规划定向、管理支撑、资源优化、模式创新，以消费者为中心，不断完善适应国际市场发展的运营管理体系，推进境外市场统一运营，进一步完善价值链，构建云南中烟国际市场营销体系，推动规模驱动向价值驱动转变，在推动国际市场拓展方面取得了阶段性的成效，公司实现了从"经营管理型"向"经营实体型"的转变。

市场在哪里，人就在哪里决策。两年间，云烟国际陆续向境外派驻工作人员19人，机构设置重心加速外移。"到今年底，境外工作人员将达到27人，占公司总人数的30%，这将为公司在境外实体化运作提供更加强有力的管理和人才支撑。"杨雪梅说。

在重构管理模式的基础上，云烟国际从导入品牌运营发展理念、完善境外营销基地布局、提升传统销售质量、开启全球供应链管理、全球业务组织运营体系建设等方面着手，推进公司整体变革转型，改革取得了明显成效。

通过开启全球供应链管理模式，云烟国际得以对订单统一调度安排，云南中烟控股境外生产企业的生产饱和度和均衡度大幅提升，境内外供货速度同比提高18%，原料全球采购实现突破性进展，"GEM"成本下降3.62%，"MARBLE"成本下降36%，提升了云南中烟在国际价值链的收益水平，价格优势在同类产品竞争中逐步显现。

目前，云南中烟共有境外投资企业11家，分布在6个国家和地区，其中全资企业3家，控股企业5家，参股企业3家。2015年，境外营销机构和生产企业均实现销量及利润双增长，公司资产总额37.5亿元，同比增长16.6%；所有者权益24.9亿元，同比增长9.8%，国有资本保值增值率109.8%。

2. 价值增长驱动推进转型

作为一家国有企业，云烟国际在近两年的国际市场营销统一改革实践中，越来越深刻地意识到：中国烟草要在国际烟草市场获得更大的利润和份额，必须着眼全球化运作，实施价值增长驱动战略，主动参与到国际市场的竞争中，积极从品牌代理向品牌运营转型，从依靠政策扶持向培育竞争优势转型，从出口物流管理模式向全球业务组织运营模式转型。

为此，云烟国际进一步明确了"十三五"发展的目标及总体思路：围绕行业及云南中烟的总体要求，以价值增长驱动战略为核心，率先探索并创造出拓展国际市场的"云南模式"，打造出一套强有力的国际业务组织体系和全球资源组织配置模式，成为中国烟草国际化进程中最具竞争力的国际企业。

秉承这样的发展思路，云烟国际明确了继续深化改革的重点：深入推进"三个转型"；积极融入中国烟草"走出去"整体发展战略，使卷烟在境外实体运作、战略合作、并购重组上有新的突破和跨越；重构管理模式，完善管理体系、信心体系及知识能力库建设；加大境外基地建设，切实提高市场占有率和品牌竞争力；创新推进人力资源建设，探索适应国际市场开发的人力资源激励机制……

明确的深化改革思路坚定了云烟国际"十三五"发展的信心。"到2020年，国际市场销量达到650万件，其中内生增长方面达到300万件，外部扩张方面达到350万件，国际市场销售收入达到90亿元，在经营策略、品牌推广、渠道管理、运营体系方面形成独特优势，创造出拓展国际市场的'云南模式'。"杨雪梅说。

内生增长主要指对现有资源在全球范围内的进一步整合和提效，是2017年以前的工作重心；外部扩张主要指通过与帝国烟草的联盟以及通过并购获得国际市场的增长，是2017年之后的工作重心。

在制定内生增长加外部扩张发展策略的基础上，云烟国际还制定了相应的品牌分类管理策略、销售渠道分类管理策略、市场分类管理策略、新业务拓展策略，引领价值增长驱动战略有效实施。

资料来源：程三娟，蒋鹏. 努力拓展国际市场"云烟国际"的信心哪里来.（2016-06-27）[2017-09-23]. 云南日报网.

【简要评析】

面对国内卷烟市场提税顺价、原料成本持续增高和国际市场竞争日益激烈的三重压力，云烟国际牢牢抓住国际市场营销统一改革的契机，实现了销量的大幅度增长，在国际市场站稳了脚跟。云烟国际在国际市场营销中取得成效的主要启示是：

（1）创新推进人力资源建设，探索适应国际市场开发的人力资源激励机制。云烟国际大量增加境外派驻工作人员，为公司在境外实体化运作提供更加强有力的管理和人才支撑。

（2）加速外移机构设置重心，加大境外基地建设，完善境外营销基地布局，推进境外市场统一运营。

（3）开启全球供应链管理模式，对订单实行统一调度安排，大大加快了境内外供货速度，实现了原料全球采购的突破性进展，价格优势在同类产品竞争中逐步显现，从而切实提高了市场占有率。

（4）从规模驱动向价值驱动转变，积极从品牌代理向品牌运营转型，大力提升自主品牌竞争力，率先探索并创造出拓展国际市场的"云南模式"，成为中国烟草国际化进程中最具竞争力、最具代表性的国际企业。

（5）云烟国际还提出2017年之后的工作重心变为外部扩张，主要指通过与帝国烟草的联盟以及通过并购获得国际市场的增长，实现强强联合，资源共享，优势互补。

# 第十七章
# 服务市场营销

## 一、学习目的与要求

通过本章学习，了解服务的含义、分类与特征，明确服务营销与产品营销的区别，掌握服务营销组合的主要因素及服务质量管理方法，应用服务的有形展示、定价、分销与促销等营销组合策略，为提高服务企业的形象与效益提供决策依据。

## 二、学习知识要点

### （一）服务营销概述

1. 服务的内涵分类与特征

（1）服务内涵。服务概念有不同的表述，但归纳起来包含以下内涵：服务提供的基本上是无形的活动，但也可以与有形产品联系在一起；服务提供的是产品的使用权，并不涉及所有权的转移；服务对购买者的重要性足以与物质产品相提并论，但某些公共服务，并不需要直接付费或全额交费。

（2）服务分类。对服务可以从不同的角度进行分类，主要的分类标准包括：服务活动的特征、服务机构与顾客的关系、选择服务方式的自由度以及服务对顾客需求的满足程度、服务供应与需求的关系、服务推广的方法。

（3）服务特征：无形性、同步性、异质性和易逝性。

2. 服务市场营销要素

物质产品的营销理论和原则也适用于服务营销。在服务产品营销组合中，除4P外，还需要有反映服务营销特点的人员（People）、有形展示（Physical Evidence）和流程（Process）三个营销要素，即构成服务营销7P。

3. 服务市场细分与定位

（1）服务市场细分。服务营销应抓住形成细分市场的基本特征和差异，适度进行市场细分。所以，企业选择最佳服务市场细分依据的方法：首先是把各种潜在的、有用的标准都列出来，然后是对那些重要的标准再做进一步的详细划分。

（2）目标市场选择。瞄准其中的一个细分市场；瞄准其中的几个细分市场，并为每个细分市场制定不同的营销组合；对所有细分市场提供服务；尚未发现有活力的细分市场还须再做分析。

（3）市场定位。定位有助于使无形服务利益被有形性所代替，尽量多地提供有形的证据让顾客看到无形的利益，可通过产品、服务、人员和形象的差异化战略来增进目标顾客的有形感受和特征区分。

## （二）服务质量管理

1. 服务质量的内涵和测定

（1）服务质量的内涵。服务质量是服务的效用及其对顾客需要的满足程度的综合表现。服务质量是一个主观范畴，它取决于顾客对服务的预期质量同其实际感受的服务水平或体验质量的对比，也受技术质量和职能质量的影响。技术质量指服务过程的产出，职能质量则指服务推广的过程，通常提供服务和接受服务的过程会给顾客留下深刻的印象。顾客对服务的预期质量，通常受营销沟通、顾客口碑、顾客需求和企业形象的影响。

（2）评价服务质量的标准：感知性、可靠性、适应性、保证性和移情性。

（3）服务质量差距分析模型。由 Parasuraman 等学者提出的服务质量差距分析模型，表明提供的服务可能存在顾客期望服务与营销者感知服务、营销者感知与服务质量规范、服务质量规范与服务交付、服务交付与传播承诺质量、顾客感知与顾客期望五个方面的差距。

2. 提高服务质量策略

（1）标准跟进，指将产品、服务和市场营销过程同竞争对手尤其是最具优势的竞争对手进行对比，在比较、检验和学习的过程中逐步提高自身的服务标准和服务质量。服务企业在运用这一方法时可从策略、经营和管理方面着手。

（2）蓝图技巧，又称服务过程分析，指通过分解组织系统和架构，鉴别顾客同服务人员的接触点，从这些接触点出发来提高服务质量。蓝图技巧借助流程图分析服务传递过程的各个方面，包括从前台到后勤服务的全过程。主要步骤是：第一，将服务的各项内容绘入服务作业流程图；第二，找出容易导致服务失误的接触点；第三，建立体现企业服务质量水平的执行标准与规范；第四，找出服务接触点中的可视服务进行展示。

3. 服务质量与顾客期望

（1）顾客期望与服务质量评估。顾客期望对服务感知起着关键性作用，顾客正是将期望服务与感知服务进行比较，据此对服务质量进行评估，期望服务与感知服务是否一致已成为服务质量评估的决定性因素。

（2）管理顾客期望。做好三方面的工作：确保承诺的实现性、重视服务的可靠性及坚持沟通的经常性。

（3）超出顾客期望。管理期望为超出期望奠定了基础，企业可利用优质服务传送和服务重现所提供的机会来超出顾客期望。

### （三）服务的有形展示

1. 有形展示的类型

在服务营销管理中，一切可以传递服务特色与优点的有形组成部分，均可称作服务的有形展示。从构成要素的角度，有形展示可分为实体环境、信息沟通和价格三种类型。

（1）实体环境。包括周围因素、设计因素和社会因素。

（2）信息沟通。通过信息沟通传送服务线索，力争使服务有形化、信息有形化。

（3）价格。由于服务的无形性，价格是对服务水平和质量的可见性展示。

2. 有形展示的作用

① 帮助顾客感受到服务所能带来的利益；② 引导顾客对服务产生合理的期望；③ 影响顾客对服务产品的第一印象；④ 促使顾客对优质服务做出客观评价；⑤ 引导顾客识别和改变服务形象；⑥ 协助服务企业培训员工。

3. 有形展示的管理

必须使服务的内涵尽可能地附着于某种实物上，必须考虑使服务更易为顾客所把握。因此，服务人员要取得顾客的好感，有形展示应选择顾客注重的有形实物，最好是服务中的一部分，同时，保证此有形实物所暗示的承诺能兑现。

4. 服务环境的设计

服务环境指企业向顾客提供服务的场所，包括影响服务过程的各种设施及无形要素。企业应针对环境的特点，打造理想的服务环境。

### （四）服务定价、分销和促销

1. 服务定价

由于服务的异质性和无形性特征，服务定价策略更加灵活，方法更加多样化。服务产品定价方法主要有：客观定价法、主观定价法、利润导向定价法、成本导向定价法、竞争导向定价法和需求导向定价法。

2. 服务分销

分销决策主要考虑应在什么地点及如何将服务提供给顾客。

（1）位置。指企业做出关于在什么地点经营和员工处于何处的决策，包括地域、地区和地点的选择。

（2）渠道，参与者包括服务的提供者、中间商和顾客，类型主要有直销、经由中介机构销售两大类。

3. 服务促销

服务促销指为了和目标顾客及相关公众沟通信息，使他们了解企业及所提供的服务、刺激消费需求而设计和开展的营销活动。促销的对象，并不完全限于顾客，促销有时也可以用来激励雇员和中间商。促销的主要目标是传递信息、说服、提示，手段主要有广告、人员推销和公共关系。

## 三、练习题及答案

### （一）单项选择题（在下列每小题中，选择一个最合适的答案。）

1. 服务的_____特性表明，顾客只有而且必须加入到服务的生产过程中，才能享受到服务。
   A. 承诺　　　　　　　　　　　　B. 价格
   C. 同步性　　　　　　　　　　　D. 质量

2. 与实体商品相比较，服务的特质及组成服务的元素，在许多情况下都是无形无质，让人不能触摸或感觉到其存在。这是指服务的_____。
   A. 无形性　　　　　　　　　　　B. 异质性
   C. 同步性　　　　　　　　　　　D. 易逝性

3. 服务难以标准化是指_____。
   A. 服务的无形性　　　　　　　　B. 服务的易逝性
   C. 服务的异质性　　　　　　　　D. 服务的时效性

4. 顾客认可的_____是最重要的质量指标，它同核心服务密切相关。
   A. 感知性　　　　　　　　　　　B. 可靠性
   C. 适应性　　　　　　　　　　　D. 移情性

5. 同一个人做同样的服务因心态不同，作业成果也难完全一致。这是因为服务的_____决定的。
   A. 无形性　　　　　　　　　　　B. 同步性
   C. 异质性　　　　　　　　　　　D. 易逝性

6. 在服务管理中，一切可以传递服务特色与优点的_____部分，均可称为服务的有形展示。
   A. 有形组成　　　　　　　　　　B. 无形展示
   C. 蓝图技巧　　　　　　　　　　D. 标准跟进

7. 服务产品广告宣传不宜过多介绍服务的_____，而应集中介绍服务所能带来的利益。

A. 产品 B. 服务人员
C. 本体 D. 体验
3. 服务产品包括核心服务、_____和辅助服务。
A. 延伸服务 B. 便利服务
C. 优惠服务 D. 支持服务
9. 由于服务是无形的,_____是对服务质量和服务水平的可见性展示。
A. 承诺 B. 价格
C. 分销商 D. 促销
10. 某歌星的演唱会部分门票没有卖出,造成"过期作废"是服务的_____决定的。
A. 无形性 B. 同步性
C. 异质性 D. 易逝性
11. 服务是用于出售或与产品一起被出售的活动、利益或满足感,这个概念是由_____定义。
A. 克里斯蒂·格诺鲁斯 B. 菲利普·科特勒
C. 艾德里安·佩恩 D. 美国市场营销协会
12. 顾客正是将期望服务与_____进行比较,据以对服务质量进行评估。
A. 感知服务 B. 标杆企业
C. 价格 D. 服务
13. _____有助于使无形服务利益被有形服务所替代。
A. 广告 B. 定位
C. 推销 D. 宣传
14. 顾客了解到企业内部质量观及措施,会逐渐消除_____的担忧。
A. 安全风险 B. 质量风险
C. 消费风险 D. 产品风险
15. 期望质量受四个因素的影响:营销沟通、企业形象、顾客口碑和_____。
A. 顾客需求 B. 成本费用
C. 响应性 D. 移情性
16. 为了和目标顾客及相关公众沟通信息,使他们了解企业及所提供的服务,刺激消费者需求而设计和开展的_____,被称为服务促销。
A. 人员推销 B. 销售促进
C. 公共关系 D. 营销活动
17. 建立以质量为核心的企业文化,全体员工必须树立_____的服务态度。
A. 盈利第一 B. 顾客第一
C. 成本最低 D. 质量第一
13. 蓝图技巧也被称为服务过程分析,主要是借助_____分析服务传递过程的各个方面。
A. 服务流程图 B. 服务公约
C. 蓝图技巧 D. 标准跟进
19. 服务的生产过程与消费过程是同步进行的,有时也和_____连接在一起。

A. 环境 B. 地点
C. 销售过程 D. 时间
20. 服务的可靠性同_____密切相关。
A. 核心服务 B. 便利服务
C. 辅助服务 D. 支持服务

【参考答案】
1. C  2. A  3. C  4. B  5. C
6. A  7. C  8. B  9. B  10. D
11. D  12. A  13. B  14. B  15. A
16. D  17. D  18. A  19. C  20. A

（二）多项选择题（下列各小题中正确的答案不少于两个，请准确选出全部正确答案。）

1. 服务产品主要包括_____。
   A. 售后服务 B. 辅助服务
   C. 便利服务 D. 咨询服务
   E. 核心服务
2. 感知性是指提供服务的有形部分，如_____等。
   A. 设施 B. 口碑
   C. 设备 D. 需求
   E. 人员的仪表
3. 顾客对服务的预期质量，通常受_____因素的影响。
   A. 营销沟通 B. 顾客口碑
   C. 企业形象 D. 服务产品
   E. 顾客需求
4. 服务促销的手段主要有_____。
   A. 广告 B. 宣传
   C. 人员推销 D. 销售促进
   E. 公共关系
5. 服务分销决策主要考虑的因素是_____。
   A. 便利 B. 位置
   C. 人气 D. 渠道
   E. 交通
6. 服务营销信息沟通所使用的方法主要有_____。
   A. 服务有形化 B. 服务标准化
   C. 服务规范化 D. 信息有形化
   E. 信息公开化

7. 根据选择服务方式的自由度大小,服务提供者和顾客对服务方式选择余地较小的服务类型主要有_____。
    A. 公交车路线          B. 电话服务
    C. 美容                D. 建筑设计
    E. 律师服务

8. 有形展示类型主要有_____。
    A. 实体环境            B. 信息沟通
    C. 设施设备            D. 价格
    E. 服务人员

9. 一般用来评价服务质量的标准,主要有_____。
    A. 移情性              B. 保证性
    C. 适应性              D. 可靠性
    E. 感知性

10. 服务渠道的参与者包括_____。
    A. 提供者              B. 经销商
    C. 中间商              D. 顾客
    E. 经纪人

11. 服务渠道的类型主要有_____。
    A. 直销                B. 代理人
    C. 经纪人              D. 经销商
    E. 代销商

12. 服务公共关系宣传的主要手段是_____。
    A. 媒介宣传            B. 捐款
    C. 企业宣传资料        D. 欢迎顾客参观
    E. 密切社团关系

13. 服务产品的人员推销,要求做到_____。
    A. 采用专业化导向      B. 宣传企业
    C. 推销多项服务        D. 强调服务利益
    E. 发展与顾客个人关系

14. 服务广告要做到_____。
    A. 传递服务信息        B. 强调服务利益
    C. 承诺必须兑现        D. 提供有形线索
    E. 消除购后顾虑

15. 服务定价方法主要有_____。
    A. 客观定价法          B. 主观定价法
    C. 利润导向定价法      D. 成本导向定价法
    E. 需求导向定价法

16. 企业可以用_____提供的机会超出顾客期望。
    A. 服务帮助            B. 服务咨询

C. 服务传送　　　　　　　　　　D. 服务承诺
E. 服务重现

17. 服务促销的具体目标有_____。
A. 信息传递　　　　　　　　　　B. 说服
C. 提示　　　　　　　　　　　　D. 帮助
E. 宣传

18. 服务企业在运用标准跟进方法时可以从_____着手。
A. 策略　　　　　　　　　　　　B. 促销
C. 经营　　　　　　　　　　　　D. 业务管理
E. 广告

19. 服务营销组合在传统的 4P 基础上增加 3 个 P，即_____。
A. 价格　　　　　　　　　　　　B. 渠道
C. 人　　　　　　　　　　　　　D. 流程
E. 有形展示

【参考答案】

1. BCE　　2. ACE　　3. ABCE　　4. ABCDE　　5. BD
6. AD　　7. AB　　8. ABD　　9. ABCDE　　10. ACD
11. ABCDE　　12. ACDE　　13. ACE　　14. ABCDE　　15. ABCDE
16. CE　　17. ABC　　18. ACD　　19. CDE

（三）**判断题**（判断下列各题是否正确。正确的在题干后的括号内打"√"，错误的打"×"。）

1. 航空公司的主要业务是订票、送票、送站、接站。（　　）
2. 企业在选址时首先要考虑所能到达地域内的潜在顾客及竞争对手的数量和分布。（　　）
3. 制定正确的价格能传递适当的信息，是一种对服务有效的无形活动。（　　）
4. 过分的承诺难于兑现，将会失去顾客的信任，超出顾客的容忍度，对企业不利。（　　）
5. 顾客期望在顾客对服务的感知中起关键的作用。（　　）
6. 同一种服务由数人操作，顾客感受到的服务品质是完全一样的。（　　）
7. 服务促销的主要目标是将企业所提供的物质产品与其他竞争对手提供的服务产品区别开来。（　　）
8. 标准跟进是指通过分解组织系统和构架，鉴别顾客同服务人员的接触点，从这些接触点出发来提高服务质量。（　　）
9. 服务质量同顾客的感受关系很大，可以说是一个客观范畴。（　　）
10. 服务企业的设施、设备、统一标志等有形因素不容易被顾客感觉，从而顾客也就无法感知到服务水平的高低。（　　）

11. 所有的服务都是要直接付费或全额缴费。( )
12. 服务信息必须侧重本企业服务的特点，创造深刻而富有特色的企业形象。( )
13. 服务产品市场定位有助于无形服务利益被有形实物所替代，尽量多地提供有形的证据让顾客看到有形的利益。( )
14. 顾客在接受服务之前，最先感受到的是来自服务人员的影响。( )
15. 为克服服务的无形性，必须使服务的内涵尽可能地附着于某种实物上。( )
16. 顾客整体感受质量不仅取决于预期质量与体验质量之比，还取决于技术质量和职能质量的水平。( )
17. 企业形象被称为顾客感知服务质量的过滤器。( )
18. 购买者可以实质性地占有服务产品，也能申请专利。( )
19. 服务产品的成本受质量的影响不如有形产品的大。( )
20. 商品营销和服务营销是两种能够清晰分开的营销类型。( )
21. 服务企业或服务形象的无形性，增强了改善形象的容易度。( )
22. 服务后台的工作量往往比前台的小，所以只要重视前台服务即可。( )

【参考答案】

| 1. × | 2. √ | 3. × | 4. √ | 5. √ |
| 6. × | 7. × | 8. × | 9. × | 10. × |
| 11. × | 12. √ | 13. √ | 14. × | 15. √ |
| 16. √ | 17. √ | 18. × | 19. × | 20. × |
| 21. × | 22. × | | | |

## （四）填空题（请在各小题的画线处填入适当的词句。）

1. 法律咨询宜采取_____服务。
2. 服务质量是服务效用及其对顾客需要_____的综合表现。
3. 服务产品的分销主要考虑要在什么地点及如何将_____提供给顾客。
4. 服务具有无形性、同步性、异质性及_____的特征。
5. 技术质量是指_____的产出，而职能质量则指服务推广的过程。
6. 服务企业的行为按照是否与顾客直接接触，分为_____与后台活动。
7. 顾客在接受服务之前，最先感受的是来自_____的影响。
8. 价格是对_____和服务质量的可见性展示。
9. 主观定价法是根据顾客对服务的感受价值和_____，结合主观因素制定和调整服务价格。
10. 人员推销是为了帮助和_____购买某项服务而进行的人与人之间的交往过程。
11. 提高服务_____能带来较高的现有顾客保持率，增加积极的顾客口碑。
12. 在信息交流中强调与服务相关联的_____，让服务实实在在地被顾客感知。

13._____是可感知性的服务组成部分。
14. 服务环境指企业向顾客提供服务的场所，包括影响服务过程的各种设施及_____要素。
15. 服务主要提供的是无形的利益，但有些服务又和_____联系在一起。
16. 很多服务的使用价值，如不加以及时利用就会_____。
17. 为了减少_____，购买者会努力寻找证据来判断服务质量。
18. 服务质量取决于员工的操作技巧和_____。

【参考答案】

1. 面对面　　　　　2. 满足程度　　　　　3. 服务
4. 易逝性　　　　　5. 服务过程　　　　　6. 前台活动
7. 服务环境　　　　8. 服务水平　　　　　9. 接受程度
10. 说服顾客　　　 11. 可靠性　　　　　 12. 有形物
13. 有形展示　　　 14. 无形　　　　　　 15. 有形产品
16. 过期作废　　　 17. 不确定性　　　　 18. 态度

## （五）名词解释

1. 服务异质性
2. 服务质量
3. 服务有形展示
4. 标准跟进

【参考答案】
1. 服务异质性指服务的构成成分及其质量水平经常变化，会因人、时间、地点而变化。
2. 服务质量是服务效用及其对顾客需要满足程度的综合表现，取决于顾客实际感受与期望水平的对比。
3. 服务有形展示，指在服务营销管理中，一切可以传递服务特色与优点的有形组成部分。
4. 标准跟进是指企业将自身的产品、服务和市场营销过程同竞争对手尤其是最具优势的竞争对手进行对比，在比较检验和学习的过程中逐步提高自身的服务标准和服务质量。

## （六）简答题

1. 服务市场营销的要素主要是什么？
2. 简述有形展示的作用。
3. 如何对顾客期望进行有效管理？
4. 服务的基本内涵是什么？

【参考答案要点】

1. 服务市场营销的要素是：

（1）产品。服务产品必须考虑的是提供服务的范围、质量、品牌、保证以及售后服务等。

（2）分销。随着服务领域的扩展，服务销售除直销外，经由中介机构销售日渐增多。

（3）定价。由于服务质量水平难于统一界定，质量检测也难于采用统一标准，加上季节、时间因素等的影响，服务定价有较大的灵活性。

（4）促销。服务促销除使用物质产品促销的方式外，为增进消费者对无形产品的认识，促销中要尽量使服务产品有形化。

（5）人员。服务业的操作人员，在顾客心目中实际是产品的一个重要组成部分。

（6）有形展示。包括支持、提供服务的可以传递服务特色和优点的有形因素，或给顾客看得见、摸得着的东西，包括环境、实物装备等，象征可能获得的无形利益。

（7）流程。服务供应商应有一目了然的服务流程，包括服务的传递顺序、内容以及整个运作政策和方法。

2. 有形展示具有以下几方面的作用：

（1）帮助顾客感受到服务所带来的利益。通过有形物体对顾客感官的刺激，让顾客感受到无形服务所能带给自己的利益，进而影响其对服务的需要。

（2）引导顾客对服务产生合理的期望。应用有形展示，可以让顾客在使用服务前能具体地把握服务的特征和功能，从而对服务产生较合理的期望。

（3）影响顾客对服务产品的第一印象。有形展示作为部分服务内涵的载体，是顾客取得第一印象的物质因素。

（4）促使顾客对优质服务做出客观评价。完美的有形展示可以使顾客对服务产生优质的感受。

（5）引导顾客识别和改变服务形象。有形展示能形象地、具体地传达最具挑战性的企业形象。

（6）协助企业做好员工培训。通过有形展示，员工可以更深刻、具体地理解企业所提供的服务，保证他们所提供的服务符合企业的标准，更好地为顾客服务。

3. 顾客期望在顾客对服务的中起着关键的作用，对顾客期望进行管理十分必要。对顾客期望进行管理，主要做好以下几个方面的工作：

（1）确保承诺的实现性。企业集中精力于基本服务项目，通过确实可行的努力和措施确保对顾客所做的承诺能够反映真实的服务水平，保证承诺圆满实现。

（2）重视服务的可靠性。提高服务可靠性能带来较高的顾客保持率，增加积极的顾客口碑，减少招揽新顾客的压力和在此方面的开支。

（3）坚持沟通的经常性。经常与顾客进行沟通，理解他们的期望，对服务加以说明，或对顾客的光临表示感激，都会增强顾客的忠诚度。

4. 服务的基本内涵是：

（1）服务提供的基本上是无形的活动，可以是纯粹服务，也可以与有形产品联系在一起。

（2）服务提供的是产品的使用权，并不涉及所有权的转移，如自动洗衣店。

（3）某些义务性的公共产品服务，如城市绿化、治安、节日焰火等服务，购买者并不需要直接付款或全额付款。

## （七）论述题

1. 试述服务企业如何化解顾客对质量风险的顾虑？
2. 结合实际论述服务质量的评价标准。

【参考答案要点】

1. 服务企业为了化解顾客对质量风险的顾虑，可以从以下几个方面入手：

（1）突出质量第一。高层管理人员真正投入质量管理活动，包括履行承诺，在资源配置上支持质量活动，建立以质量为核心的企业文化，全体员工树立质量第一的服务态度，自觉地为服务质量贡献力量。顾客了解到企业的质量观及措施，会逐渐消除质量风险顾虑。

（2）重视人的因素。以人为中心的服务，质量取决于人的操作技巧与态度，必须重视员工培训，让员工掌握新的服务技巧，改善服务态度。同时，管理者要创造获得员工支持的激励环境，争取在员工满意的基础上让所有顾客满意。

（3）广告强调质量。针对顾客对质量的担心，在广告宣传时要突出有关服务的质量特征和水平，例如请顾客"现身说法"，善用顾客口碑等。

2. 服务质量的评价标准主要有以下五个方面：

（1）感知性，指提供服务的有形部分。如各种设施、设备、服务人员的礼仪等，消费者正是借助这些有形的、可见的部分来把握服务的实质。

（2）可靠性，指服务者能准确无误地完成所承诺的服务。可靠性要求避免服务过程中的失误，顾客认可的可靠性是重要指标，它同核心服务密切相关。

（3）适应性，主要指反应能力。即随时准备为顾客提供快捷有效的服务，包括矫正失误和改正顾客稍有不便之处的能力。

（4）保证性，主要指服务人员的友好态度和胜任能力。服务人员较高的知识技能和良好的服务态度，能增强顾客对服务质量的可信度和安全感。

（5）移情性，指企业和服务人员设身处地为顾客着想，努力满足顾客的要求。这要求服务人员想顾客之所想，急顾客之所急，了解顾客的需要，千方百计满足其需要，使服务过程充满人情味。

## （八）案例简析

### 卓越服务：汇丰银行的服务之花——附加服务提升核心产品价值

服务营销的核心就是通过服务满足和发展强有力的客户关系，通过核心服务和附加服务、辅助服务形成差异化和竞争优势。汇丰银行通过对核心产品、便利服务和辅助服务的整体打包,为汇丰银行的卓越服务奠定了坚实的基础。

1. 核心产品

核心产品是企业或服务产品存在于市场的根本所在,是顾客能够获得的最核心的服务利益,也是服务组合的核心要素。汇丰银行根据客户需要不断丰富和充实服务组合,包括以下几个方面。

(1) 个人金融业务。汇丰为多达1.2亿个客户提供全面的理财服务,包括往来账户及储蓄账户、按揭、保险、信用退休金及投资等。消费融资业务在全球的发展趋势下,已经逐渐融入个人业务。

(2) 工商业务。汇丰银行的工商金融业务,为企业提供包括人民币和外币账户、贸易服务、现金管理、贷款、网上银行、外汇等在内的一系列银行产品与服务。

(3) 企业银行、投资银行及资本市场。汇丰为企业及金融机构客户提供专门设计的金融服务,业务范围包括环球资本市场、环球投资银行、企业银行及金融机构业务,以及环球交易银行。

(4) 私人业务银行。私人银行控股向客户提供的产品和服务包括四大模块:投资、信托与保险、专家咨询以及融资和银行业务。四大模块不仅包括几乎所有的金融服务,而且包括很多与高净值客户日常生活相关的非金融业务,如奢侈品贷款、住房抵押贷款、信用证及其他贷款。

2. 附加服务

附加服务包括便利服务和辅助服务。便利服务是促成顾客方便使用核心产品的服务要素,是传递核心产品所必须具备的一些基本的辅助物品和相关的辅助服务。便利服务有效地降低了顾客的购买成本,为顾客创造了良好的服务体验。辅助服务是增加服务价值的服务要素,它给顾客在其模糊的意识中形成一些附加的利益。辅助服务的作用在于使本企业的服务和竞争对手的区别开来,以强化服务组合的功能,形成竞争优势。

(1) 建立多层次、多渠道的信息网,为顾客提供逾越时间和空间障碍的信息。通过营业网点、电话银行、自助银行、移动银行、网上银行、客户经理上门服务、广告宣传等多种途径对服务信息进行介绍,让消费者降低搜寻成本,在心里形成消费安全感,进而实施购买。

(2) 汇丰银行特别重视服务网点的易进入性、服务环境的舒适性和服务设施布局的合理性。汇丰银行在全球网点密布,在中国大陆虽然网点有限,但是仍在不断扩大网点数量,以为客户提供更加便捷的服务。

(3) 汇丰银行特别注重与客户的主动沟通,并对客户提出的问题做出反馈。例如,客户的电话如果5秒没有人接听,客户就可以投诉。电话中心全部由计算机监控,并将电话录音。客户投诉以电话录音作为依据,即使没有客户投诉,汇丰银行也会定期抽查电话录音,以保障员工的服务水平。

(4) 汇丰银行提供各种各样的特别服务来增进与顾客的关系。例如,帮助客户照看小孩,为顾客提供金融服务之外的信息。在汇丰银行的宣传单上,赫然写着:"当你到某地度假或公干,若不幸遇上紧急事故,一个电话,汇丰帮你取现;若你遗失旅游证件或行李及财物被窃,汇丰为你适当安排援助。汇丰不但在遇到困难的时候施以援手,而且帮助你在旅途中尽情享受美好时光,代客预订餐厅座位、预订世界一流的门票、推介高尔夫球场,甚至为选购名牌产品和运送贵重物品提供专业意见……"一位顾客这样讲道:"我去汇丰为孩子办理保险,汇丰的客户经理不仅提醒我保险的相关事宜,还告诉我教育孩子的方法。"初看上去,这些服务已超出了国内客户所能想到的银行服务的范畴,但在这些深谙商业精髓的银行家眼中,银行本身就是一个利用自己的信誉提供一切可能的人性化服务的机构,而绝不仅仅是与金钱有关的交易。

(5)针对中国客户,汇丰银行将自身优势和中国客户的需要有效地结合起来。专门推出为出国留学提供的理财服务,超越了国内市场方兴未艾的留学贷款和汇款的传统业务,而且由于充分利用了汇丰银行的全球网络,具有较强的不可复制性。这项理财服务不仅包括帮助客户在国内办好出国后所需的一切账户开设、信用卡申请的手续,甚至还可以根据各国银行对反恐、反洗钱等对非居民开户的要求提供相应的资信服务,如帮助国内客户提供有关永久居住地址的证明服务。

汇丰银行认为服务产品的竞争固然重要,但服务产品是可模仿的,不断创新服务产品是建立差异性竞争优势的关键。

资料来源:

[1]周振华. 服务经济发展与制度环境(案例篇). 上海:格致出版社,上海人民出版社,2011:99-103.

[2]李克芳,聂元昆. 服务营销学. 2版. 北京:机械工业出版社,2017:154-156.

【简要评析】

(1)服务产品包括核心服务、便利服务和辅助服务。核心服务为顾客提供基本利益,满足顾客的基本需要,但要形成竞争的优势,必须提升核心产品的附加值;便利服务是为配合、推广核心服务而提供的便利,有助于服务传递中顾客对核心服务的消费;提供辅助服务可以增加服务的价值和实现服务产品的差异化,增强服务产品的竞争力。汇丰银行通过对核心产品、便利服务和辅助服务的整体打包,为汇丰银行的卓越服务奠定了坚实的基础。汇丰银行并不是在核心产品上打败竞争对手,而是在服务总体统筹中赢得了竞争优势。

(2)汇丰银行不断创新服务产品,注重将自身的优势和现有客户的需要有机地结合起来,利用自己的信誉提供一切可能的人性化服务,形成差异化的竞争优势。

# 第十八章
# 市场营销的新领域与新概念

## 一、学习目的与要求

通过本章的学习，了解近年来市场营销学界研究和提出的一些新概念、新问题，初步掌握绿色营销、整合营销、关系营销、体验营销和营销道德等方面的内容，促成21世纪的企业营销与时俱进、提质增效。

## 二、学习知识要点

### （一）绿色营销

1. 绿色营销的内涵

广义的解释，指企业营销活动中体现的社会价值观、伦理道德观，充分考虑社会效益，自觉维护自然生态平衡，抵制各种有害营销，也称伦理营销。狭义的解释，主要指企业在营销活动中，谋求消费者利益、企业利益与环境利益的协调，既要充分满足消费者的需求，实现企业利润目标，也要充分注意自然生态平衡，也称生态营销或环境营销。

2. 绿色营销的特点

绿色消费是开展绿色营销的前提，绿色观念是绿色营销的指导思想，绿色体制是绿色营销的法制保障，绿色科技是绿色营销的物质保证。

3. 绿色营销的兴起

1968年，意大利罗马俱乐部指出：人类社会的进步并不等于GDP的上升。1972年6月，联合国首次召开了斯德哥尔摩人类环境会议，通过了全球性环保行动计划和《人类环境宣言》，向全世界发出呼吁：人类只有一个地球。进入20世纪90年代，一些国家纷纷推出以环保为主题的"绿色计划"。

中国的绿色工程始于绿色食品开发,1984年在广州出现了全国第一家无公害蔬菜生产基地。1994年3月25日,国务院通过了《中国21世纪议程——中国21世纪人口、环境与发展白皮书》,是从中国的具体国情和环境与发展的总体出发,提出的促进经济、社会、资源、环境以及人口与教育相互协调、可持续发展的总体战略和政策措施方案。

4. 绿色营销的实施

绿色营销的实施步骤,一般包括树立绿色营销观念、收集绿色信息、分析绿色需求、制定绿色营销战略和绿色营销组合。

绿色营销战略应以满足绿色需求为出发点和归宿,制定企业绿色产品计划,导入企业形象识别系统。

绿色营销强调营销组合中的"绿色"因素:绿色产品要注重绿色消费需求的调查引导及产品生命周期分析;有效的绿色渠道是绿色营销的关键环节,选择和改善能避免污染、减少损耗和降低费用的储运条件;绿色价格应反映生态环境成本,确立环境与生态有价的基本观点,促进生态化、低污低耗的绿色技术的开发和应用;绿色促销要传播绿色企业及产品的信息,广告投入和频率要适度。

## (二)整合营销

1. 整合营销与整合营销传播

(1)整合营销。整合营销以满足消费者需求为中心,以整合企业内外部所有资源为手段,把一切企业活动进行一元化整合重组,使企业在各个环节上达到高度协调一致,从而实现企业目标的一体化营销。整合既包括企业营销过程、营销方式以及营销管理等方面的整合,也包括对企业内外的商流、物流及信息流的整合。整合营销发生在两个层次,一是不同的营销功能(销售力量、广告、产品管理和市场研究等)的协同,二是营销部门和企业其他职能部门的协调。

整合营销采取的是由外向内的战略,要求各种营销要素的作用力统一方向、形成合力,共同为企业的营销目标服务。

(2)整合营销传播。各个学者研究视角不同,对整合营销传播的定义也不尽相同,但都强调企业与产品信息向受众的呈现、传递和沟通。

2. 整合营销传播计划过程

在制定整合营销传播策略的过程中,企业需要结合各种促销组合要素,平衡每一个要素的优势和劣势,以产生最有效的传播效果。整合营销传播方案的制定需要决定促销组合中各要素的角色和功能,为每种要素制定正确的策略,确定它们如何进行整合,设计具体的组织实施计划,考虑如何评估所取得的成果。

3. 整合营销传播的执行

整合营销传播的执行要以消费者为中心,整合企业所有资源,强调协调统一,形成竞争优势。在整合营销传播执行过程中，涉及资源、人员、组织与管理等方面，要重视营销贯彻技能和营销诊断技能的有效使用。

4. 4C 观念与 4R 理论

20 世纪 90 年代以来，产品的同质化日益增强，消费者的个性化、多样化日益明显。劳特朋的 4C 理论，要求"暂时忘掉"传统的 4P 理论，更新和强化以消费者需求为中心的营销组合。

（1）消费者（Consumer）：指消费者的需要和欲望，强调创造顾客比开发产品更重要，满足消费者的需要和欲望比产品功能更重要。

（2）成本（Cost）：指消费者满足自己的需要和欲望所愿付出的成本价格，企业要想在消费者支持的价格限度内增加利润，就必须努力降低成本。

（3）便利（Convenience）：指顾客购买的方便性，让顾客购买到商品，也方便顾客购买。

（4）沟通（Communication）：指与用户沟通，要着眼于加强双向互动沟通，增进相互的理解，实现真正的适销对路，培养忠诚的顾客。

4C 一开始就是以挑战者的角色出现，矛头直指 4P，意图创立新的营销理论框架。唐·E·舒尔茨后来又提出了 4R 理论，即与顾客建立紧密的关联（Relevance），提高企业对市场的反应速度（Reaction），建立和顾客的互动关系（Relationship），一切营销活动都必须为顾客和公司创造价值（Reward），强调营销的核心从交易走向关系。

## （三）关系营销

1. 关系营销及其本质特征

关系营销是以系统论为基本思想，将企业置身于社会经济大环境中来考察企业的市场营销活动，认为企业营销乃是一个与消费者、竞争者、供应者、分销商、政府机构和社会组织发生互动作用的过程。关系营销将建立与发展同所有利益相关者之间的关系作为企业营销的关键变量，把正确处理这些关系作为企业营销的核心。

关系营销的本质特征体现在：信息沟通的双向性，战略过程的协同性，营销活动的互利性，信息反馈的及时性。

2. 关系营销的流程系统

关系营销把一切内部和外部利益相关者都纳入研究范围，用系统的方法考察企业所有活动及其相互关系，表现积极的一方被称为市场营销者，表现消极的一方被称作目标公众。企业的利益关系包含：企业内部关系，企业与竞争者的关系，企业与顾客的关系，企业与供销商的关系，企业与影响者的关系。

3. 关系营销的主要目标

关系营销更为关注维系现有顾客，因为争取新顾客的成本大大高于保持老顾客的成本。有的企业推行"零顾客叛离"（Zero Defection）计划，目标是让顾客没有离去的机会。

4. 建立持久的顾客关系

企业想要"拥有"顾客的"一生"，必须建立持久的顾客关系。企业可以在财务层次、社交层次和结构层次多个层面上建立顾客关系。

5. 关系营销的具体实施

可以从组织设计、资源配置和文化整合三个方面着手组织与实施。

### （四）体验营销

1. 体验营销的概念

体验营销，指企业以顾客需求为导向，向消费者提供一定的产品和服务，通过对事件、情景的安排设计，创造出值得消费者回忆的活动，让消费者产生内在反应或心理感受，激发并满足消费者的体验需求，从而达到企业目标的营销模式。

2. 体验营销的特征

顾客参与，体验需求，个性特征。

3. 体验营销的主要原则

适用适度，合理合法。

4. 体验营销的主要策略

美国学者伯德·施密特主张体验营销应站在消费者的感觉、情感、思考、行动和联想五个方面来设计营销策略。因而，体验营销的主要策略有：感官式营销策略、情感式营销策略、思考式营销策略、行动式营销策略和关联式营销策略。

### （五）社会责任营销

1. 伦理道德行为

道德是一定社会调整人们之间以及个人和社会之间的关系的行为规范的总和，而营销道德是调整企业与所有利益相关者之间关系的行为规范的总和，是客观经济、规律及法制以外制约企业行为的另一要素。

关于道德合理性的评价，西方伦理学家提出了功利论、道义论、显要义务论、相称理论和社会公正理论，而在华人世界则极力推崇儒家伦理。

在现代企业营销活动中，继承和弘扬儒家的"诚信为本""以义生利""和为贵""己所不欲，勿施于人"等优秀伦理观念，必然有利于贯彻现代市场营销观念，促使现代市场营销向高层次、高品位方向发展。儒家伦理的核心是"仁义礼智信"，从现代市场营销的角度诠释，"仁义礼智信"不仅是伦理之道，而且是营销之道。

建立现代营销道德应从以下几方面入手：端正企业行为目标，确立现代营销观念；确立诚信为本的战略观念，构建现代营销道德规范；建立健全法律、法规，保障和弘扬营销道德；解决信息不对称问题，增强消费者自我保护意识。

2. 社会责任行为

（1）企业社会责任思想的内涵与起源。美国著名学者卡诺认为，企业社会责任包含金字塔形的四个层次，分别是经济责任、法律责任、伦理责任和慈善责任，经济责任是基础，慈善责任是境界。企业社会责任思想最早起源于 2 000 多年前的古希腊，以亚里士多德为代表；18 世纪后期，虽然现代意义的企业已有了充分的发展，但实践中的企业社会责任仍然局限于业主个人的道德行为之内；19 世纪末，两次工业革命的成果促进了西方国家社会生产力和技术的飞跃，但也出现了很多负面的社会问题，企业社会责任的重要性日益上升，西方社会开始了企业社会责任研究和实践，促成政府出台了相关的法律法规；20 世纪 70 年代到 90 年代，在立法、公众推动以及商业企业的响应下，企业社会责任的观念得以迅速传播；1997 年，总部设在美国的社会责任国际组织发起并联合欧美跨国公司和其他国际组织，制定了全球首个道德规范国际标准——SA8000 社会责任国际标准。

（2）社会责任营销。社会责任营销是指企业在社会责任观念的指导下，在对企业社会责任认可的基础上，将主动承担社会责任作为营销战略层面的指导思想，在协调社会各相关利益群体需求、为客户提供最大价值的基础上，形成各方利益共享的营销模式。实施社会责任营销对社会和企业本身的发展都具有重要的作用。

（3）社会责任营销的原则：道德义务、可持续性和营运许可。

（4）社会责任营销的战略框架与策略。社会责任营销应从企业战略层面将社会预期融入其制定业务战略的核心架构之中，包括确定企业利益相关群体及相应的社会责任；建立利益相关者社会责任的营销导向，从利益相关者的角度定义企业营销行为规范；选择企业应关注的社会问题作为社会责任营销主题；开展具体的社会责任事件营销活动；制定和实施社会责任营销的计划，评估社会责任营销的效果。在社会责任营销实践中，可考虑诚信营销、道德营销、事业关联营销和环境营销等策略。

## 三、练习题及答案

**（一）单项选择题**（在下列每小题中，选择一个最合适的答案。）

1. ＿＿＿＿＿＿＿的发展使市场的范围突破了区域和国界的界线，打破了时空的壁垒，实现了市场全球化。
   A. 交通工具　　　　　　　　B. 网络技术
   C. 计算机技术　　　　　　　D. 数据技术

2. 20 世纪 90 年代以来，一方面由于产品的同质化日益增强，另一方面是消费者的个性化、多样化日益发展，于是日渐兴起的 4C 观念，更新和强化了以＿＿＿＿＿＿＿为中心的营销组合。
   A. 沟通　　　　　　　　　　B. 宣传

C. 消费者需求 D. 质量

3. 4R 较 4C 更突出顾客的核心地位，营销的核心从交易走向_____。
   A. 交换 B. 销售
   C. 关系 D. 需求

4. 当营销执行的结果偏离预期目标，或是执行中遇到较大阻力时，需确定问题的症结所在并寻求对策时，需运用_____。
   A. 营销贯彻技能 B. 营销诊断技能
   C. 营销计划技能 D. 营销组织技能

5. 关系营销将建立和发展同所有利益相关者之间的关系作为企业营销的_____。
   A. 关键变量 B. 次要工作
   C. 间接任务 D. 辅助工作

6. _____要求建立专门的部门，用以追踪各利益相关者的态度。
   A. 绿色营销 B. 关系营销
   C. 整合营销 D. 生态营销

7. 关系营销把一切内部和外部利益相关者都纳入研究范围，用系统的方法考察企业所有活动及其相互关系，表现积极的一方被称为_____，表现消极的一方被称作目标公众。
   A. 经纪人 B. 目标公众
   C. 市场营销者 D. 中间商

8. 关系营销更为注意的是_____。
   A. 摇摆不定的顾客 B. 争取新顾客
   C. 维系现有顾客 D. 以上全部答案

9. _____是企业营销部门与其他职能部门之间、企业与外部环境之间联系沟通和协调行动的专门机构。
   A. 关系管理机构 B. 人事部门
   C. 广告部门 D. 办公室

10. 以现代_____作为企业营销活动的指导思想，就能建立和履行现代营销道德。
    A. 生产观念 B. 营销观念
    C. 推销观念 D. 产品观念

11. 营销者掌握的信息较多，而消费者了解的情况较少，对有关商品的知识甚为有限，在交易中处于不利地位，这是由于_____引起的。
    A. 信息对称 B. 信息不对称
    C. 信息传递 D. 信息失真

12. 关系营销是以_____为基本思想，将企业置身于社会经济大环境中来考察企业的市场营销活动。
    A. 信息论 B. 控制论
    C. 协同论 D. 系统论

13. 被誉为"整合营销传播之父"的学者是_____。
    A. 麦卡锡 B. 科特勒

C. 李维特  D. 舒尔茨

14. 对那些数量很少但边际利润很高的顾客，如大用户、大型零售商，企业则希望与它们建立_____。
   A. 全面伙伴关系  B. 连锁关系
   C. 基本关系  D. 互惠关系

15. 整合营销采取的是_____的战略，要求各种营销要素的作用力统一方向、形成合力，共同为企业的营销目标服务。
   A. 生产中心  B. 规模生产
   C. 由外向内  D. 由内向外

16. 体验营销的关键变量是_____。
   A. 顾客参与  B. 价格便宜
   C. 广告投入  D. 广设网点

17. 美国著名学者卡诺的企业社会责任理论认为，企业最基础的责任是_____。
   A. 教育责任  B. 法律责任
   C. 慈善责任  D. 经济责任

【参考答案】
1. B  2. C  3. C  4. B  5. A
6. B  7. C  8. C  9. A  10. B
11. B  12. D  13. D  14. A  15. C
16. A  17. D

**（二）多项选择题**（下列各小题中正确的答案不少于两个，请准确选出全部正确答案。）

1. 绿色营销实施的步骤，一般包括_____。
   A. 树立绿色营销观念  B. 收集绿色信息
   C. 分析绿色需求  D. 制定绿色营销战略
   E. 制定绿色营销组合

2. 体验营销的特征有_____。
   A. 鉴定真伪  B. 顾客参与
   C. 体验需求  D. 个性特征
   E. 自我服务

3. 消费者的购物成本，包括_____。
   A. 购物的货币支出  B. 时间耗费
   C. 体力耗费  D. 精力耗费
   E. 风险承担

4. 4R理论更突出顾客的核心地位，营销的核心从交易走向关系，4R是指_____。
   A. 与顾客建立紧密关联  B. 注重向顾客推销产品

C. 提高对市场的反应速度
D. 建立和顾客的互动关系
E. 以为顾客和公司创造价值为目的

5. 整合营销传播执行的技能包括_____。
   A. 营销贯彻技能
   B. 营销领导技能
   C. 营销策划技能
   D. 营销组织技能
   E. 营销诊断技能

6. 在整合营销执行中，涉及_____等方面。
   A. 资源
   B. 人员
   C. 广告
   D. 组织
   E. 管理

7. 对一个公司的产品满意的顾客，通常_____。
   A. 重复购买某一产品或服务
   B. 购买公司的其他新产品
   C. 给公司做宣传
   D. 提供广泛信息、意见和建议
   E. 对产品、品牌乃至公司保持忠诚

8. 关系管理机构是企业营销部门与其他职能部门之间、企业与外部环境之间联系沟通和协调行动的专门机构，其主要作用是_____。
   A. 收集信息资料
   B. 充当企业的决策参谋
   C. 协调内部关系
   D. 促进产品的销售
   E. 向公众输送信息

9. 绿色营销观要求企业在营销中要考虑_____。
   A. 消费者利益
   B. 企业自身利益
   C. 社会利益
   D. 环境利益
   E. 政府利益

10. 生产经营便利品的企业，为了建立持久的顾客关系，通常采取的方式有_____。
    A. 逐个打电话
    B. 广告
    C. 销售促进
    D. 服务电话
    E. 电子网站

11. 营销道德是_____。
    A. 社会约定俗成
    B. 法律条文
    C. 行为规范
    D. 客观经济规律
    E. 价值取向

12. 建立现代营销道德，应从_____入手。
    A. 确立现代营销观念
    B. 确立诚信为本的战略观念
    C. 建立和健全法律、法规
    D. 认真解决信息不对称问题
    E. 增强消费者自我保护意识

13. 美国著名学者卡诺认为，企业社会责任包含_____。
    A. 经济责任
    B. 政治责任
    C. 法律责任
    D. 伦理责任
    E. 慈善责任

14. 社会责任营销的原则是_____。
    A. 道德义务                B. 政治责任
    C. 可持续性                D. 营运许可
    E. 慈善捐赠

15. 在社会责任营销实践中，可考虑的营销策略是_____。
    A. 诚信营销                B. 道德营销
    C. 事业关联营销            D. 降价促销
    E. 环境营销

【参考答案】
1. ABCDE    2. BCD      3. ABCDE    4. ACDE     5. AE
6. ABDE     7. ABCDE    8. ABCE     9. ABCD     10. BCDE
11. ACE     12. ABCDE   13. ACDE    14. ACD     15. ABCE

（三）判断题（判断下列各题是否正确。正确的在题干后的括号内打"√"，错误的打"×"。）

1. 绿色营销以市场营销观念作为指导思想。                                  （    ）
2. 绿色消费是一种较低层次的消费观念。                                    （    ）
3. 绿色营销将带来更低的边际收益。                                        （    ）
4. 绿色营销追求的是人类的长远利益与可持续发展，重视协调企业经营与自然环境的关系，力求实现人类行为与自然环境的和谐发展。                （    ）
5. 大自然的报复促使人类猛省，绿色需求便逐步由潜在转化为现实。            （    ）
6. 中国的绿色工程始于绿色食品开发。                                      （    ）
7. 绿色产品不仅对社会或环境改善有所贡献，而且能有效地树立良好的企业形象，为企业带来丰厚的短期效益。                                          （    ）
8. 绿色营销要求企业在对绿色产品进行推广时，广告投入量要大，广告频率要高。
                                                                         （    ）
9. 整合营销观念要求企业把所有活动都整合和协调起来，努力为企业的利润目标服务。
                                                                         （    ）
10. 4C 理论中的成本包括企业的生产成本和消费者购物成本，因而营销价格因素延伸为生产经营过程的全部成本。                                         （    ）
11. 4C 与 4R 都是被誉为整合营销传播之父的舒尔茨提出的。                  （    ）
12. 关系营销的基础，在于交易双方相互之间有较为稳固的友谊。               （    ）
13. 企业的发展要借助利益相关者的力量，而后者也要通过企业来谋求自身的利益。
                                                                         （    ）
14. 企业推行"零顾客叛离"计划，目标是让顾客没有离去的机会。               （    ）
15. 体验营销建立在对消费者个性心理特征的认真研究、充分了解的基础之上。
                                                                         （    ）

16. 社会责任营销应从企业战术层面将社会预期融入其制定业务战略的核心架构之中。
（　　）

17. 不道德营销行为能够得逞，往往是由于信息不对称问题引起的。
（　　）

18. 整合营销传播重视企业内部各环节、各部门的协调一致，也强调企业与外部环境协调一致。（　　）

19. 精明的企业不仅要创造顾客，还想要"拥有"顾客的一生，意指必须重视顾客一生给企业形成的价值贡献。（　　）

20. 4R 理论从可控性来看，基本属于可以控制的因素，企业操作性较强。（　　）

【参考答案】

| | | | | |
|---|---|---|---|---|
| 1. × | 2. × | 3. × | 4. √ | 5. √ |
| 6. √ | 7. × | 8. × | 9. × | 10. √ |
| 11. × | 12. × | 13. √ | 14. √ | 15. √ |
| 16. × | 17. √ | 18. √ | 19. √ | 20. × |

## （四）填空题（请在各小题的画线处填入适当的词句。）

1. ＿＿＿＿＿＿＿＿是绿色营销的指导思想。

2. 绿色营销以促进＿＿＿＿＿＿＿＿为目标。

3. 有支付能力的＿＿＿＿＿＿＿＿，是绿色营销赖以形成的推动力，并决定了绿色市场规模的形成与发展。

4. 绿色营销战略应以满足＿＿＿＿＿＿＿＿为出发点和归宿，同时还要促进绿色消费意识和绿色需求的发展。

5. 整合营销强调以满足消费者需求为中心，以整合企业内外部所有＿＿＿＿＿＿＿＿为手段。

6. 购买的＿＿＿＿＿＿＿＿是指在销售过程中，强调为顾客提供便利，让顾客既购买到商品，也购买到便利。

7. 关系营销的基础，在于交易双方相互之间有＿＿＿＿＿＿＿＿上的互补。

8. ＿＿＿＿＿＿＿＿是企业市场营销中处理各种关系的高级形式。

9. 整合既包括企业营销过程、＿＿＿＿＿＿＿＿以及营销管理等方面的整合，也包括对企业内外的商流、物流及信息流的整合。

10. 道德冲突在某种意义上反映的是利益冲突，而营销领域利益冲突的解决，很大程度上取决于企业树立什么样的＿＿＿＿＿＿＿＿。

11. 整合营销更要求各种营销要素的作用力统一方向，形成合力，共同为企业的＿＿＿＿＿＿＿＿服务。

12. 企业所有部门为服务于顾客利益而共同工作，企业与产品供应商，与经销商及所有利益相关者协调行动，其结果就是＿＿＿＿＿＿＿＿。

13. 对于企业来说，提供充分的＿＿＿＿＿＿＿＿就意味着能够获得更多消费者购买的机会。

14. 整合营销传播管理实际上就是与_____进行有效传播的过程。

15. 企业作为社会人，要将其自身行为、目标、利益置于社会的约束之中，在谋求自身利益的同时，必须承担相应的_____。

【参考答案】

1. 绿色观念　　　　2. 可持续发展　　　3. 绿色需求
4. 绿色需求　　　　5. 资源　　　　　　6. 方便性
7. 利益　　　　　　8. 文化整合　　　　9. 营销方式
10. 营销思想　　　 11. 营销目标　　　 12. 整合营销
13. 体验　　　　　 14. 目标受众　　　 15. 社会责任

## （五）名词解释

1. 广义绿色营销
2. 整合营销
3. 关系营销
4. 体验营销
5. 营销道德

【参考答案】

1. 广义绿色营销，指企业营销活动中体现的社会价值观、伦理道德观，充分考虑社会效益，自觉维护自然生态平衡，抵制各种有害营销。

2. 整合营销是一种对各种营销工具和手段的系统化综合，根据环境变迁进行动态修正，使交换双方在交互中实现价值增值的营销理念与方法。

3. 关系营销是以系统论为基本思想，将企业置身于社会经济大环境中来考察企业的市场营销活动，认为企业营销乃是一个与消费者、竞争者、供应者、分销商、政府机构和社会组织发生互动作用的过程。

4. 体验营销，就是指企业以顾客需求为导向，向消费者提供一定的产品和服务，通过对事件、情景的安排设计，创造出值得消费者回忆的活动，让消费者产生内在反应或心理感受，激发并满足消费者的体验需求，从而达到企业目标的营销模式。

5. 营销道德是为调整企业与所有利益相关者之间的关系的行为规范的总和，是客观经济规律及法制以外制约企业行为的另一要素。

## （六）简答题

1. 简述绿色营销的主要特点。
2. 关系营销应处理好哪些关系？
3. 体验营销有哪些主要策略？

4. 简述如何实施整合营销传播？

【参考答案要点】

1. 与传统营销相比，绿色营销具有以下特征：

（1）绿色营销以绿色消费为前提。人们的温饱等生理需要满足后，便会引发提高生活质量的要求，产生对清洁环境与绿色产品的需要，正是由于对绿色产品及高品位生活质量的需求，推动了绿色营销的形成和发展。

（2）绿色营销以绿色观念为指导思想。绿色营销以满足需求为中心，为消费者提供能有效防止资源浪费、环境污染及损害健康的产品，追求人类的长远利益与可持续发展。

（3）绿色营销以绿色体制为法制保障。绿色营销所要实现的是人类社会的协调持续发展。因而，在一个地区、一个国家进而全球，必须有完善的政治与经济管理体制，制定并实施环境保护与绿色营销的方针、政策，制约各方面的短期行为，维护整个人类社会的长远利益。

（4）绿色营销以绿色科技为物质保证。只有以绿色科技促进绿色产品的发展，促进节约能源和可再生资源、无公害的绿色产品的开发，才是绿色营销的物质保证。

2. 关系营销要求处理好一切内部和外部利益相关者之间的关系，用系统的方法考察企业所有活动及其相互关系。主要应处理好以下几方面的关系：

（1）企业内部的关系。企业要进行有效的营销，首先要有具备营销观念的员工，能够正确理解和实施企业的战略目标和营销组合策略，并能自觉地以顾客导向的方式进行工作。企业要尽力满足员工的合理要求，提高员工的满意度和忠诚度，为关系营销奠定良好基础。

（2）企业与竞争者的关系。企业所拥有的资源条件不尽相同，往往是各有所长，为有效地通过资源共享实现发展目标，企业要善于与竞争对手和睦共处，并与有实力、有良好营销经验的竞争者进行合作。

（3）企业与顾客的关系。顾客是"上帝"，也是企业的"财神"，企业要实现盈利目标，必须依赖顾客。企业需要通过收集和积累大量市场信息，预测目标市场购买潜力，采取适当方式与消费者沟通，变潜在顾客为现实顾客，密切与顾客间的互动关系，培养顾客的忠诚。

（4）企业与供销商的关系。企业必须广泛建立与供应商、经销商之间的密切合作的伙伴关系，以便获得来自供销两个方面的有力支持。

（5）企业与影响者关系。各种金融机构、新闻媒体、公共事业团体以及政府机构等对企业营销活动都会产生重要的影响，企业必须以公共关系为主要手段争取它们的理解与支持。

3. 体验营销的主要策略有：①感官式营销策略，通过感官体验突出公司和产品的识别，引发消费者购买动机和增加产品的附加值等；②情感式营销策略，通过诱发触动消费者的内心情感，旨在为消费者创造情感体验；③思考式营销策略，通过启发智力，运用惊奇、计谋和诱惑，创造性地让消费者获得认知和解决问题的体验，引发消费者产生统一或各异的想法；④行动式营销模式，通过名人、名角来激发消费者，增加他们的身体体验，使其生活形态予以改变，从而实现销售的营销策略；⑤关联式营销策略，让人和一个较广泛的社会系统产生关联,从而建立个人对某种品牌的偏好,同时让使用该品牌的人们进而形成一个群体。

4. 整合营销传播的实施要以消费者为中心,整合企业所有资源,强调协调统一,形成竞争优势。在整合营销传播执行过程中,要对资源、人员、组织机构与监督管理做出统筹安排与调配,要有效地使用营销贯彻技能和营销诊断技能。

## (七)论述题

1. 试述 4C 对企业营销活动的启示。
2. 试述我国营销企业应从哪些方面来构建营销道德?

【参考答案要点】

1. 4C 对企业营销活动的启示主要表现在:

(1)消费者(Consumer),即消费者的需要和欲望。要求企业在营销活动中要把重视顾客及其需求放在第一位,强调创造顾客比开发产品更重要,满足消费者的需求和欲望比产品功能更重要。不能仅仅卖企业想制造的产品,而是要提供顾客确实想买的产品。

(2)成本(Cost),即消费者满足自己的需要和欲望所肯付出的成本价格。这里的营销价格因素延伸为生产经营过程的全部成本,包括:企业的生产成本、消费者购物成本及时间耗费、体力和精力耗费与风险承担。企业要想在消费者支持的价格限度内增加利润,就必须努力降低成本。

(3)便利(Convenience),指购买的方便性。整合营销观念更重视服务环节,在销售过程中,强调为顾客提供便利,让顾客既购买到商品,也购买到便利。这必然要求企业深入了解不同的消费者有哪些不同的购买方式和偏好,把便利原则贯穿于营销活动的全过程:在售前及时向消费者提供充分的关于产品性能、质量、价格、使用方法和效果的准确信息;售货地点要提供自由挑选、方便停车、免费送货和咨询导购等服务;售后应重视信息反馈和追踪调查,及时处理和答复顾客意见。

(4)沟通(Communication),指与用户沟通。企业不能只依靠广告强化单向劝导,而要着眼于加强双向沟通,增进相互理解,实现真正的适销对路,培养顾客忠诚。

2. 营销道德的构建是一个长期持续的过程,应从以下几方面入手:

(1)确立现代营销观念。以现代营销观念作为企业营销活动的指导思想,就能建立和履行现代营销道德,不仅为了本企业而且要真正顾及利益相关者的利益,努力实现"双赢""多赢"。

(2)构建现代营销道德规范。诚实守信,讲求信用,是企业行为与生俱来的准则。市场营销的基本道德是诚实、守信、公开和公平等,是以不侵害他人或团体的基本利益为前提的。

(3)推进企业经营的法律体系的建立和完善。市场经济本质上是法治经济,构建现代营销道德,企业自身要讲法治,要推进制度建设,完善有关企业的法律法规,营造公平、公正的竞争环境,做到有法必依,守法经营。

(4)解决信息不对称问题。要加强对消费者的宣传教育,增强其自我保护意识,积极地与违法和不道德的营销行为做斗争，通过各种媒体为消费者提供更多的商品知识，培养更多的理性消费者。

## （八）案例简析

做客户容易，做用户难

我跟很多传统企业老板讲互联网，我认为转型互联网特别简单，就一张纸的内容，就只要转换思维就可以了，但是也特别难，口号容易喊，但是知易行难。我在我的书《周鸿祎自述：我的互联网方法论》前面写了8个字："欲炼神功，必先自宫。"但是还有一句话："即使自宫，未必成功。"有的人看完之后恨不得一夜之间引刀自宫，很多人反而受伤了，鲜血淋漓。自宫是改变思想，从一个小点去做尝试和切入。

很多传统企业老板心中只知道客户，不知道用户。传统行业的产品业务很复杂，商业模式特简单，因为无论它有多么眼花缭乱的业态和组织结构，都是为了把产品卖出去。他们说："客户是上帝，客户永远是对的。"如果企业心中只有客户的概念，是转型不了互联网的，他们和客户的关系不深。但是什么是用户呢？用户的特征是：不见得掏钱给你、经常性地使用你的服务和产品、直接和你连接、定期地跟你有交互，这些才是用户的条件，做客户容易，做用户难。而互联网刚好相反，产品简单，商业模式特别复杂，它要不断找到挣钱的方法，所以产品不断地推演。当你要做互联网的时候，你有了用户，后续的牌都可以打，用户至上。没有用户概念，如何去连接？没有用户，所有的连接和大数据都是空谈，也无法建立商业模式。很多人一上来就说，在互联网里面怎么赚钱？没有钱是万万不能的，但是刚刚上来，你就想挣钱，就想做客户，而没有用户的话，谈互联网思维都白谈。你到底是拥有用户关系，还是客户关系？

你得有一个产品和服务把用户吸引过来。为什么用户的价值高于客户？很多人没有弄懂互联网规律，认为滴滴打车软件没有价值。它刚开始做打车软件的时候，没有一个人是它的客户，出租车公司、司机、乘客，都没有人给它付钱。但是你想一想：打车有痛点吗？出租车自己有痛点吗？有啊，高频、刚需、痛点。滴滴从快车后来发展出专车，天底下只要有车的公司，都会成为它的客户，但前提是它连接了很多用户。在过去，客户价值就是一次性交易并且赚到钱，仅此而已。对于这些企业来说，每一年做产品都得从零开始，周而复始，而互联网对电视业的冲击，不仅仅是把电视机加了智能设备，而是卖电视不再是一个生意。电视买回家之后，服务才刚刚开始，最后你买电视的决策是电视里面有没有好的游戏、内容。很多电视传统厂商很痛苦，认为这是不是逼着我去做游戏、内容，然后还要接受用户的意见和反馈？这对他们来说是不是特别大的变化？

这是一个巨大的变化，一方面你不挣钱，然后每天还要和用户发生很多的关系。很多传统企业只会做一些小变化，只是增加了跟客户的互动，本质还是没有改变。那么，为什么要把客户转成用户呢？你只有拥有了用户，才能往后走，没有用户，哪来粉丝？有了用户的参与感，社群才能做起来。未来，你都会成为服务业的企业。很多人赞叹特斯拉的电池，还有iPad，其实特斯拉最本质的革命都不是这些，而是它改变了车厂和消费者的关系，每个买车的人都是它的用户。但是在传统4S店，你把车拉走后，你和它还有关系吗？特斯拉就是手机，它时刻把厂商和用户连接着，可以推出各种服务。

以前最牛的是运营商，每天都要用它的服务。但是为什么微信干掉了运营商？干掉不是说死了，而是被边缘化了。对运营商来说，只要用户还在，那失去的几百亿短信收入还是可以做回来的。但是，用户和运营商之间越来越远了，大家和运营商之间没有用户关系，只剩下客户关系了。如果免费WiFi都无处不在了，连SIM卡都可以不用了。如果通过现象看本质，你就可以理解，为什么微信干掉了运营商。离用户越近、黏度最高的厂商，最有价值。当你买了书，你关心的是谁写的、写了什么内容，你会关心是谁出版的吗？你会关心纸张是从哪里来的吗？没有出版商，没有纸张，确实书本没有办法出出来，但是它们在价值的末端。用户和客户的区别，虽然只是一字之差，但是概念天差地别。

资料来源：节选自周鸿祎．你到底是拥有用户关系，还是客户关系？．（2015-06-08）[2017-08-06]．360doc个人图书馆网．

【简要评析】
（1）移动互联网时代顾客环境发生了根本的变化：移动化、碎片化、支付电子化。
（2）用户呈现出这样的特征：不见得掏钱给你，但却经常使用你的服务和产品；直接和你连接，定期地跟你有交互。
（3）企业要跟随移动互联网这个大环境的变化，用产品和服务把用户吸引过来，与用户进行交流互动，并用某种割舍不断的线索使之与用户产生关联，创建用户终身价值。
（4）变革加速的年代，技术创新将颠覆企业的盈利模式，科技改变生活。不断创新是企业永恒的主题！